Unter meiner Zeitlupe

Ingeborg Drewitz

Unter meiner Zeitlupe

Porträts und Panoramen

Europa Verlag
Wien · München · Zürich

Umschlag von Wilhelm Kögl

Lektorat Peter Dempe

Medieninhaber Europa Verlag GesmbH Wien

Hersteller Leykam Universitätsbuchdruckerei Ges.m.b.H. Graz
Verlagsort Wien
Herstellungsort Graz
Printed in Austria
ISBN 3-203-50869-9

Inhalt

Zu diesem Buch

Es hat mich immer wieder gereizt, Autoren zu porträtieren, ohne mich einer Methode zu verschreiben. Bei den einen versuchte ich Biographie und Werk in einen Zusammenhang zu bringen, bei den anderen ging ich von einem Werkausschnitt aus. Immer waren mir die besonders lieb, die sich nicht allgemeiner Zuneigung erfreuen konnten – oder noch nicht oder nicht mehr. Denn mich erstaunt und irritiert die Macht des Literaturbetriebs, dem zu widersprechen durchaus ein Anlaß zu einigen Porträts gewesen ist.

Ich bin nicht systematisch vorgegangen, sondern habe mich von Zufällen, Daten und der schweifenden Leselust abhängig gemacht. So ergänzen die Porträts von Autoren der Gegenwart die Sammlung meiner kleinen Galerie, die ich in den Bänden *Zeitverdichtung* (1980) und *Die zerstörte Kontinuität* (1981) vorgestellt habe. Wie damals lasse ich auch das 19. Jahrhundert nicht aus, nicht um die Autoren neu zu entdecken, sondern um sie in anderes Licht zu rücken und zuweilen auch den Staub der Kulturgeschichte aufzuwirbeln oder ein Leseerlebnis in Frage zu stellen. Schließlich das Selbstporträt, eine Gelegenheitsskizze, die mich die Schwierigkeit lehrte, die Tiefenschärfe richtig zu treffen; und doch war ich neugierig, mir einmal zuzusehen.

Wichtig und für einen Sammler gewiß nicht typisch, daß mich nicht nur Freundschaft, Nähe, sondern auch Widersprüche gereizt haben, der Versuch, jemandem gerecht zu werden gegen Vorbehalte: ein Stück Weges gemeinsam mit ihm zu gehen, zuzuhören, hinzusehen, immer wieder zu sehen, wie einer ausschreitet, sein Nachdenken bändigt, sein Handeln plant (oder nicht), seine Motive, seine Ziele zu erkennen, sein Verschweigen nicht zu beklagen.

Anekdotisches, den Small-Talk von Literatentreffs werden Sie vermissen. Eine Vernissage findet nicht statt. Sie sind eingeladen, sich vor dem einen oder anderen Porträt Zeit zu lassen, zu widersprechen, die Hast, mit der wir täglich urteilen und verurteilen, draußen zu lassen, eigenen Bildungserlebnissen nachzudenken, Autoren zu entdecken, die Ihnen vielleicht nicht wichtig genug waren.

Im Sommer 1984 *Ingeborg Drewitz*

Erster Teil

Den unterstrichenen Textstellen nachdenkend

Lessing heute

1. Die Lessingstatue im Tiergarten – ich bin drei oder vier Jahre alt, der Ball ist bis an den Sockel gerollt – merk dir den Namen, sagt meine Mutter.

2. Schullektüre *Hamburgische Dramaturgie, Laokoon, Minna von Barnhelm* Winter 1939/40 in Berlin, Mädchenoberschule. Wir lernen, wie deutsch dieser Lessing ist. (Und *Die Juden* und *Nathan der Weise?* Zeugnisse seiner Zeitbefangenheit?)

3. Zuhause die zerfledderte Lessing-Ausgabe von dem Großvater, der Freimaurer war. Ich lese die Gespräche zwischen *Ernst und Falk,* finde angestrichene Sätze. »Recht sehr zu wünschen, daß es in jedem Staat Männer geben möchte, die über die Vorurteile der Völkerschaft hinweg wären, und genau wüßten, wo Patriotismus Tugend zu sein aufhöret.« (Es ist der Sommer 1944 in Berlin. Wann hat der Großvater, der 1911 starb, diesen Satz unterstrichen?)

4. Nach dem Krieg die verschiedenen Aufführungen von *Nathan der Weise.* Mich ergreift immer wieder das Porträt des Nathan – Moses Mendelssohn. Die dramatische Aktion berührt mich nicht. (Ich schreibe in dieser Zeit ein KZ Drama *Alle Tore waren bewacht,* Spielort: Abholung aus Berlin, Frauenbaracke.)

5. Ich lese die *Erziehung des Menschengeschlechts, Emilia Galotti* und den *Jungen Gelehrten,* verbeiße mich in den Streit mit dem Hauptpastor Goeze. Ich mache viele Unterstreichungen, denke den Sätzen nach. Ich möchte mit dem Schriftsteller Lessing reden können: über die Französische Revolution, über die Märzrevolution, über den Völkerbund, aber auch über Nietzsches *Wille zur Macht* und über die Stimmenorkane in den Stadien und auf den Straßen, diese groß inszenierte Menschenvergötterung, in die der Deismus der Aufklärung umgekippt ist. Ich möchte ihn

fragen: Was hältst du davon? Du bist doch nicht der auf dem Sockel! Du mischst dich doch ein!

6. Aber er bleibt zweihundert Jahre entfernt und fremd. Den Briefen und Aufsätzen und Dramen haftet kein Spritzer schmutziger Erde an. Kein unartikuliertes Gebrüll reißt Sprünge in seine Vernunft. Nur einmal, im Brief an Eschenburg nach dem Tod des Kindes und seiner Frau Eva, der hingeflüsterte Schmerz – und gleich schon wieder zurückgenommen, den *Nathan* geschrieben, die *Erziehung des Menschengeschlechts* – als stünde es ihm nur an zu denken, nicht zu leben.

7. Im Wolfenbüttler Haus die Locke, die man ihm abgeschnitten hat, als er tot war. Mittelblondes kräftiges Haar. Und jäh steht er vor mir, in vibrierender Ruhe, die den Zorn vorstellbar macht und die wortunsichere Zartheit. Aber ich muß mich täuschen, ich sehe nur die Totenmaske, die man ihm abgenommen hat, den Garten draußen, Obstbäume im Schnee.

8. Traumnah die ruhige Abfolge der Bilder dieses unruhigen Lebens. Der Lernhunger des Kindes, den der Vater fördert, dem die Stadtschule in Kamenz nicht genügt; die Wißbegier des heranwachsenden Schülers der Fürstenschule St. Afra in Meißen, dem das Lehrangebot nicht ausreicht, die ersten Schreibversuche und in Leipzig der wilde Lebensversuch, »fechten, tanzen, voltigieren« und ins Theater gehen, fürs Theater übersetzen, den *Jungen Gelehrten* zur Aufführung geben, als Bürge für einen Schauspieler in Schulden geraten, nach Wittenberg ausweichen, schwer erkranken, das Studium abbrechen und in Berlin als freier Journalist und Schriftsteller unabhängig zu leben versuchen, zwanzig Jahre alt. Noch einmal der Fron ausweichen und in Wittenberg den Magister abschließen. Ständiges Lernen und Arbeiten wieder in Berlin, Umgang mit Moses Mendelssohn und Friedrich Nicolai. Sich endlich für Wochen in Potsdam vergraben und *Miß Sara Sampson* schreiben, die Aufführung noch im gleichen Jahr in Frankfurt an der Oder. Und wieder in Leipzig, wieder Theater. Sechsundzwanzig Jahre alt und aus dem Umfeld Kamenz – Leipzig – Berlin nicht hinausgekommen. Welche Erwartung in

die Europareise, auf die ihn ein Leipziger Kaufmann mitnehmen will! Aber die Reise endet schon in Amsterdam, weil die Nachricht vom Einfall Friedrichs II. in Sachsen den jungen Kaufmann zur Heimreise nötigt. Und wieder die tägliche Fron ohne Amt. Leipzig, Berlin, Herausgaben, Theaterstücke. Und wieder jäh und unerwartet für die Freunde die Übernahme des Gouvernementsekretärspostens bei General von Tauentzien in Breslau. Fünf Jahre Bürotätigkeit, in denen *Minna von Barnhelm* und *Laokoon* ohne den Druck der Schreibfron entstehen; er baut sich eine Bibliothek auf und unterstützt die Familie und kündigt dann nach dem Ende des Siebenjährigen Krieges, hofft auf die Stelle des Bibliothekars an der königlichen Bibliothek in Berlin, und als das fehlschlägt, nimmt er den Ruf nach Hamburg an, wo zwölf angesehene Hamburger Kaufleute ein deutsches Nationaltheater gegründet haben. Die *Minna von Barnhelm* wird aufgeführt, die *Hamburgische Dramaturgie* ist die Frucht dieser anderthalb Arbeitsjahre, die mit dem Scheitern des Theaterunternehmens enden, mit nicht ausgezahltem Gehalt für Lessing. Wieder der Versuch, sich als freier Schriftsteller durchzuschlagen. Die Zahl der Veröffentlichungen wächst und wächst, wie sein Ansehen und die Zahl seiner Feinde. Und endlich für den Einundvierzigjährigen der Ruf nach Wolfenbüttel an die von Herzog August Wilhelm 1723 dort errichtete Bibliothek. Spät die Heirat mit Eva König, die er in Hamburg kennengelernt und der er nach ihrer Verwitwung beigestanden hatte. Vorher noch eine gar nicht recht mehr erwünschte Reise mit dem braunschweigischen Prinzen nach Italien, allzu gehetzt. Und im Januar 1778 schon der Tod der Frau, die er noch um drei überaus angespannte Arbeitsjahre überleben wird. Der Lebenslauf eines freien Schriftstellers vor zweihundert Jahren zwischen Fronarbeit und dem Ausscheren ins eigene Werk, mit einer fast unvorstellbaren Geduld in der Ungeduld das eigene Denken verfolgend, die Fronarbeit dem zuordnend, von der Lust zur Freiheit geschüttelt, von der Neugier, wo immer irgend anzufangen, getrieben, ganz ohne Vergnügen an der Bürgerlichkeit und doch fähig, sie auszufüllen, bald den Freunden zugetan, dann wieder auf der Flucht in die Arbeitsstille. Federnd und stetig.

9. Begreifen, wie lang die Wegstrecke dieses nicht sonder-

lich langen Lebens war. Den Radius nachmessen, den die Geographie nicht bestimmt. Die Kenntnisse, die er heran- und in die Kulturszene hineinholte, aufreihen, ihre Sprengwirkung kaum abschätzen können, die den Staub, der sich nach dem Dreißigjährigen Krieg auf die Kulturlandschaft Deutschland gelegt hatte, wegzuschleudern imstande war. Begreifen und nicht begreifen, wie einer mit seiner angeborenen Klugheit, mit seinem eingeübten Fleiß und seinem bedenkenlos gewagten Mut alles in Frage stellt, was gilt: die Verachtung der Juden, die christlich prüde Selbstsicherheit, die nach-barocke betulich gewordene Bürger-Ruhe, die kritiklose Übernahme der französischen Klassik in den vielen Klein-Versailles' in Deutschland, die Enge des Nationalismus, obwohl in Deutschland ja noch nicht einmal die Nation schon sichtbar war, die Unfähigkeit zur privaten und öffentlichen Vernunft.

10. Hinterm Fenster Obstbäume im Schnee, fast eine Idylle, wie er sie zuletzt von seinem Schreibtisch aus sehen konnte. Und doch das Geifern Goezes im Ohr, den er als »einen in seinem Betragen sehr natürlichen und in Betracht seiner Kenntnisse gar nicht unebenen Mann« kannte. Er stritt mit ihm, aber er schrieb auch die *Erziehung des Menschengeschlechts*, weil sein Blickfeld größer war und zur Zukunft hin offen. In der Fron gehetzt, aber keine tragische Gestalt, hat er am Bild des möglichen freien Menschen gefeilt, zur Ironie bereit und mit dem Zweifel begabt. Die Vision des sich selbst vergottenden Menschen und seiner Kreaturen ist ihm erspart geblieben. Einen Hitler hat er nicht vorausgeahnt.

11. Ist er darum zweihundert Jahre entfernt und fremd? Und doch so nahe in seinem Entwurf der Toleranz als der Freiheit des Menschen, den Menschen zu achten? So nahe, weil er noch immer das Ziel setzt – so fern, weil sich Millionen verzerrter Gesichter zwischen ihn und uns drängen?

12. Ich möchte mit ihm reden können, ihn fragen: Was hältst du davon? Du mischst dich doch ein! Seine vibrierende Ruhe spüren, die den Zorn vorstellbar macht, und die wortunsichere Zartheit. Weil das, was er in seinem Leben hin- und hergewendet, bedacht und angezweifelt und doch

so sicher entworfen hat, die zarteste, zerbrechlichste und doch dauerhafteste unserer Hoffnungen ist.
Ich möchte mit ihm reden können.
Ich rede mit ihm, über die vergilbten, zerfledderten Seiten gebeugt, den unterstrichenen Textstellen nach-denkend. Rede über die engen Horizonte der Gegenwart hinweg.

Karoline von Günderrode

1780–1806

Auf den Tod zu leben – zuweilen (so kommt es den anderen vor) fast spielerisch, in den Nachrichten der Freunde erscheint Karoline von Günderrode ein Wesen ohne Erdenschwere zu sein. »Sie war so sanft und weich in allen Zügen, wie eine Blondine, sie hatte braunes Haar, aber blaue Augen, die waren gedeckt mit langen Augenwimpern; wenn sie lachte, so war es nicht laut, es war vielmehr ein sanftes, gedämpftes Girren, in dem sich Lust und Heiterkeit sehr vernehmlich aussprachen; – sie ging nicht, sie wandelte, wenn man verstehen will, was ich damit auszusprechen meine; – ihr Kleid war ein Gewand, was sie in schmeichelnden Falten umgab, das kam von ihren weichen Bewegungen her; – ihr Wuchs war hoch, ihre Gestalt war zu fließend, als daß man es mit dem Worte schlank ausdrücken könnte; sie war schüchtern freundlich und viel zu willenlos, als daß sie in der Gesellschaft sich bemerkbar gemacht hätte«, schreibt Bettine von Arnim nach dem Tod der Freundin. Und einen Monat nach ihrem Tod erinnert sich Achim von Arnim: ». . . wir konnten ihr nicht genug geben, um sie hier zu fesseln, nicht hell genug singen, um die Furienfackel unseliger, ihr fremder Leidenschaft auszublasen. Ich sage: wir – und doch war ich ihr gar zu nichts, aber ihr doch recht gut, und von dem Morgen, wo ich ihr das Wasser in die Augen spritzte, von dem Nachmittag, wo sie so lachend kämpfte, den Dolch zu verbergen, den sie aus dem Schranke hervorsuchte, womit wir spielten recht wie die Kinder mit dem Feuer, das ihr Bett ergriffen bis zu unserm Umsturze, wo ich sie in meinen Armen gen Himmel hielt und bis zu dem Abschiedsabende in Ihrem Hause, wo sie so hübsch aussah, daß wir uns alle verwunderten, in all der lieben, fröhlichen Zeit war sie so mitwirkend zu allem Spiel, so sanft verteidigend gegen die kritische Pflichtbosheit der zensierenden Pädagogik von Clemens, daß ich immer bei ihr auf das Lamm komme, das nichts mehr zu opfern hatte und sich nun selbst opferte.«

Daß Karoline den Dolch auf der Frankfurter Messe kaufte, daß sie ihr die Stelle unter der Brust zeigte, wo das

Herz zu treffen sei – berichtet Bettine, die der Freundin im 1840 veröffentlichten Briefwechsel *Die Günderrode* ein Denkmal setzte, das die Erinnerung an sie wachgehalten hat. (Sie verwandte originale Briefe und verfuhr mit ihnen ähnlich frei, wie sie in *Goethes Briefwechsel mit einem Kinde* verfahren war; sie veröffentlichte 15 Gedichte und Prosastücke Karolines, die noch zu Lebzeiten der Dichterin erschienen waren, und interpolierte die Briefe und komponierte sie zum Briefroman.) Auch Achim von Arnim hatte in *Melück Maria Blainville, die Hausprophetin aus Arabien* der Günderrode gedacht und die Grabschrift, die Karoline am Tag ihres selbstgewählten Todes aufgeschrieben hatte (eine Variante von Herders Übersetzung *Gedanken einiger Brahmanen*), zitiert:

> Erde, du meine Mutter, und du mein Ernährer, der Lufthauch
> Heiliges Feuer mir Freund, und du, o Bruder, der Bergstrom,
> Und mein Vater, der Äther, ich sag euch allen mit Ehrfurcht
> Freundlichen Dank; mit euch hab ich hinieden gelebt
> Und ich gehe zur andern Welt, euch gern verlassend,
> Lebt wohl denn, Bruder und Freund, Vater und Mutter lebt wohl!

Mit dem Tod umgehen, bis er so nahe scheint, daß er nicht mehr furchtbar ist: »So gibt jeder Sterbende der Erde ein erhöhteres, entwickelteres Elementarleben zurück, welches sie in aufsteigenden Formen fortbildet.« Auf diesen Gedanken zielen Karoline von Günderrodes *Briefe zweier Freunde – Melete –*, die Essenz eines kurzen Lebens? Die Erfahrung, auf die sie sich vorbereitet, auf die sie hingelebt hat? Zeugnis einer Verletzlichkeit, die zu überwinden ihr nicht gelungen war? Und warum nicht? Und wie denn verletzlich?

Keine strahlende Kindheit. Schon der Sechsjährigen, die am 11. Februar 1780 in Karlsruhe geboren worden ist, stirbt der Vater. Die Mutter siedelt mit den Kindern nach Hanau über. Die Zwölfjährige tritt in das Cronstetten-Hynspergische adlige Damenstift in Frankfurt am Main ein, Ort ihrer Bildung, Ort ihrer Einschränkung. Bettine hat das Zimmer beschrieben, das ebenerdig auf einen Garten hinausging, ein wohlgeordnetes, vom Schatten der Bäume halbdunkles Zimmer. Der so beengte Umkreis eines Lebens, Marburg schon fast zu weit, weil Karoline mittellos ist; der Rheingau,

Heidelberg, der untere Main sind ihre Landschaft. Sie pflegt eine ihrer Schwestern auf dem Kranken- und Sterbelager, spricht zur jüngeren Freundin Bettine nicht davon. Doch das ist schon später. Nur lassen wir uns von der Eingeschränktheit des Raumes, in dem sie lebt, nicht täuschen: Die Welt der Bücher stand ihr offen, das Reisen in Gedanken; Raum für die Phantasie, die Unruhe, die in ihr angelegt ist. Eine Schwester soll Karoline zur Flucht aus dem mütterlichen Hause verholfen haben. Sie war angesteckt von der Unruhe der Zeit, die Jakobiner in Mainz, die Ideen von 1789 in den Köpfen der Jungen, das Ende der Revolution im Blutbad, das Klagen der Emigranten, die am unteren Main Zuflucht gefunden hatten. Und sie 15-, 16-, 17-, 18jährig. »Des Glaubens Höhen sind nun demolieret./Und auf der flachen Erde schreitet der Verstand./Und misset alles aus, nach Klafter und nach Schuhen«, heißt es in *Vorzeit und neue Zeit.* Sie feiert *Buonaparte in Egypten:* ». . . die Säule der würdigeren Freiheit/Rufet er der Vorzeit Begeisterung zurüke/Zeiget dem erschlaften Jahrhundert römische Kraft. – /Möge dem Helden das Werk gelingen Völker/Zu beglükken, möge der schöne Morgen der Freiheit/Sich entwinden der Dämmerung finsterem Schosse . . .« Männliche Kraft, Heldentum als Ideale? Dichtet so eine Stiftsdame? Oder so: »Liebst du das Dunkel/Thauigter Nächte/Graut dir der Morgen/Starst du ins Spätroth/Seufzest beym Mahle/Stössest den Becher/Weg von den Lippen/Liebst du nicht Jagdlust/Reizet dich Ruhm nicht/Schlachtengetümmel/Welken dir Blumen/Schneller am Busen/Als sie sonst welkten/Drängt sich das Blut dir/Pochend zum Herzen.« Nein, androgyn ist sie nicht, aber das Jungmädchenhafte wird ihr bleiben in den wenigen Jahren der Suche nach sich selbst, nach dem Du. »Eins in Zwei zu sein,/Eins im Andern sich zu finden,/Daß der Zweiheit Gränzen schwinden . . .«

Ihre Geschichte. Sie verliebt sich neunzehnjährig in Savigny, schreibt, wie es junge Mädchen tun, an die Freundin Karoline von Barkhaus, und endet: »Ich bitte, verbrennen Sie diesen Brief.« Aber das Erlebnis läßt sich nicht wegdrängen. Gunda Brentano, die Freundin, steht sehr bald dazwischen, sie so grundverschieden von Karoline, daß halbverschwiegene Unstimmigkeiten anklingen. »Clemens sagt, du seist krank. Ich glaube im Ernst, daß du es bist. Aber ich weiß es, ich kann nie etwas zu Deiner Genesung beitragen; *ich kann nur leben und handlen, wie es mir einfällt, und nichts behandelen.*« Welche Freiheit nimmt sie sich da heraus! Wie macht es ihr zu schaffen, daß sie anders ist als die übrigen, die haben »nur die Kraft, das schon Gedachte, schon Empfundene mit zu empfinden«. Sie weiß, daß sie oft kalt ist gegen ihre Freunde, Freundinnen, kalt vor Ungenügen, weil sie anderes, weil sie mehr will als leben, weil sie angenommen werden will, nicht nur als die Frau, sondern als Dichterin, als Nachdenkende, als eine, die sich in die Zeit gestellt weiß. Im Briefwechsel mit Savigny gibt es Augenblicke, wo sie das glauben darf. Ihm bekennt sie auch: »Ich schreibe ein Drama, meine ganze Seele ist damit beschäftigt, ja, ich denke mich so lebhaft hinein, werde so einheimisch darin, daß mir mein eigenes Leben fremd wird. Ich habe sehr viel Anlage zu einer solchen Abstraktion.« Wie modern ist das: sich auszudrücken, um sich zu erfahren! Savigny, zuweilen fasziniert von ihr, entschließt sich doch, nur mit ihr zu spielen; er heiratet Gunda Brentano, sie wechseln noch Briefe, nun ist es Freundschaft, herzlich, kaum mehr. »Schon zweimal hätte ich fast Du statt Sie geschrieben.«

Clemens Brentano bleibt ihr fremd, sie bemerkt sein Ausweichen; ahnt sie, daß er sie hinter ihrem Rücken lächerlich macht? »Es kommt mir vor, als hätten Sie viele Seelen.« Sie deutet ihm Abstand an. Aber sie verrät ihm doch, daß sie die Verfasserin der Gedichte ist, die sie unter dem Namen Tian veröffentlicht hat. Er versucht, ihr Zweifel einzupflanzen, denn »es ist ein Beweis, daß die Menschen keine Freunde mehr haben, und jeder sich an das Publikum wenden muß«, wenn er veröffentlicht. Ist er konkurrenzneidisch? Er kritisiert, was sie geschrieben hat; aber er lädt sie zu sich nach Hause ein, er hat sich ja mit Sophie Mereau verbunden. Doch Karoline hält Abstand, sie will die junge Ehe nicht stören; vielleicht ist es ihr auch nur unbehaglich, Zuschauerin des Glücks zu sein. Und zu was braucht sie Clemens? Sie ist ja schon seit zwei Jahren in herzlicher Verbindung mit der jüngeren Brentano-Schwester Bettine, der sie sich beinahe mütterlich zugewendet hat, der sie erzählen, vorlesen kann, der sie vertraut und doch nicht so vertraut, um ihr die Leidenschaft zu Georg Friedrich Creuzer zu gestehen, den sie im August 1804 bei einem Besuch des ihr befreundeten Professors Daub in Heidelberg kennengelernt hat. Mißtraut sie dieser Leidenschaft, oder möchte sie sie noch verborgen wissen, weil sie sie kaum schon einordnen kann in ihr Leben?

Creuzer ist 1771 geboren. Mittelloser Herkunft, hat er sich sein Studium erarbeitet, finanziell soll er auch von Savigny unterstützt worden sein. Das demütigt, erklärt seine Abneigung gegen die wohlhabende Brentano-Familie, auch gegen Bettine, so daß Karoline auf sein Drängen die Freundschaft zu ihr abbricht. 1804 ist er nach Heidelberg berufen worden. Aus Pflichtgefühl hat er die Witwe seines Professors, Sophie Leske, geheiratet, die 13 Jahre älter als er ist; aber erst durch die Begegnung mit Karoline begreift er, daß und wie gefesselt er ist. Der Briefwechsel zwischen beiden, die wenigen Begegnungen spiegeln eine Dreiecksgeschichte, die kaum banaler erfunden werden könnte. Creuzers Frau Sophie schwankt zwischen Bereitschaft zur Scheidung und Festhalten an der Ehe. Creuzer reagiert immer wieder wie ein Buchhalter. Karoline, die sich anfangs zurückgehalten hat, gerät gegen ihren eigenen Widerstand in seinen Bann. »Du solltest anmaßender sein, mich mit Liebe und dann mit Despotismus behandeln. Dann erst würde mir recht wohl und sicher.« Immer wieder hat sie mit seinem Zögern rechnen müssen, mit seinem Nicht-Verstehen. Denn hat er ihr etwa den Traum beantwortet, den sie ihm aufgeschrieben hat?! »Ein Löwe lag zu meiner Rechten, eine Wölfin zur Linken und ein Bär mir zu Füßen. Alle halb über mich her und in tiefem Schlaf. Da dachte ich, wenn diese Tiere erwachten, würden sie gegeneinander ergrimmen und sich und mich zerreißen. Es ward mir fürchterlich bange und ich zog mich leise unter ihnen hervor und entrann.« Nein, seine Briefe sind fast niemals Antwortbriefe, sind immer wieder nur Monologe. Aber Karoline muß sich mit dem Klatsch auseinandersetzen, mit dem Verdacht, dem intelligente selbständige Frauen immer ausgesetzt sind. »Soll ich mich entschuldigen über das, was ich vortrefflich in mir finde? Ich verstehe nicht, in welchem Zusammenhang dies mit meinem gefürchteten Untalent, Sie zu beglücken, steht.« Bleibt nur wieder der Traum, am 1. Mai 1806 aufgeschrieben, in »seliger Liebe und Freiheit« durch »reizende Täler und waldige Hügel« gewandelt und vereint gewesen zu sein. Doch da tarnt sie sich schon, sie nennt Creuzer Eusebius und spricht von sich als dem Freund.

Und doch noch einmal das Aufwallen der Verzweiflung, die Bitte an den alten Freund Daub, zu vermitteln. Noch eine Begegnung, nach der Creuzer schwer erkrankt, und nach der Genesung sein entschiedener Abbruch des Verhältnisses, was Daub vermitteln soll. Der wagt es nicht mitzuteilen, sondern bittet Karolines Freundin Susanne von der Heyden um die Weitergabe der schlimmen Nachricht. Die Tragödie rast auf das Ende zu. Karoline ist nach Winkel am Rhein gefahren, nach Monaten der Zweifel, der Verzweiflung. »Du bist nie gekommen, ohne erst von abhaltenden Kleinigkeiten zu reden«, hatte sie an Creuzer geschrieben und auch das: »Ich kann mich nicht in dein bedingtes Leben hineindenken; deswegen ist es mir ein Rätsel.« Trotz aller Behutsamkeit, mit der Susanne von der Heyden die Nachricht der endgültigen Absage Creuzers nach Winkel gibt, zu erreichen versucht, daß der Brief nicht sofort an Karoline übergeben wird, weil sie besorgt um die Freundin ist, händigt der Bote den Brief unmittelbar an die Adressatin aus. Karoline erbricht ihn, geht auf ihr Zimmer und verabschiedet sich dann zu einem Spaziergang am Rhein. Am Abend wird sie vermißt und die ganze Nacht über gesucht. Sie hatte sich den Dolch ins Herz gestoßen, den Schal, mit Steinen beschwert, umgebunden, ihr Körper hatte sich aber im Ufergebüsch verfangen. So wird sie endlich gefunden.

Auf den Tod zu leben, fast spielerisch, ein Wesen ohne Erdenschwere – war sie das? Kann man die dunkle Spur in ihrer Dichtung ablesen? »Was ist denn Liebe? Hat sie kein Bestehen?« läßt sie Violetta in *Wandel und Treue* fragen. Und am genauesten sagt sie es im Gedicht *Liebe:* »O reiche Armuth! Gebend, seliges Empfangen! In Stummheit Sprache,/Schüchtern bei Tage,/Siegend mit zaghaftem Bangen./Lebendiger Tod, im Einen seliges Leben/ Schwelgend in Noth, im Widerstand ergeben,/Genießend schmachten,/Nie satt betrachten/Leben im Traum und doppelt Leben.«

Wer das schreibt, weiß von der Unmöglichkeit, Ich zu werden und sich zugleich hinzugeben in ein Du, weiß von der Zerbrechlichkeit der eigenen, einsamen Existenz. Und so arbeitet sie denn immer wieder an ihrer Vorstellung von

Kunst, wird nur ruhig in der Arbeit; auch wenn die Leute sagen, »ich sei unnütz, weil ich kein Geschäft treibe, und ich arbeite doch durch den Einfluß, den ich auf manches Gemüt habe, für das Ewige«. Und sie erfährt das Härteste und doch Genaueste, das Trost sein könnte – für sie: »Meine Ansicht vom Sterben ist die ruhigste. Ein Freund ist mir bei seinem Leben, was mir die Grammatik ist, stirbt er, so wird er mir zur Poesie. Ich wollte lieber von meinem besten Freund nichts wissen, als irgend ein schönes Kunstwerk nicht kennen.«

Geschützt hat diese Einsicht sie nicht; sie war ja wohl auch aus der Angst vor der Wirklichkeit formuliert, die sie dennoch eingeholt hat. Sie war doppelt betrogen worden. Ihre Gedanken, ihre Kunst hatte sie Creuzer dargeboten, ihre Liebe hatte sie Creuzer dargeboten. Er hatte die Hände ausgestreckt – und war zurückgewichen aus Furcht vor der Veränderung seines Lebens. Er hat Karolines Namen nie mehr erwähnt, auch nach dem Tod seiner Frau Sophie und einer zweiten Heirat nicht.

Aber wir tun ihm Unrecht mit dem Vorwurf, er habe seine bürgerlichen Pflichten verteidigt, nichts anderes. Wie oft teilt er ihr mit, daß er nur nachts habe an sie schreiben können, und nennt die vielen Aufgaben seines Tages! Er hat sich wohl selbst für ein paar kurze Monate etwas vorgemacht, als er die Hoffnung, seiner Ehe zu entrinnen und Karoline zu seiner Frau zu machen, in sich gehegt hat. Die Grenzüberschreitung hat ihm nicht gelingen können. Noch nicht? Oder nie? Sind Lebenswirklichkeit und absolute Liebe unvereinbar? Und hat Karoline das nicht annehmen können, obschon sie es gewußt hat? Für wen steht sie denn ein, die in den Briefen der Freunde so ganz unterschiedlich angeredet wird – und das hat doch wohl Bedeutung!

»Günderrödchen« schreibt Gunda Brentano. Savigny, der anfangs »mein Fräulein« geschrieben hat, übernimmt das familiäre »Günderrödchen«. Aber Bettine nennt die Freundin »Günther«. Creuzer nennt Karoline »Lina« und später aus Gründen der Heimlichkeit »Freund«. Oft wechseln das Du und das Sie in seinen Briefen, wenn er zweifelt, ob sie zu seiner Frau taugt. Zärtlichkeitsformeln, Herbheit, Unschlüssigkeit, sie ein Mädchen, eine junge Frau zu nennen, ihren schönen Namen voll auszusprechen. Sie wird das so herausgefordert haben. Denn: »Ich schaue mich am fröhlichsten in einem Produkt meines Geistes an, und habe nur wahrhaftes Bewußtseyn durch dieses Hervorgebrachte.«

Sie war von den Gedanken der Zeit durchströmt, losgerissen aus der Tradition und doch nicht ganz, vorbereitet auf den Rausch der Schellingschen Philosophie, die sie liebte, und doch nicht ganz. War sie ein weiblicher Werther? Manches spräche dafür, natürlich hatte sie den *Werther* gelesen, davon erzählt Bettine. Aber ihr Ich wurde ja nicht gebrochen, nicht »vor den Kopf gestoßen«, sie war ihres Ichs eher ungewiß. »Ich sagte, daß dein Ich und das Meine sollten aufgelößt werden in die alten Urstoffe der Welt, dann tröstete ich mich wieder, daß unsere befreundeten Elemente, dem Gesetze der Anziehung gehorchend, sich selbst im unendlichen Raum aufsuchen und zueinander gesellen würden.« Ob Eusebio (Creuzer), der Empfänger dieser Nachricht, sie hat verstehen, hat annehmen können? Ob er geahnt hat, daß es der Tod war, der aus ihr sprach?

Christa Wolf hat in ihrem schönen Essay *Der Schatten eines Traumes, Karoline von Günderrode – ein Entwurf,* mit dem sie ihre Auswahl von Gedichten, Prosa und Briefen der Günderrode und Zeugnissen von Zeitgenossen einleitet, nachzuweisen versucht, daß das Schicksal der Günderrode ein Frauenschicksal in jenem Umbruch um die Wende zum 19. Jahrhundert gewesen ist. Sie hat die Günderrode zitiert, die in ihren frühen Texten das Unbehagen, eine Frau zu sein und geistige Ansprüche, das Verlangen nach schöpferischer, dem Manne vorbehaltener Tätigkeit zu haben, heftig und quälend empfindet. »Schon hatte ich den unweiblichen Wunsch, mich in ein wildes Schlachtgetümmel zu werfen, zu sterben. Warum ward ich kein Mann? Ich habe keinen Sinn für weibliche Tugenden, für Weiberglückseeligkeit. Nur das Wilde, Grose, Glänzende gefällt mir.«

Für die Günderrode sind diese ihre unweiblichen Gedanken beunruhigend; denn sie entfremden sie der Umwelt, in der sie lebt. Sie hat noch nicht den zeitweiligen Mut der Rahel (die ihn ja auch unter Schmerzen entwickelt), einzig zu sein, zu ihrem Frau-Sein zu stehen. Ein weiblicher Autor, das galt damals nicht. Die Günderrode wählte ein männliches Pseudonym, Rahel geriet in den Schatten Varnhagens; der Umbruch betraf alle Frauen, die sich nicht mehr mit Sticken, Stricken, Strümpfestopfen und so weiter zufriedengeben, die nicht mehr bügeln wollten. (Dorothea Schlegel hat es in Wien wieder getan, wo sie Friedrich Schlegel ein wenig Heimat für seine irrlichternde Intellektualität zu schaffen versuchte. Caroline Schlegel hat in Jena die Romantiker-Wohngemeinschaft in Ordnung gehalten, Putzfrau, Gefährtin und leuchtende Intelligenz in einem.) Doch von alledem hat die Günderrode nichts gewußt. Hat nicht gewußt, daß sie in einer Zeitgenossenschaft lebte. Hätte sie das Wissen gerettet? Hätte sie, in einer schwesterlichen gemeinsamen Leidenserfahrung weniger einsam, den Tod in sich ausheilen können?

Ich glaube nicht. Doch was heißt: ich glaube? Ich bin sicher. Die Günderrode war anders als die Frauen, die sich den brutalen Zeiterfahrungen aussetzten, wie Therese Huber, wie Caroline Böhmer, die, ehe sie August Schlegel heiratete, schon vom Frauen- und Zeitschicksal gebeutelt war, anders auch als Rahel, die sich mit ihrer Herkunft aus der jüdischen Gemeinde Berlins herumschlagen mußte, anders als die Mendelssohn-Töchter, die, noch in jüdische Rituale eingebunden, denn doch durch den großen Vater Moses Geborgenheit gekannt hatten, anders als die Herz neben dem hochgebildeten Markus Herz und als Tochter des angesehenen Arztes de Lemos, anders als Caroline von Dacheröden, die Wilhelm von Humboldt heiratete. Die Günderrode war von ihrer frühen Jugend an ungeschützt, ohne Wärme aufgewachsen (die Flucht von der Mutter weg spricht dafür; kleinliche Erbstreitigkeiten mit der Mutter verfestigen die Annahme). Daß Karoline von Günderrode in dem Damenstift so unmittelbar mit der Bildung und dem Wissen der Zeit konfrontiert wurde, genauer, daß sie es in sich aufnehmen konnte, spricht für sie, aber gewiß auch für das Stift; sie ist ja nicht nur mit der Literatur der Zeit vertraut, sie kennt Gesetze der Physik, die Goethe wenige Jahre später in den *Wahlverwandtschaften* thematisieren wird. Aber Wissen und angelesene Wirklichkeit ersetzen nicht die Wärme der Wirklichkeit, nach der sie denkend und schreibend sucht. Gunda Brentano hat dafür kaum Gespür, die anderen Frauen ihrer Umgebung sind ihr nicht nahe genug, Bettine ausgenommen, die sie denn auch freudig belehrt. So suchte Karoline in Savigny den Partner und später in Creuzer – um Geborgenheit zu finden: die Wärme der Wirklichkeit.

Das ist gewiß ein Frauenschicksal, aber doch nicht nur.

Auch damals nicht. Den Tod in sich haben heißt ja, das Vabanque-Spiel Leben von früh an durchschauen, sich gegen die Leichtfertigkeit, die Banalität, die nun einmal den Alltag diktiert, abschirmen, keinen Halt haben in der Tradition, der Religion, den gesellschaftlichen Ritualen. Das trifft für die Günderrode zu, die nach dem Tod ihrer Schwester Charlotte keinerlei Bindung zur Familie, zu den Geschwistern hat, die trotz des schwarzen Stiftskleides mit weißem Kragen nicht fromm ist, die mit Bettine über die »Schwebereligion« diskutiert, weil sie beide von den Fragen von 1789 aufgeregt sind, kaum aber so unmittelbar betroffen wie Therese Huber, wie Caroline Böhmer, die aus Mainz hat fliehen und das Kind einer Mainzer Nacht im Gefängnis hat austragen müssen.

Das Fehlen von Realität ist Günderrodes bitterste Erfahrung. Bettine ist sensibel genug, der älteren Freundin eine Fülle von vitalen Eindrücken mitzuteilen; die Erzählsituation in ihrem Günderrode-Buch ist sicher unverfälscht! Aber sie fühlt doch die Scheu der Freundin vor ihrer Wirklichkeitsbegeisterung, und es tut ihr weh, daß Karoline sich entzieht: »Wenn mir mein Freund das Messer an die Kehle gesetzt hätte und ich hätte so viele Beweise seiner Liebe, so freundliche, so aufrichtige Briefe von ihm in den Händen gehabt, ich würde ihm getraut haben. Die Briefe mußt Du mir wiedergeben, denn Du kömmst mir falsch vor, so lang Du sie besitzest, auch leg ich einen Wert darauf, ich habe mein Herz hineingeschrieben. Bettine Brentano.«

So teilt sie es der Freundin mit – im April 1806, nachdem Karoline sich auf Creuzers Wunsch von ihr zurückgezogen hat. War Karoline denn so weit von sich abgekommen, daß sie nur noch auf Creuzer setzte? Gelang ihr die Balance in der Arbeit nicht mehr, das »wahrhaft Bewustseyn durch ( ) Hervorbringen«? Oder war es der Tod in ihr, der sie sich hatte verlaufen lassen?

Dieses sich jäh Aufs-Unbedingte-einlassen-Wollen, wo alle Bedingungen nicht stimmen? Sie wußte das doch! Der Briefwechsel mit Creuzer ist ein fortwährendes Zeugnis vom Reden in zweierlei Sprachen. Kein einziges Mal geht er auf das ein, was sie schreibt, nur anfangs – als ein kluger und hilfreicher Lektor. Ihre Seelennot hat er nicht begriffen. Aber auch sie begreift nie, will es nicht begreifen, wie angezurrt er lebt.

Der Tod in ihr. Nicht nur das Schicksal einer Frau, die über das Sprechen, Schreiben, die tägliche Mitteilung hinaus formulieren, die Kunst schaffen will.

Sie muß sehr allein gewesen sein. Immer.

Sie war nicht fähig, sich einzulassen. Creuzer mag sich in den Nächten müde geschrieben haben in seiner Sehnsucht, aus dem Dumpf-Täglichen auszubrechen – den Tod in ihr hat er nie gespürt. Nur die intellektuelle Verwandtschaft. Aber – das ist ja heute noch immer so – darauf läßt sich's verzichten, wenn es schwierig wird, lebensschwierig.

Es kann kaum gelingen, die literarischen Texte der Günderrode auf ein Podest zu heben. Zeitgenossen haben ähnlich geschrieben – bis auf die leisen femininen Nuancen, die sie in wenigen Gedichten einbringt. Ihre Briefe aber sollten in die Briefliteratur der Zeit, insbesondere in die Briefliteratur der Frauen der Zeit, aufgenommen werden. Da unterscheidet sie sich. Da benennt sie (was andere verschweigen) die eigentümliche Androgynie der frühen Mädchenjahre. Sie hat sich wundgelitten in ihren Briefen. Sie hat gegen den Tod in sich gekämpft. Sie hatte ja Sehnsucht nach ein bißchen gewöhnlicher Wärme – und konnte sie doch nicht ertragen ...

Ihre Publikationen sind bemerkt worden. Goethe hat eine Besprechung (mutmaßlich aus Karolines Freundeskreis) in die *Jenensische Literaturzeitung* aufgenommen. Frau von Stein ist aufmerksam geworden. Aber Bettines Erzählung über Günderrodes Tod hat Goethe wenig berührt. Was schreiben und nicht leben können bedeutet, haben vielleicht nur Achim von Arnim und Bettine verstanden, als sie sich der Freundin erinnerten. Und ohne Bettines Briefbuch von 1840 wäre Karoline von Günderrode wohl im 19. Jahrhundert schon vergessen gewesen.

Der Tod in ihr. Auf den Tod zu leben.

Das war im Aufbruch der Frauen, die sich um 1800 entdeckten, so nicht vorgesehen. Kaum Reflexionen über den Frauentod im Kindbett. Die Neugier auf Welt, auf Wissen, auf Teilnahme an der intellektuellen Auseinandersetzung war größer. Auch das »Ich bin«, wie verzettelt auch immer, galt.

Karoline Günderrodes Entscheidung ist einmalig unter den Frauen des Auf- und Umbruchs. Erschreckend, ja ergreifend, wie begrenzt ihr Freundeskreis war, die Brentanos, Achim von Arnim, Savigny, Karoline von Barkhaus, Susanne von der Heyden, Lisette von Nees, Daub. Kein Austausch mit den noch lebenden Geschwistern. Ein eingeschränktes Leben, eine grenzenlose Sehnsucht, zu begreifen, was in der Welt geschieht. Außer dem Gedicht *Buonaparte in Egypten* aber kein Zeugnis zur Zeit, kein Erschaudern über die Guillotine-Morde, nichts über das jakobinische Mainz, nichts über den Zerfall des Deutschen Reiches, den Reichsdeputationshauptschluß. Kein Briefwort, kein literarisches Wort über die Zeit, ihre unmittelbar erlebte Zeit. Hat sie nach Absolutheit gestrebt? Hat sie, so jung noch, Erfahrungen nicht einbringen können, weil sie sie nicht durchlebt hat?

Denken wir an das Zimmer im Stift. Denken wir an die Stille. Elfenbeinturm oder *splendid isolation* oder *l'art pour l'art* sind Begriffe, die später, lange nach Karolines Leben, gefunden worden sind.

Sie hat die Isolation gesucht und nicht ausgehalten, hat sich hinausgesehnt, hat das Verstanden-Werden mit Liebe benannt, hat das Schwarzbrot des Alltags nicht gegessen, wurde nie – und das besagen die vielen Namen, die ihr die Freunde gaben – *die* Karoline Günderrode; gewann so jung, zu jung, nie die Fähigkeit zum Verzicht auf das Absolute, das sie zu schreiben, vielleicht zu fühlen versucht hat.

Ihr Tod, der Tod in ihr ist mehr als Frauenschicksal in der Phase der Selbstentdeckung, die wir Emanzipation nennen. Ihr Tod ist ein Tod aus Berührungsangst mit dem Leben wie fast alle Tode der jungen Selbstmörder. Das soziale Ghetto des Stifts hat die Berührungsangst gefördert, kaum mehr.

Die Literaturgeschichte hat Karoline von Günderrode einen schmalen Platz reserviert. Das mag Rechtens sein, gemessen an den Texten, ein frühes Genie war sie nicht. Aber Literaturgeschichte ist von Männern geschrieben worden und wird noch immer von Männern geschrieben. Die sich ihrer angenommen haben, Ludwig Geiger, Erwin Rhode, Karl Preisendanz, konnten kaum schon die leisen feministischen Züge, die androgynen Erfahrungen als frauenspezifisch herausarbeiten, kaum schon bedenken, daß einer Zwanzigerin das Kunstwerk wichtiger war als die gelebte Erfahrung, konnten kaum auch die Hemmung, gelebte Erfahrung zu gestalten, schon deuten. Und war sie nicht zu jung, um gelebte Erfahrung transponieren zu können? Riß sie nicht, wie alle ganz jungen Dichter, Überliefertes in ihre Erlebnis-Nähe?

Wie aber: Hatte sie den Tod in sich? Weil ihre Lebensumstände (Stiftsdame und sonst nichts), weil der übersehbare Freundinnenkreis – alle heirateten schließlich – sie nicht trug? Weil sie die Erschöpfung, die Antriebsunlust kannte und keine Alltagspflicht sie da herausriß! Weil sie GANZ sein wollte, ICH (namenlos), nicht ICH (Karoline) und das ICH namenlos sich doch nicht einkreisen läßt?

Ihr Zurücktasten nach einer mystischen Welteinheit/Geborgenheit, die in der deutschen Literatur erstmalige Erfahrung von der Fremdheit zwischen den Individuen (nachdem eben erst das Individuum gefeiert worden war und während es die Großen der Zeit noch feierten), das ist ihre, das ist die Erfahrung der Frauen. Rahel Varnhagen wird da viel präziser sein! Karoline erfährt anders als die Berlinerin den Rausch und die Verstörung nur vom Rande, von ihrer Wohnzelle aus.

So bleibt ihre Geschichte, ihr Tod rührend. Auch tragisch? Ist das Scheitern einer versuchten Leidenschaft tragisch? Ist das Hinhalten einer Kopfliebe tragisch? (Und war es denn mehr, was sie an Creuzer fesselte? War es nicht nur die Angst, schreibend nicht mehr zu bestehen?)

Vergessen wir nicht, sie war 26, als sie sich umbrachte, eine junge Frau. Der Wunsch nach einem Kind taucht nie auf in ihren Briefen, ihren Gedichten. Sie wußte es, wollte es so: keine Verantwortung haben – auch nicht für Creuzers mühsamen Alltag. Ich sein, vielleicht, für niemand und nichts: Ich. Geht das? Ist das nicht die Bruchstelle der Kunst und auch die Bruchstelle des Aufbruchs der Frauen? – Für Karoline war sie noch tödlich.

Sicher, für den Mann und den kurzen Zeugungsaugenblick, der ihn nicht bindet (es sei denn durch Sittengesetze), ist die Gewißheit, sich im Werk, im Tun zu verwirklichen, Jahrtausende alt. Für die Frau sind die Jahrtausende in Teilaufgaben zersplittert, ist ihre Verwirklichung immer auf das Überleben der Kinder fixiert. Das jähe Sich-selbst-Erkennen, das jähe Begreifen des Verlustes in zersplitterter Verantwortung, ausgesparter Gestaltung, ist fast unerträglich. Und Karoline erfährt, ahnt, wie die Frauen ihrer Generation, das Unerträgliche. Aber sie weicht dem Unerträglichen, dem Konflikt aus, nimmt ihn nicht zur Kenntnis, hat

Angst vor dem Leben.

»Ich bin eigentlich lebensmüde, ich fühle, daß meine Zeit aus ist und daß ich nur fortlebe durch einen Irrtum der Natur; dies Gefühl ist zuweilen lebhafter in mir, zuweilen blässer. Das ist mein Lebenslauf!«

Der Tod hatte sie überwachsen wie der Krebs. Kann man ihr das vorwerfen? Ihr Selbstmord hat viele erregt, viele gerührt. Deutlicher hat er sie nicht gemacht. Aber sie hatte sich ja nie ganz preisgegeben, hatte ihre Umrisse unbestimmt gehalten, anziehend und fremd zugleich. Daß sie an jenem 26. Juli 1806 längst mit dem Tod versöhnt war, haben die Freunde nicht begreifen können.

»Die Vortreflichkeit ist ein ganzes, wir haben sie nicht, sie ist gleichsam wie die Bläue des Himmels über uns, und unsere Vortreflichkeit ist nur ein Streben zur ihr, eine Ansicht in ihr, drum ist keine persönliche Liebe, nur Liebe zum Vortreflichen.«

Sie hätte Engelsflügel gebraucht, um zu leben.

Die Chance, ICH zu sagen

Rahel Varnhagen, die Poetin des ICH

»Nach Beendigung unseres Schicksales haben wir gleiche Gefühle wie vor Anfang desselben. Eine Art von vagem, neugierigen Jugenddasein, ein zum All gehöriges Dasein. Wenn man sich nun einmal hat verlieren müssen, so ist es schön, diese kleine Seligkeit, diese zweite Jugend noch auf der Erde abzuleben, sie auch nur zu kosten. Welch ruhevolles, genußergiebiges Daseinsgefühl ist es, gleichsam nur zur Atmosphäre gehörig, mit ihr und durch sie zu leben; mit einem Geist gekrönt, der dies betrachtet; mit einem Herzen im Busen, welches dies allen Mitgeschöpfen verschaffen möchte.«

Wenige Monate vor dem Tod notiert Rahel diese Überlegungen, diese Selbstbeobachtung von ungeheurer Hellsicht. Die Entdeckung des über die eigenen Grenzen hinwegreichenden Erfahren-Wollens, die Lebenslust, Lebensneugier, die diese Grenzen öffnet. Und, näher an der Realität und fast unmittelbar visionär, in einem Brief an Lea Mendelssohn Bartholdy (die Mutter des Komponisten) vom 24. Dezember 1832: »Sie werden doch gestehen, daß selbst noch in Ihrer Jugend weder Weihnachten noch andere Geburtstage herrschten, wie sie es jetzt tun, Luftballons, Telegraphen, Eisenbahnen, Gedanken-Perspektiven werden noch kommen (mit denen man Gedanken durch die Köpfe sieht), Wettermacher und ganz neue, uns unbekannte Feste. Ich lade Sie und mich schon jetzt darauf ein: denn an Sterben wird nicht mehr zu denken sein; das ist eine inadvertance, und dagegen wird zuerst gewirkt werden. Aber plötzlich Adieu! —«

Sterben ein Versehen? Eine ganze Epoche wird damit ausgelöscht, das Pathos des Todes, die Todessehnsucht, die Feier des Schmerzes (wenig vorher noch bei Novalis) abgetan.

Und das eigene Leben, das Streben nach Selbstentdeckung, Selbstbehauptung, Selbstdeutung mit leichter Hand aufgehoben. Fast verspielt dann die reale Zukunftsvision. Ist das Rahel, wie sie überliefert ist: die faszinierende und faszinierte Freundin bedeutender Zeitgenossen, die verständnisvolle Freundin des Prinzen Louis Ferdinand und seiner Geliebten, Pauline Wiesel? Die zur Ich-Entdeckung und Ich-Hingabe so fähige Briefpartnerin des jungen Alexander von der Marwitz? Die klug abwägende Gefährtin Varnhagens? Die Gastgeberin, die Achim von Arnim neben den Verleger Cotta an den Tisch setzt, weil sie hofft, dem so erfolglosen, begabten Dichter einen Verleger zu verschaffen?

Ist es die wahllos Liebende der jungen Jahre – unter dem sozialen und ökonomischen Druck, einen Mann finden zu müssen, der sie versorgt, weil anders sie in der Abhängigkeit der Familie, der Brüder und ihres Geschäftes bleibt (und sie bleibt es – zu lange, über den Tod der Mutter hinaus – eine Mittvierzigerin, als sie Varnhagen heiratet)? Ist es die alternde Frau, die den jungen Heine versteht und seine Schwäche sieht, oder die junge Frau, die über Goethe so klug schreibt, daß er erstaunt zustimmt (allerdings hatte Varnhagen ihre Aufzeichnungen nicht als die einer Frau und Jüdin gekennzeichnet, so daß Goethe von einem jungen Mann als Verfasser ausgehen mußte)? Ist es die, die mit Marwitz zusammen Fichtes Vorlesungen hört, seine *Reden an die Deutsche Nation* als Betroffene und Begeisterte aufnimmt? Ist es die, die in Prag während der Kriege gegen Napoleon Verwundete pflegt? Oder die Gattin Varnhagens (nun auch getauft), die am Karlsruher Hof mit Prinzessinnen parliert und sich »wie eine Pute auf fremdem Hof» fühlt, dort, und wenig später in Frankfurt anläßlich einer Begegnung mit Wilhelm von Humboldt? Ist es die, die ihrer Schwester Rose emanzipatorische Frauen-Hoffnungen in den Kopf setzt, sie aufmerksam macht auf die demütigende Abhängigkeit, die die geistigen Fähigkeiten erstickt? Ist es die, welche die Kinder ihrer Brüder wie kleine Wunder erlebt, großartige Einsichten über das Ganz-in-der-Gegenwart-Leben der Kinder aufschreibt? Ist es die, die Friedrich Gentz' politische Karriere in ihrer ganzen Rücksichtslosigkeit durchschaut und ihm doch zugewandt bleibt? Ist es die, die ihre Träume aufschreibt, die Poesien des Surrealismus sind? Ist es die, die Berlin beschreibt, die Straßen, die »struppigen Linden«, die mürrischen Menschen des Alltags? Oder die, die gern ins Theater geht und sich den Menschen in den Rollen einfühlt, von daher urteilt? Ist es die, die sich von Varnhagens sentimentaler Anhänglichkeit beruhigen läßt? Oder plant sie, noch während sie die große geistige Nähe zu Alexander von der Marwitz spürt, sich ihm anvertraut, ihn annimmt, schon die Versorgungsehe mit Varnhagen? (Die zeitliche Parallelität beider Begegnungen und Briefwechsel läßt darauf schließen!) Ist es die immer ein wenig phantastisch und nicht sehr modisch gekleidete Frau, mit dem zu schweren Kinn keine Schönheit? Vom Alter gekrümmt, wird Grillparzer sie hexenhaft nennen und doch von ihrem Temperament, ihrem Genie der Wahrnehmung, der Reflexion gefesselt sein. Ist es die, die über den Saint-Simonismus nachdenkt, von der Schneiderrevolution 1830 irritiert ist, die nach Varnhagens Beurlaubung aus dem Dienst 1819 seltsam wenig über Verfassungsanspruch und Bürgerfreiheit reflektiert, die doch durch die wieder einsetzende reaktionäre Politik nicht nur in Preußen gefährdet war? Ist es die, die ihr Judentum hat hinter sich lassen wollen und die doch im Alter wieder hebräische Schriftzeichen benutzt, weil sie das Scheitern der Emanzipation begreift?

Ist es die? Ist es die?

Die vielen Gesichter Rahels sind die Facetten eines Gesichts, spiegeln die Vielfalt eines Menschen wider, ohne daß ihr das je bewußt ist, weil sie re-agiert, auf Menschen, auf Hoffnungen, und der Reichtum ihrer Gedanken bald blühend, bald von der Resignation überschattet ist. Eine Frau, die zur Kreativität aus eigener Kraft noch keinen Zugang hatte; eine Frau, die nur wenig gebildet ist (im heutigen Sinn von Ausbildung) und doch belesen, fähig, sich einzufühlen in einen literarischen Text, in ein Gegenüber, eine Sprachvirtuosin von Geburt. Das heißt für eine Briefschreiberin, für eine Gastgeberin natürlich auch Schwatz, Klatsch, aber ganz ohne Häme, anders als viele ihrer Zeitgenossinnen, deren Briefe uns vorliegen. Rahel sieht noch in der Schwäche den anderen. Und sie ist sozial so wenig privilegiert, daß sie sich Verachtung nicht leisten kann. Das macht sie manchmal blind, wie es Aufsteigern geschehen kann, ganz besonders in ihrer Jugend, als sich ihr Urteil erst schärfen mußte.

Wer ist diese Rahel, die keine Erzählung, keinen Roman, kein Drama, kein Gedicht hinterlassen hat, aber ein Briefwerk, das ihr einen hohen Rang in der Literaturgeschichte garantiert, nicht, weil es Zeitgeschichte hereinholt, wohl aber Menschen, und immer wieder sich selbst, ganz ohne Egoismus, ganz ausgeliefert auf dem schmalen Grat Erfahrung.

Ich darf hier ihre Lebensgeschichte nacherzählen, wie ich sie 1963/64 aufgeschrieben habe *(Berliner Salons – Literatur und Gesellschaft zwischen Aufklärung und Industriezeitalter).*

Ihr Vater, Markus Levin, ist Juwelenhändler und sehr wohlhabend. Sein Bild verrät die Sattheit des Reichtums; die Lippen aufgeworfen, die Kleidung üppig, den Stock leger in der Hand, die Haltung betont gerade, stellt er den »Selfmademan« zur Schau. Er »hatte, wie es hieß, ein sehr schlechtes Leben geführt, soll unter einer Räuberbande gewesen und gebrandmarkt gewesen sein; er war ungemein klug, aber nicht gut, er hatte die Lust an der Unlust; er war reich, sah viele Leute in seinem Hause, besonders aber Schauspieler. Die Frau war einfach und gut, dem Manne in jedem Sinne unterworfen.« So charakterisiert Henriette Herz in ihren Lebenserinnerungen die Eltern Levin, die sie als ganz junge Frau zur Leipziger Messe mitgenommen hatten, sicher nicht ohne den Nebengedanken, ein schönes junges Gesicht in ihrer Theaterloge und bei der Tafel um sich zu haben. Rahel ist auf dieser Reise noch ein Kind, ungefähr zehn Jahre alt, die Erstgeborene der Levins. Die Eltern sprechen das Judendeutsch jener Zeit, Rahel lernt nur hebräisch schreiben. Welch ein Unterschied der Herkunft gegenüber Dorothea Schlegel geb. Mendelssohn oder auch gegenüber Henriette Herz geb. de Lemos. Der »verfluchte Makel der Geburt«, unter dem Rahel zeitlebens leidet, läßt sie das Judentum als Schicksal begreifen, das den beiden Vorgenannten kaum mit solcher Schärfe bewußt wird. Trotz Assimilierung und Emanzipation gelingt ihr das Einwurzeln in ihrer Umwelt nie ganz. Sie steht von Anfang an außerhalb der Gesellschaft und gewahrt dank ihrer hochempfindlichen Intelligenz frühzeitig die Gefährdung des Ich – und wird eben deshalb zur faszinierenden Persönlichkeit.

»Nun aber fing die alternde, vielleicht nie hübsche, von Krankheit zusammengekrümmte, etwas einer Fee, um nicht zu sagen Hexe, ähnliche Frau zu sprechen an, und ich war bezaubert«, schreibt Grillparzer über seinen Besuch bei der Sechsundfünfzigjährigen im Sommer 1827. Varnhagen hat ihn nach einer Sitzung der literarischen Mittwochsgesellschaft (die 1824 von Kriminalrat Julius Eduard Hitzig gegründet worden ist) mit zu seiner Frau genommen. Grillparzer betont seine Ermüdung. Aber »meine Müdigkeit verflog oder machte vielmehr einer Art Trunkenheit Platz. Sie sprach und sprach bis gegen Mitternacht, und ich weiß nicht mehr: haben sie mich fortgetrieben oder ging ich von selbst fort. Ich habe nie in meinem Leben interessanter und besser reden gehört.«

Noch die Alternde entzündet sich am Gegenüber, wie schon die Rahel des Salons in der Dachstube in der Jägerstraße. Diese Fähigkeit ist ihr Genie und ihre Tragik. Ohne eine wirkliche Tätigkeit, lange unverheiratet, kinderlos, schenkt sie sich immer wieder den Partnern, nimmt ihre Gedanken auf, moduliert sie und wirft sie zurück. Nehmend und gebend erprobt sie die eigene Festigkeit und durchlebt dabei die schmerzhaften Häutungen des Ich.

Die Lebensdaten verraten wenig: 1771 wird sie als älteste Tochter des Markus Levin in Berlin geboren. Vier weitere Geschwister folgen. Als junges Mädchen befreundet sie sich mit dem gleichaltrigen David Veit, der, ähnlicher Herkunft wie sie, entschlossen ist, in die Gesellschaft aufzusteigen. Als Medizinstudent wird er ihr erster Vertrauter (Briefwechsel 1793–96), der ihr nicht verhehlt, daß er sich taufen lassen werde, um seine jüdische Herkunft hinter sich zu lassen. Rahel ist neunzehnjährig, als der Vater stirbt und der um ein Jahr jüngere Bruder Markus das Geschäft übernimmt. Von nun an ist Rahel mit auf die Rente angewiesen, die ihr Bruder der Mutter zukommen läßt. Die gemeinsame große Wohnung ermöglicht ihr es dennoch, einen Salon zu eröffnen, der bald die bedeutendsten Männer Berlins versammelt und erst mit dem Zusammenbruch Preußens zu bestehen aufhört. Das wirtschaftliche Elend nach der Okkupation Preußens legt jede Geselligkeit lahm. Zwischen Rahel und ihrer Mutter führt es zu Spannungen, die diese noch kurz vor ihrem Tod zum Auszug aus der gemeinsamen Wohnung veranlassen, die Rahel dann aufgibt. Bis 1810 haust sie sehr eingeschränkt in der Charlottenstraße.

Wir vermögen die Vorwürfe zu rekonstruieren, die Rahel empfindlich treffen müssen, weil sie selbst unter zwei fehlgeschlagenen Verlobungen leidet. Die Abhängigkeit von der Familie steht im schroffen Gegensatz zu der Souveränität ihrer Persönlichkeit in der buntgemischten Gesellschaft ihres Salons. Nach Abzug der Franzosen bessert sich wohl die Lage der Levins, aber die Mutter stirbt 1809 ohne Testament. Rahel bleibt auf den guten Willen ihrer Brüder angewiesen und hat nach Auflösung ihres Salons wenig andern Umgang als den mit der Familie. Ab 1810 nennt sie sich Rahel Robert wie ihr Schriftstellerbruder Ludwig, der sich schon 1800 hat taufen lassen. Nach ihrem Aufenthalt in Prag, während der Kriegswirren, wo sie Verwundete pflegt, Spenden und Essen verteilt, heiratet sie 1814 Karl Varnhagen, der sich sein Adelsprädikat bereits hat bestätigen lassen und sich Varnhagen von Ense nennt. Am Hochzeitstag läßt Rahel sich auf den Namen Antonie Friederike taufen. Im Oktober des Jahres folgt sie ihrem Mann, der als Mitglied des Diplomatischen Korps am Wiener Kongreß teilnimmt, in die österreichische Hauptstadt und bleibt dort auch nach seiner Abreise bis in den Sommer 1815 bei der Familie von Arnstein. 1816 zieht das Ehepaar nach Karlsruhe, wo Varnhagen preußischer Geschäftsträger geworden ist. Nach seiner Abberufung kehren beide 1819 nach Berlin zurück und eröffnen in ihrer Wohnung einen Salon. Unterbrochen von einigen Reisen währt der Aufenthalt in Berlin bis zu Rahels Tod 1833.

Ein weitgespannter Briefwechsel legt die innere Biographie dieser Frau bloß, die sich immer im andern sucht, die aus der verzweifelten Isolierung ausbrechen will, in die sie hineingeboren ist, und nicht nur an den glatten Wänden, die das Vorurteil errichtet hat, abgleitet, sondern in ihrer verzehrenden Leidenschaft, sich zu finden, eine Distanz um sich schafft, die zu einem Vakuum wird, das immer wieder von den Funken genialischen Eingehens auf die Freunde übersprungen wird. Ohne diese Leidenschaft wäre sie ein Niemand geblieben. Sie will sich darstellen, um sich zu erfahren. Sie hat kein Ziel außer sich selber, kein politisches Ziel etwa, wie es ihrer Herkunft und ihrer Zeit naheläge, in der der Judenälteste David Friedländer 1799 in einem *Sendschreiben einiger jüdischer Hausväter* die Massentaufe anbietet, um die Assimilation der Judenschaft zu erleichtern; in der nach der Ablehnung dieses Angebots bis 1810 zehn Prozent der Berliner Judenschaft sich taufen lassen und 1812 die Emanzipation auf den Grundlagen der Dohmschen Forderungen (von 1781 bis 1783) erfolgt. Rahel identifiziert sich aber auch nicht mit Preußen, obwohl sie einsieht, daß sie ihre Sonderstellung außerhalb und doch nicht ausgeschlossen aus der Gesellschaft Friedrichs II. Politik der Toleranz verdankt. Ihre Freundschaften mit Prinz Louis Ferdinand und später mit Alexander von der Marwitz bleiben ohne politische Konsequenz. Und wenn sie auch 1813 aus Prag, wo sie für die Verwundeten der Befreiungskriege sorgen kann, so gelöst schreibt wie nie in ihrem Leben, wenn sie auch Fichtes *Reden an die Deutsche Nation* im Winter 1807/08 mit großem Anteil gehört hat und Fichtes jäher Tod im Januar 1814 an Lazarettfieber sie erschüttert, so hat sie doch auch Napoleon bei seinem Einzug am 27. Oktober 1806 als den Sieger begrüßt, als den großen Feldherrn, die große Persönlichkeit, nicht als den, der die Gesetze der Revolution, die auch die Gleichstellung der Juden betreffen, mit sich bringt. Ihr Denken ist durchaus unpolitisch. So geht auch die Wendung der preußischen Politik vom Liberalismus zur Reaktion, die sich nach der Ermordung Kotzebues 1819 radikal vollzieht, an ihr vorüber, obgleich sie Varnhagens Demissionierung mit sich bringt. Sie ist so sehr Ich, daß sie am Zustand der Gesellschaft nur leidet, wenn dieses Ich in seinem Anspruch getroffen wird, und sie ist vielleicht darum zur Persona ingrata der Assimilation geworden. Sie, die Jüdin, hat die Selbstwerdung und Vervollkommnung, die von der Aufklärung rational unterbaut, von der Klassik als Ideal entworfen und von der Romantik als Offenbarung transzendentaler Mächte erfahren wurde, als die natürliche, selbstverständliche Aufgabe der Menschheit angenommen und in der Dachstube in der Jägerstraße als utopische Möglichkeit der Gesellschaft vorwegpraktiziert.

Rahel ist nie aus dem Gedächtnis Berlins entschwunden. Ihr Leben umfaßt die Spanne Zeit, in der sich das achtzehnte Jahrhundert in das neunzehnte wandelt. Fichtes *Reden an die Deutsche Nation,* Schleiermachers *Reden über die Religion,* Wilhelm von Humboldts Abhandlung *Über die Verschiedenheit des menschlichen Sprachbaues und ihren Einfluß auf die geistige Entwicklung des Menschengeschlechtes,* die Gründung der Berliner Universität, die Stein-Hardenbergschen Reformen, Anspannung und Rausch der Befreiungskriege – vielerlei Symptome künden die strukturelle Veränderung der Gesellschaft an. Die Demagogenverfolgung, das Druckverbot für die Fichteschen Reden 1824, die Überwachung der Schleiermacherschen Predigten, die Entlassung Wilhelm von Humboldts, Grolmans, Boyens, Beymes, der traurige Ruhm der Hausvogtei und des Köpenicker Schlosses, in denen die wegen liberaler Gesinnung verhafteten Bürger eingekerkert werden, die Finanzkatastrophe von 1826, der Bau der ersten Mietskasernen vorm Hamburger und Oranienburger Tor, die Teuerungen, die Auswanderungswellen – Rahel hat in Baden das Elend der zur Auswanderung sich sammelnden Familien gesehen –, das Hambacher Fest signalisieren die Krise des untergehenden absolutistischen Feudalismus.

Aber auch die ersten Vorzeichen des technischen Zeitalters machen sich bemerkbar. 1826 wird die Straßenbeleuchtung in Berlin auf Gaslaternen umgestellt, schon 1815 ist das erste kontinentale Dampfschiff auf der Spree gefahren, wenn auch der Dampferverkehr erst 1825 für die Wirtschaft nutzbar gemacht wird; 1821 wird das Gewerbeinstitut von Beuth in der Klosterstraße eingerichtet, 1824 die Gewerbeschule von Klöden eröffnet und der humanistische Bildungsweg damit in seiner begrenzten Anpassungsfähigkeit an das heraufkommende Industriezeitalter gekennzeichnet. Der Maschinenbau gewinnt in Berlin Bedeutung, und ab 1816 werden die Ausfallstraßen ausgebaut, der Eisenbahnbau wird vorbereitet, der Zollverein durch Aufhebung der Binnenzölle angestrebt.

Rahel nimmt von den Zeiterscheinungen vor allem die menschliche Not wahr. Vielleicht darum empfindet sie die Nichtigkeit des Lebens in der Gesellschaft um so heftiger, je seltener ihr das Glück der Partnerschaft im Gespräch zuteil wird. Die Veränderung der Außenwelt, die ja in den biedermeierlich stillen Straßen mit den Brunnen und Wasserträgen und Schmutzwasserrinnen kaum schon sichtbar ist, ahnt die Alternde mehr, als daß sie sie präzis erfaßt. »Und sehen Sie nicht nur die Unordnung, sondern was die in der Zeit sich folgenden Menschen zu wollen haben«, schreibt sie an Gentz: »Fassen Sie ins Auge, was Weltwirrwarr, alte Sünden, längst Verfehltes nun erlaubt, und wohin eben dies drängt.« Aber sie selbst wird von der Angst heimgesucht, nicht mehr in die Zukunft zu greifen: »In der Welt fürchte ich nichts so als Pöbel, Hornvieh, Unvernunft.« Sie hat abgeschlossen. Sie ist kränklich. »Unter reinen Menschen müßte ich wenigstens sein. Nur einen Punkt Mensch im Menschen, und ich hebe uns wie mit dem berühmten Hebel nach allen Welten.« Sie ist einsam. Sie hat ihr Leben als einen großen Versuch, zum Ich zu werden und als Ich zu wirken, unternommen. Die ihr begegnet sind, haben den Zauber ihres lebhaften Geistes gespürt, Varnhagen hat sich zum Sammler ihrer vielfältigen Äußerungen gemacht und versucht, sie zum Bild zusammenzusetzen. Dabei ist die Wirkung dieser Frau kaum festzuhalten: ihre sprunghaften Gedanken, ihre brillant ungeordneten Briefe, ihre Tagebücher sind gesprochen, ihre frühe Freude an schäbiger Kleidung, ihre spätere Lust an farblicher Extravaganz sind Eigenschaften einer Schauspielerin wie auch die Fähigkeit, sich auf die verschiedensten Menschen einzustellen. Ihre Besonderheit aber ist die Fähigkeit, immer auch sich selber zuzusehen, überempfindlich, hochgespannt das Vakuum des Ich zu erfahren und seiner klassischen Würde zu mißtrauen.

Ich gebe meine Unfähigkeit zu, nach 20jähriger, immer erneuter Beschäftigung mit Rahel und ihren Briefen, mit ihrer kaum zu greifenden Wirkungsgeschichte eine Philosophie aus den überlieferten Briefen und Aufzeichnungen, die Friedhelm Kemp im Kösel-Verlag hervorragend ediert hat, nachzuweisen. Denn schon beim Versuch, Zitate aus den Briefen herauszuziehen und das Prinzip der zeitlichen Abfolge einzuhalten, wird deutlich, daß nicht die Unantastbarkeit eines Gedankengebäudes ihre Sache ist, sondern daß die ungewöhnliche Sensibilität des Reagierens auf den Partner, seltener die Partnerin, ihr Denken und die Bildkraft ihres Denkens bestimmt. So bleibt sie Alexander von der Marwitz, dem sie sich wohl am weitesten geöffnet hat, immer auch in seiner Menschenverachtung getreu, die ihr das Ja zum Anderssein, ihre Außenseiterposition erleichtert, mehr noch, sie darin erhöht.

»Gott hat mir eine große Gabe verliehen; ich habe ein Herz, was außer sich sein kann; keines Menschen Geist ist mehr darauf gestellt, faßt mehr, was Verzweifeln ist, als meiner; ich will aber einen Gegenstand erwägen, all seine Seiten betrachten, ihn in seinen Beziehungen richten und messen, so legen sich wie durch ein Gottesgebot alle Wellen des hochbewegten Gemüts; und wie auf einem erhabenen Berge allein vermag ich zu urteilen und zu beschließen. Nur eine Leidenschaft, Zorn, kann mich da hinabschleudern.«

Und im selben Brief: »Nationales schaffen Jahrhunderte, und der beste Wille des besten Einzelnen kann es nur gründen, nicht schaffen. Wie wird es unter den zwei schon unter sich verschiedenen Völkern sein; wovon das eine so sehr zur Nation gezimmert ist, daß es glatt und fertig nichts Fremdes mehr aufnimmt? Ein anderes ist es, wenn der dringende Augenblick Nation mit Nation aufregt, wie Sturm verschiedene Erden. Es ist hart, in einem stagnierenden kranken Lande mitzusiechen; es ist hart; die kranken Freunde der pesthaften Not zu überlassen; und dereinst zu erfahren oder nie, wer blieb, was blieb, wer sank!«

Sehr deutlich der Einfluß der Fichteschen Vorlesungen, sehr deutlich das Nachdenken über Verantwortung und Grenzen des einzelnen, wie sie ja Fichte, als Jüngling von der Französischen Revolution begeistert (nach dem Scheitern des Rastatter Kongresses der deutschen und vornehmlich der württembergischen Jakobiner 1798), über Jena und Halle in das von Napoleon besiegte Berlin gebracht hatte.

Ganz anders reagiert sie neben tiefer Resignation und Selbstanklage auf Varnhagen, beinahe nüchtern ein wenig und pathetisch, wenn sie schon 1816, zwei Jahre nach der Eheschließung, ein sentimentales Testament aufsetzt oder immer wieder mit Bildung kokettiert. Sie kann das, noch der Literatenklatsch aus ihrer Feder hat Charme. Aber sie bleibt dahinter verborgen, wohl auch bedrückt, das lassen die Briefe an die Schwester erkennen, in denen sie immer wieder von der Enge des Frauenlebens schreibt (und die wahrscheinlich offeneren Briefe an Pauline Wiesel, die lange als durch Varnhagen vernichtet galten).

Ganz anders auch die Briefe an die beiden Verlobten: Finckenstein und d'Urquijo, von denen sie sich jeweils nur Wunschbilder entworfen hat, die als Personen ganz farblos bleiben; ganz anders die Briefe an Friedrich Gentz, die ihn so genau charakterisieren. Ganz anders, ganz anders . . .

Und doch die Poetin des Ich? Die von ihr angenommene Chance, ICH zu sagen?

Sie hat sehr früh schon die Tradition der jüdischen Familie hinter sich gelassen und hat nach der Taufe keinerlei christliche Bräuche angenommen. Sie hat in dem Pariser Jahr sicher einiges von der Französischen Revolution begriffen, gerade durch Wilhelm Bokelmann, der sie durch die Stadt begleitet hat, auch wenn sich davon nichts in den Briefen findet. Aber die ungeheure Freiheitserfahrung, die sich gerade in den Briefen kurz nach 1800 darstellt, ist sicher nicht von ungefähr. Ich meine sogar, sie ist für ihr Leben prägend gewesen. Brief an David Veit aus Paris, in dem sie ihr Verhältnis zu Bokelmann beschrieben hat – 2. April 1801:

»Und wie wir besser werden, wird es auch besser. Ich werde wirklich besser: also bin ich es von Ihnen überzeugt, und alles ist gut. Nur der Zweifel kann uns dieses Glück rauben! Ich leid' es nicht, und ich zweifle nie. Ist das erhaben, so bin ich es. So, denk' ich mir, ist Religion; man bedarf sie, und dann hat man sie gleich. Wer braucht Geschichte? Brauchen wir Beweise? Wir wollen Stifter sein, mögen uns andere nachglauben.«

So also sieht sie sich gegenüber dem anderen Aufsteiger aus der jüdischen Außenseiterschaft, dem Freund der jungen Jahre. »Sie haben ein großes Glück. Seiner Geschichte nach, wovon man die letzte unverstandene Ankunft der Erscheinung Chance nennt, und seinem innern unendlichen Werte nach! Welche Freundin haben Sie gewählt, gefunden und empfunden! Ich verstehe einen Menschen, SIE ganz. Vermag es, wie doppelt organisiert, ihm meine Seele zu leihen, und habe die gewaltige Kraft, mich zu verdoppeln, ohne mich zu verwirren. Ich bin SO einzig, als die größte Erscheinung dieser Erde. Der größte Künstler, Philosoph oder Dichter ist nicht über mir. Wir sind vom selben Element, im selben Rang, und gehören zusammen.«

Das mag nur dem als Hochmut einer Dreißigjährigen erscheinen, der nicht weiß, daß David Veit durch sein Studium der Arzneiwissenschaft die Enge der Herkunft hinter sich gelassen, nach einer Reise mit Abraham Mendelssohn nach Paris in Hamburg als Arzt tätig war, auch Vorlesungen hielt und publizistisch tätig war; der nicht weiß, welchen Respekt Moses Menselssohn seinen jüdischen Mitbürgern verschafft hatte und wie selbstverständlich die Hoffnung auf gleiche Rechte der Minderheit in jenen Jahren war. Das Ich war nicht das aufgeputzte Ersatz-Ich, das das Jahrhundert entwickeln würde, um es im 20. Jahrhundert zum Egoismus verkümmern zu lassen; es war die Entdeckung nach der Überwindung religiöser Strenge; es war das Ich der *liberté*, der *égalité*, der *fraternité*.

Mit einem solchen Anspruch zu leben hätte Rahel verhärten können. Aber sie hat anderes gefolgert: sie hat *fraternité* probiert, hat Verständnis, Mitfühlen probiert (sicher nicht ganz selbstlos, dann wäre *fraternité* ja doch auch verlogen!); es hat ihr gutgetan, Vertrauen zu geben. Sie war so reich begabt, daß sie strahlen, ausstrahlen mußte, bis zuletzt. Sie hat wenig angenommen. War immer die Gebende, zuweilen, in den späten Jahren im Varnhagenschen Salon die Statistin ihrer selbst, weil Mittelmäßigkeit sie nicht herauslockte. Aber wenn Grillparzer gegenüber saß, wenn der junge Heine den Salon-»Betrieb« sehr reserviert beobachtete, war sie ganz da, erkannte den anderen und sich selbst in ihm.

Das – so werte ich es – ist ihr Beitrag zu unserer Geschichte, unserer Literaturgeschichte: im Briefwerk dargestellt zu haben, wie facettenreich ein Ich ist – und daß es geweckt werden muß, um sich zu erkennen. Schon im 19. Jahrhundert sind Rahels Briefe veröffentlicht worden. Fanny Lewald hat vor mehr als hundert Jahren eine sehr lesenswerte Biographie Rahels geschrieben. Noch konnte sie die sehr frauliche Ich-Erfahrung nicht deuten, die anders, reicher, wahrhaftiger ist als das »Cogito ergo sum« des Descartes, weil Rollenprägungen des Ich in der europäischen Geschichte nicht schon transparent waren. Weil bis zu Sigmund Freud und weit ins 20. Jahrhundert hinein, ja, noch bis in die Reflexion der Frankfurter Schule das Individuum absolut gesetzt worden ist. Weil die Erfahrungen, die eine Frau macht, und die Rahel beispielhaft gemacht hat, lange nicht als eigenständig gewertet werden konnten. Das Ich, eine facettenreiche Spiegelung des Menschen, die verzweigte Kraft eines Individuums.

Rahel hat Bilder dazu gefunden und hat so gelebt und geschrieben.

Daß sie es konnte – nicht mehr eingebunden in die Strenge der jüdischen Gemeinde –, gehört auch zur preußischen Geschichte, wie denn das Berlin des 19. und frühen 20. Jahrhunderts ohne die Schärfe und den Glanz der jüdischen Intelligenz nicht denkbar ist. Ein Verdienst Preußens? Ein geschichtlicher Zufall?

Vielleicht sollten wir die Entwicklung und Wirkung einzelner Menschen nicht allein an einer Idee oder einem Vorurteil messen. Rahel war keine Preußin, wenn auch ihr

Herz in den Jahren der Befreiungskriege gegen Napoleon zuweilen preußisch geschlagen hat. Sie war eine Demokratin, auch wenn sie das Wort nicht benutzt hat. Und so konnte Karl Gutzkow, Berliner wie sie, sozialer Aufsteiger und Schlüsselfigur des »Jungen Deutschland«, über sie schreiben: »Die Neuerungslust, die sich auf sittliche Überlieferung geworfen hatte und, seitdem die Franzosen durch ähnliche Erscheinungen beschäftigt waren, in sich fast eine historische Notwendigkeit entdeckte, las aus den Briefen der Rahel eine zartkeimende Saat neuer titanischer Ahnungen heraus, die ihre grünen Köpfchen verstohlen über die Fläche des Überlieferten hinaus streckte. Noch nie hat es politische Umwälzungen gegeben ohne Angriffe auf die gleichzeitigen moralischen, gesellschaftlichen und religiösen Begriffe«, und doch verallgemeinert: »Da der Geist der Frauen nie schöpferischer wird, so kann ihre höchste Bildung immer nur eine unglaubliche Steigerung der Empfänglichkeit sein. Wie oft erstaunt' ich, das Wesen der mir angerühmten Frauen nur in dieser gewandten Behaglichkeit zu finden, mit der sie jeder möglichen Wendung einer Frage, jeder halben und kaum geborenen Idee nachspringen und zu dem Unreellsten ihre scharfsinnigen Konsequenzen ziehen!«

Daß das in der fehlenden Ausbildungsmöglichkeit der Frauen seine Ursache hatte, konnte Gutzkow wohl noch nicht bedenken.

Die Chance, ICH zu sagen, die Rahel angenommen hat, ist ein Anfang gewesen, vielleicht ein Ausdruck jener kurzen Jahre um 1800, in denen Preußen am wenigsten »preußisch« war.

Die Brüder Humboldt und die Berliner Salons

Sicher, sie waren bei den ersten, die mit ihrem Erzieher von Kunth zusammen zu den Vorlesungen des Arztes und Philosophen Dr. Markus Herz in die Spandauer und bald schon in die Neue Friedrichstraße kamen, um sich über Experimentalphysik belehren zu lassen – das Geheimnis des Blitzableiters war damals gerade entdeckt worden und gab auch dem Kronprinzen Anlaß, Herz' Vorlesungen anzuhören. Die Humboldts, sehr jung noch, im Schüleralter, kümmerten sich bald auch um die Gesellschaft im Nebenzimmer, wo Markus Herz' junge Frau Henriette ihre Freunde und Freundinnen versammelte. Wo sie von *Werthers Leiden* schwärmten, den *Götz von Berlichingen* lasen, Freimaurer-Ideen nachsannen, Rosenkreuzerträume spannen, sich Tugendbund nannten (nicht zu verwechseln mit dem Tugendbund der politischen Reformer um den Freiherrn vom Stein in Königsberg nach der preußischen Niederlage), wo sie Pfänderspiele spielten, junge Leute in der Pubertät; da waren die Küsse noch heimlich, und Henriette Herz war eine ungewöhnliche Schönheit aus dem sephardischen Judentum, der Vater aus portugiesischer Familie und aus Hamburg gebürtig, die Mutter aus französischer Familie.

Bald gab es korrespondierende Mitglieder dieses harmlosen Tugendbundes: Therese Heyne, Professorentochter aus Göttingen, und Caroline von Dacheröden aus dem Mansfeldischen und mit der Wolzogen befreundet. Da gingen Nachrichten hin und her. Da war man neugierig auf sich selbst. Der Pietismus war nicht weit, die Aufklärung nicht, und schließlich von Thüringen aus Schiller und Goethe nicht. Geselligkeit also, von der gewiß damals noch niemand gewußt hat, daß sie in die Berliner Kulturgeschichte eingehen, daß sie einmal als symptomatisch für einen gesellschaftlichen Umbruch gelten würde – und nicht nur, weil sich fast jeder aus dem Kreis dieser jungen Leute später einen Namen gemacht hat.

Der Arzt Markus Herz, Kantianer und dem Königsberger Philosophen in Brieffreundschaft verbunden, hatte am 1. Dezember 1779 die fünfzehnjährige Arzttochter Henriette de Lemos geehelicht, er fast doppelt so alt wie sie, eine Heirat, wie sie in jüdischen Familien üblich war, ein Fest für die Gemeinde. Befreundet mit dem Judenältesten in Berlin, David Friedländer, der gut anderthalb Jahrzehnte später die Massentaufe der Judenschaft anbieten sollte, um die Emanzipation zu erleichtern, befreundet mit Göckingh aus Gleims Freundeskreis, mit Gedicke, dem Direktor des Friedrich-Werderschen Gymnasiums, mit Biester, Ramlet, den Theologen Spalding und Teller, aber auch mit Friedrich Nicolai und Moses Mendelssohn, war Herz ein Mann, der die strenge Religiosität Mendelssohns, Urbild von Lessings Nathan, achtete und seine Auffassung von der notwendigen Bildung der Judenschaft teilte. Wie hatte doch Mendelssohn auf die taktlose Zueignung der Lavaterschen Übersetzung von Bonnet's *Untersuchung der Beweise für das Christentum* geantwortet? »Der Stand, welcher meinen Glaubensbrüdern im bürgerlichen Leben angewiesen worden, ist so weit von aller *freien* Übung der Geisteskräfte entfernt, daß man seine Zufriedenheit gewiß nicht vermehret, wenn man die Rechte der Menschheit von ihrer wahren Seite kennenlernt.«

Eine Generation jünger, sieht Markus Herz den Anachronismus einer isolierten Judenschaft noch deutlicher und ignorierte ihn in seinem Freundeskreis mit lässiger Selbstverständlichkeit.

Doch auch Mendelssohn hatte ja seine Töchter schon am Unterricht in Literatur und Philosophie teilnehmen lassen, um sie, anders als es der Frau in der jüdischen Familie bestimmt war, an der »freien Übung der Geisteskräfte« teilhaben zu lassen. Ihre Freundinnen waren dabei gewesen, unter ihnen die junge Henriette de Lemos.

Daß Herz seine Wohnung nicht nur den Freunden ohne Rücksicht auf ihre Konfession öffnete, sondern auch seiner jungen Frau das Recht auf ihre eigene Geselligkeit zugestand, entsprach also den Tendenzen jener Jahre, »in denen sich allenthalben auch in der christlichen Bevölkerung Lesekränzchen bildeten – und war doch mehr, war gerade in dieser Verbindung von Philosphie, Naturwissenschaft und Literatur beispielhaft. Denn die reichen jüdischen Familien der Stadt hielten schon offenes Haus«, wo natürlich jeder Mensch von Talenten, wenn es auch nur gesellige Talente sind, gern gesehen wird und sich auch gewiß amüsiert, weil die jüdischen Frauen – die Männer werden zu früh in den Handel gestürzt – sehr gebildet sind, von allem zu sprechen wissen und gewöhnlich die eine oder die andere schöne Kunst in einem hohen Grade besitzen«, wie Schleiermacher seiner Schwester ein Jahrzehnt später schrieb, um dann seine Besuche bei der Mendelssohntochter verehelichte Veit, die später Friedrich Schlegels Gefährtin Dorothea und Urbild seiner *Lucinde* wurde, und bei den Herz' mit wärmster Sympathie zu schildern und besonders das Haus Herz von der legeren Geselligkeit in den reichen Häusern abzuheben.

Schleiermacher war von den Grafen Dohna bei Henriette eingeführt worden, fand dort Schadow, Gustav von Brinkmann, Mitglied der schwedischen Gesandtschaft, Carl Laroche, den Sohn der empfindsamen Romanautorin Sophie Laroche und Bruder Maxe Brentanos, die Brüder Humboldt und auch Sara und Marianne Meyer, die wenig später nach ihrer Einheirat in den Adel zu Goethes Freundeskreis in den böhmischen Bädern gehören. Auch Leuchsenring, eine zwielichtige Erscheinung der spätfriederizianischen Epoche, Prinzenerzieher, verschwärmt, dabei von mondäner Kühnheit in der Lebensweise, stieß dazu. Kreuz- und Querverbindungen. Wilhelm von Humboldt brachte als Student in Göttingen Grüße des Tugendbundes an Therese Heyne, aber auch, im Thüringischen, an Caroline von Dacheröden. Therese faszinierte ihn durch ihre scharfe Intelligenz, und er erlebte auf seiner Kavaliersreise in Mainz mit ihr und ihrem Gatten Georg Forster Stunden, die er zu den vollkommensten seines Lebens zählte, ohne die Brüchigkeit der Forsterschen Ehe schon gespürt zu haben.

Caroline, weniger kompliziert als Therese, realistischer auch, gelang es, den jungen, von Selbstzweifeln gequälten Mann zumindest für einige Jahre an ein Heim zu binden. Noch seltene Briefe an die Herz, in denen Wilhelm von Humboldt dem Weltschmerz nachgibt. Die scharfzüngige Therese hatte ihm schon Distanz zur Herz beigebracht. Die adelsstolze Caroline tat ein übriges. Liebe, Eifersucht, Lebensnot und Klatsch – für die Nachlebenden belanglos. Oder doch nicht?

Als Schleiermacher 1796 als Prediger an der Charité nach Berlin übersiedelte, war der Kreis um Henriette Herz schon recht klein. Die Lebenswege der Freunde waren auseinandergeraten. Und sieben Jahre später, nach Markus Herz' Tod, hätte Henriette ohne Schleiermachers uneigennützige Freundschaft allein dagestanden. Er dankte es ihr, daß sie seiner Liebe zu Eleonore Grunow, der Frau eines Pommerschen Pfarrers, das gleiche Verständnis entgegenbrachte wie dem Partnerwechsel ihrer Jugendfreundin Brendel, nunmehr Dorothea Schlegel. Ein Vertrauensverhältnis über Jahre hin, auch als Schleiermacher später Familiensorgen hatte und Henriette als ständiger Gast seiner Sonnabend-Runde durch ihre Ruhe wohltuend auf den vielbeschäftigten Pfarrer an der Dreifaltigkeitskirche und Universitätstheologen einwirkte. Durch den Austausch mit ihm setzte sie sich intensiver als viele ihrer Generation aus der jüdischen Gemeinde, die lange vor 1811 zum Christentum übergetreten waren, mit diesem anderen Glauben auseinander, wartete aber mit der Taufe bis nach dem Tod ihrer Mutter. Seltsam genug zog das völlig unerotische Verhältnis zwischen Schleiermacher und der Herz den Spott der Berliner auf sich, für die der kleingewachsene Schleiermacher der »Parasol« der Herz, die große, korpulente Frau die »junoische Riesin« war. Eine Sympathiekundgebung, die ohne Schleiermachers begeisterte Verteidigung der Friedrich Schlegel'schen *Lucinde* und ohne Henriette Herz' denn doch zur Schau getragene Schönheit kaum denkbar wäre. Seltsame Jahre. Nach der preußischen Niederlage und der Besetzung Berlins sprach die verarmte Henriette beim Stadtkommandanten vor und bat, sie mit Einquartierung zu verschonen, für die sie nicht aufkommen konnte. Dabei klagte sie nie. Beschäftigte sich mit Sprachen, las viel und reiste später auch gern. So hielt sie, die ja für niemand recht zu sorgen hatte, die Verbindung mit den Freundinnen der Jugend, lebte 1811 in Wien bei Dorothea Schlegel, nachdem sie sich als Gast im Hause der Berlinerin Fanny Arnstein nicht recht wohlgefühlt hatte. Zuviel Reichtum und Unruhe vertrug sie nicht. Und sicher, ein wenig mochte Neid mitgespielt haben!

1813 verließ sie Berlin wieder, wie so viele aus Angst vor der drohenden Gefahr, vor Krieg und Not. Nach den Befreiungskriegen und nun auch getauft, machte sie ihre weiteste Reise: nach Rom, wo sie sich im Kreis um Caroline von Humboldt in der deutschen Künstlerkolonie wohlfühlte, den Nazarenern nahestand, die verschwärmte Geselligkeit genoß und – als ihr, der 50jährigen, der eine Generation jüngere Altphilologe Immanuel Becker einen Heiratsantrag machte – naiv stolz bei Wilhelm von Humboldt anfragte, wie sie sich verhalten solle. (Sicher, wir dürfen nicht übersehen, wie schmal die Schicht war, die damals die Intelligenz ausmachte; daß Immanuel Becker und Friedrich August Wolf ihre Übersetzung Platos Wilhelm von Humboldt zugeeignet hatten, daß Philipp Veit, Dorothea Schlegels Sohn aus ihrer ersten Ehe, zu den Nazarenern zählte, daß untereinander geheiratet und geflirtet wurde, denken wir nur an die Eheüberkreuzungen der Romantiker!) Um so erstaunlicher bleibt Henriettes Unberührtheit von dem, was sich damals in der europäischen Politik, in die diese Schicht ja hineinwirkte, die sie mittrug, abspielte. Auf der Rückreise aus Rom weilte sie im Hause von Ernst Moritz Arndt in Bonn während der Hausdurchsuchung im Zusammenhang mit den Demagogenverfolgungen, ein Geschehnis, auf das sie nicht reagierte. War sie uninformiert oder uninteressiert? Sie zog sich dann auch, wieder in Berlin, aus der Öffentlichkeit zurück. Sie hielt einen Studentenfreitisch, sie vermittelte jungen Mädchen, die vom Lande kamen, Stellungen, um sie vor dem Großstadtelend zu bewahren. Ob sie, die doch belesen war, überhaupt reflektiert hat, was sich da als Einbruch in das gesellschaftliche Gefüge anzeigte? Als Sechzigjährige versuchte sie, ihre Erinnerungen zu schreiben, brach aber nach der warmherzigen Schilderung der Kinderjahre jäh ab, so daß keine Zeile von ihrem Nachdenken in den späteren Jahren zeugt. Die Freunde der Jugend starben weg. Nur Alexander von Humboldt, selber uralt, verschaffte der uralten Freundin von einst eine Rente des Königs Friedrich Wilhelm IV., die ihr die letzten Jahre bis zu ihrem Tod fünf Monate vor der Märzrevolution erleichterte.

Ein eigentümlich glanzloses, dabei liebenswertes Leben, wären da nicht diese frühen Jahre. »Madame Herz, eine kalte Mosaik zufälliger Urteile . . .« hatte Jean Paul Anfang des Jahrhunderts bei seinem Berlin-Besuch ein wenig spöttisch geurteilt. Und kaum weniger abweisend schrieb Wilhelm von Humboldt: »Ich kenne Frauen, denen niemand Geist absprechen kann noch absprechen wird, sie besitzen viele und selbst gelehrte Kenntnisse. Im Gebiete der Wissenschaften ist ihnen wenig fremd, sie haben alles gelesen, was in die neuere und frühere Zeit fällt, und selbst die Schriften und Schriftsteller der Vorzeit sind ihnen bekannt, und ihre Unterhaltung ermüdet, und ihre Briefe sind kaum zu lesen. Man fragt sich, woran das liegt, und die Antwort ist nicht leicht. Gewiß aber ist die Sprache ein Haupterfordernis, und sie ist nicht allen verliehen.« Fast paßt es dazu, wenn Prinz Louis Ferdinand die Vierzigjährige von Herzogin von Curland vorstellte: »Betrachten Sie diese Frau. Sie ist nie so geliebt worden, wie sie es verdiente.«

Kritik also und doch Beachtung, Anerkennung auch ihres Wissens. Die Frauen bleiben ihr anders, unmittelbarer zugetan, weil ihr Leben nach den herrlichen und übermütigen Jugendjahren meist von dem ihrer Männer geprägt war, weil sie nähen, kochen, waschen, Kinder erziehen und mit dem Haushaltsgeld zurechtkommen mußten und doch einmal, damals im Haus von Markus Herz, die Weltoffenheit dieses Jahrzehnts vor und nach der Französischen Revolution und nach dem Tod Friedrichs II., die Freiheit von anerzogenen Vorurteilen gespürt hatten, das unerhörte Glück, sich Wissen aneignen zu können, sich gegenseitig achten zu können über die Grenzen der Konfession hinweg – und noch im ungesicherten Vorfeld der Entwicklung eines neuen Menschenbildes. Damals hatte ja nicht nur Friedländer die Taufe der Judenschaft angeboten, damals hatte auch Christian Wilhelm Dohm die Flugschrift über die bürgerliche Verbesserung der Juden verfaßt, wenn es auch noch bis 1811 dauerte, ehe die Emanzipation der Juden durch Gesetze gesichert wurde. Damals schien die Gleichheit aller, die Brüderlichkeit, ja die Freiheit noch möglich.

Für die Humboldts mag es der atmosphärische Reiz dieser Treffen in der Neuen Friedrichstraße gewesen sein, der ihnen unvergessen blieb. Die Stille von »Schloß Langeweil« (Tegel) tat sich auf, und sie erlebten – doch ist das nicht schon zu weit vorgegriffen? – das gleichberechtigte Nebeneinander der Geschlechter, die Toleranz als Lebensform, den Stil einer neuen, der bürgerlichen, präziser noch, der urbanen Geselligkeit.

Früherfahrungen, gewiß, und in den Schriften der Brüder kaum ablesbar, will man sich nicht in Deutungen verkrampfen und etwa Wilhelm von Humboldts dem Klassizismus eher als der Romantik verpflichtetes Frauenbild in irgendeine Beziehung zu den Erfahrungen dieser Jünglingsjahre setzen, oder die eher kühle Humboldtsche Ehe, oder das große Vertrauensbedürfnis, das sich in den Briefen an eine Freundin spiegelt.

Und doch blieb Wilhelm von Humboldts bildungspolitische Konzeption dieser früh eingeübten Urbanität verpflichtet, die die Berliner Gesellschaft in Friedrichs II. späten Regierungsjahren entwickelte, obgleich noch 1786 die »Bürgerschaft deutscher Nation« in Berlin nach dem Militärstand, dem Adel und dem Hofbeamten rangierte – neben 5000 Refugiés und 3372 Juden, bei 30.000 Mann Garnison. Man geht also nicht fehl, Berlinische Urbanität und das Emanzipationsverlangen der Judenschaft im Zusammenhang zu sehen; denn die Eingemeindung der Hugenotten als einer hochgeachteten Emigrantengruppe vollzog sich bei Bewahrung der Vorrechte einer geschlossenen Kolonie nicht unter dem sozialen Druck, unter dem die Judenschaft stand.

Und – sieht man einmal von Alexander von Humboldts so früh schon konzipierter universeller Metaphysik ab, die auf den Kantianer Herz verweist – darf, oder nein, muß nicht auch sein Liberalismus, den er in den kritischen Jahren des Vormärz bis zu seinem Lebensende durchgehalten hat, im Zusammenhang mit der frühen Erfahrung im Hause von Markus und Henriette Herz gesehen werden?

Obgleich das Leben beider Brüder ins Weite wies, ist Berlin denn doch der zentrale Ort ihres Wirkens geblieben und die Verbindung zur Berliner Gesellschaft nie unterbrochen gewesen, selbst wenn Wilhelm den um ein Jahrzehnt jüngeren Salon der Rahel Levin seltener besucht und Rahel nicht sonderlich geschätzt hat und Alexander erst nach langen Jahren des In-der-Welt-Seins wieder Berliner Verbindungen aufgenommen hat.

Rahel hatte ihren Salon in den 90er Jahren unter ganz anderen Voraussetzungen als die Herz eröffnet. Eröffnet, ja! Denn was der Herz zugefallen war, hat Rahel wollen, planen, vorantreiben müssen. Sie stammte nicht aus der sozialen Oberschicht der Berliner Judenschaft. Ihr Vater war ein Selfmademan, dem der Stolz auf seinen Gewinn und auch der Bonvivant im Gesicht geschrieben stehen, betrachtet man die alten Bilder. Er war als Juwelenhändler zu Geld gekommen, und das Theater war seine einzige Leidenschaft, die er mit vielen aus der jüdischen Gemeinde teilte. Zuhause sprachen die Levins noch jiddisch. Und Rahels Bildung war mehr als zufällig, von Leihbücherei und Theaterbesuchen bestimmt. Sie war klein von Wuchs, immer wieder wird sie in den Briefen »die Kleine« genannt, und sie war, nach den Bildern zu schließen, nicht schön, hatte eine zu starke Kinnpartie und ganz offensichtlich auch keine Fähigkeit oder Lust, sich zu kleiden. Noch bis ins Alter wurde ihr die Schäbigkeit der Kleidung und die Lust an extravaganten Farben nachgesagt. Sie war unverheiratet geblieben und nach dem Tode des Vaters von der Rente abhängig, die die Brüder der Mutter zahlten. Sie hatte also ihren Salon im Dachgeschoß in der Jägerstraße, wo sie zusammen mit ihrer Mutter wohnte, sicher mit dem Wunsch eröffnet, Menschen an sich zu ziehen, um unter ihnen einen Partner zu finden, um durch Heirat sozial aufzusteigen. Deutlich genug hat sie diesen Wunsch in ihrem frühesten Briefwechsel mit David Veit, der wie sie die Unterprivilegiertheit als Jude überwinden wollte, ausgesprochen.

Daß Rahels Salon sehr bald zum Treffpunkt von Menschen unterschiedlicher Herkunft wurde (und nicht nur, weil sie Bekanntschaften ›sammelte‹), ist ihrer sensiblen Intelligenz zu danken, die sie zu einer wachen Zuhörerin und warmherzigen Vermittlerin werden ließ. Obgleich oder vielleicht gerade weil ihr zwei Verlobungen (mit dem Ziel, in den Adel einzuheiraten) mißglückten, sie also mit der Erfahrung von der eigenen Minderwertigkeit, von fehlender sozialer Sicherheit auch, konfrontiert wurde, fand sie zu Einsichten – sie mußte ja mit diesen Demütigungen leben! –, die ihre Gäste ihr dankten. Sie lernte (und sie vermittelte) die Möglichkeit, auf das Glück und den sozialen Aufstieg zu verzichten und an Individualität zu gewinnen.

Sie hatte die eingeladen, die bei der Herz verkehrt hatten, ihr Salon kam ins Gespräch. Sie prahlte ein wenig mit ihrer Armut, klug genug, den Mangel zu stilisieren. Sie war beredt, geistreich, vor allem aber eine exzellente Briefschreiberin mit der erstaunlichen Fähigkeit, für jeden Partner den eigenen Ton zu finden, immer aber auch begabt, sich selber zuzusehen.

Daß sich die unmittelbare Zeiterfahrung so wenig in ihren Briefen dieser Jahre und gewiß auch kaum in den gleichzeitigen Gesprächen niederschlägt, daß die politischen Tragödien dieses Jahrzehnts seltsam fern erscheinen, stimmt mit der euphorischen Atmosphäre Berlins in dem letzten Jahrzehnt des 18. Jahrhunderts überein. Wir finden ja auch in Humboldts Rückblick auf das Jahrhundert diese Distanz zu den französischen Ereignissen, ganz anders als in Zeitdokumenten aus der Rheinprovinz.

In Berlin lösten die Laxheit Friedrich Wilhelms II., seine Affären, seine Lust am Prunk, der Einfluß der Rosenkreuzer etwas wie einen geschichtlichen Nachholprozeß (Spät-Versailler Lebensgefühl) aus, politisch allerdings zur Unzeit. Doch die Wertvorstellungen des preußischen Feudalismus waren ja längst ins Gleiten geraten. Die Auseinandersetzung mit der Literatur, vornehmlich mit dem Werk Goethes, festigte das bürgerliche Weltbewußtsein. Anders als in Frankreich prallten die feudalistische und die bürgerliche Ordnung nicht aufeinander, sondern überlappten sich. Noch die Zäsur der preußischen Niederlage von 1806 und in ihrer Folge die Reformpolitik Steins, Hardenbergs und im Kulturbereich Wilhelm von Humboldts Bildungskonzeption bestätigen das. Rahels Salon ist so etwas wie ein Modell jener Übergangsgesellschaft, im Miteinander von Christen und Juden, von Adel und Bürgerschaft. Die Theologie, die Philosophie und die Naturwissenschaften bei den Herz' werden von den Künsten und der Politik abgelöst.

Daß sich Wilhelm von Humboldt bei Rahel nicht sonderlich wohlfühlte, wie es sich an den sporadischen Notizen in Rahels Briefwechseln ablesen läßt oder auch an seinen ebenso kargen Äußerungen über sie, und, allgemeiner über die Jüdinnen, bleibt festzustellen. Selten genug Gast in der Jägerstraße, fand er die Gesellschaft, ein wenig indigniert, viel zu gemischt, während seine Frau damals noch in regem Briefwechsel mit Rahel stand, weil die ja Carolines schwärmerische Liebe zu Burgsdorff kannte, ein Vertrauensverhältnis wie so oft unter jungen Frauen. Es hielt denn auch noch während Rahels Pariser Jahr stand, wo nun umgekehrt Caroline zur Vertrauten von Rahels Zuneigung zu Wilhelm Bockelmann wurde. Rahel hatte die Gräfin Schlabrendorff, die ein illegitimes Kind erwartete, nach Paris begleitet, ihre einzige große Reise.

»Liebe Kleine, Aller Segen ist mit dir von uns gewichen«, schreibt Caroline von Humboldt im Mai 1801 nach Rahels

Abreise aus Paris. Aber der Briefwechsel bricht denn doch in den Jahren des ersten Italienaufenthalts der Humboldts ab. Erst Varnhagen knüpft die Verbindung wieder an, weil er in Caroline eine Fürsprecherin sucht, die Wilhelm von Humboldt auf sein Interesse an preußischen Diensten aufmerksam machen soll. Und in seinem Interesse nimmt Rahel schließlich den Briefwechsel wieder auf, fest entschlossen zur Ehe mit dem vierzehn Jahre jüngeren Mann. »Ich habe diese Woche acht große Seiten der Dame geschrieben, die dich ohne Brillen sehen will, ein Meisterstück von Natur und Diplomatie, des Gemahls wegen, und die schlechtweg die Brillenfrau heißen soll künftig, und ihr einen von dir versprochen. Ich bitte dich, schreib und verführerisch!« teilt Rahel am 30. Juli 1813 Varnhagen aus Prag mit, wohin sie vor den Kriegswirren in Preußen geflohen war. In dem genannten Brief vom 26. Juli hatte sie Caroline von dem alten Haß, den Humboldt gegen ihre Natur habe, geschrieben. Sie spürte seine Antipathie. »Es ist sonderbar von Humboldt, der mich manchmal in 6/8 Jahren nicht sieht, glaubt meine Conduite mustern zu können.« Aber Rahel kann sich nicht verstellen, und so sind ihre Briefe aus Prag an Caroline, die mittelbar denn doch Humboldt gelten, Zeugnisse ihres leidenschaftlichen Einsatzes bei der Pflege der Verwundeten, Zeugnisse ihrer Anteilnahme an Preußens Schicksal, für die sie ja durch die Vorlesungen Fichtes, die sie mit Alexander von der Marwitz zusammen gehört hatte, vorbereitet war – bis der Briefwechsel nach Varnhagens Berufung zum preußischen Gesandten in Karlsruhe ganz einschläft. Varnhagen hatte ja Wilhelm von Humboldt schon 1814 in der *Staats- und Gelehrtenzeitung des Hamburgischen Korrespondenten* recht böswillig charakterisiert. Und Rahel fühlte sich, ob sie das wußte oder nicht, den Humboldts gegenüber immer »wie eine Pute auf fremdem Hof«.

Distanz, von früh an in Rahels Briefen abzulesen, obwohl sie immer wieder versucht hat, Wilhelm von Humboldts Freundschaft zu gewinnen, Distanz, die sich nicht verringerte, als nicht nur Varnhagen, sondern neben vielen anderen auch Humboldt, Boyen, Beyme, Grolman nach den Karlsbader Beschlüssen von ihren Posten zurückgetreten genötigt waren. Der Salon, den Rahel vor allem wohl auf Wunsch Varnhagens nach der Rückkehr aus Karlsruhe wieder in Berlin eröffnete, muß mit Varnhagens Plänen für eine »Goethische Gesellschaft« zusammen gesehen werden, auch wenn er die erst 1834 im Entwurf formulierte (dabei von Metternich äußerst kritisch beobachtet); zeigte doch Varnhagens Sammlung *Goethe in Zeugnissen der Mitlebenden*, die er zu Goethes 74. Geburtstag erscheinen ließ – und die wegen Goethes schwerer Erkrankung wohl eher als Nachruf geplant war –, daß er die Goetheverherrlichung benutzen wollte, um sich selber einen Namen zu machen und diesem zweiten Salon Rahels Glanz und Würde zu geben. (Varnhagen war ja immer vor allem ein Organisator.) Ein Eifer, der Wilhelm von Humboldt abstoßen mußte, der auch Rahel nicht gemäß war.

Aus jenen Jahren datiert ihre Freundschaft mit Heine, den sie schätzte, liebte, auch durchschaute, der, anders als Varnhagen, Goethe nicht schmeichelte, ihn aber verstand. Und der Rahel aufmerksam machte, daß die Emanzipation und der Glaubenswechsel nicht ausgereicht hatten, den öffentlichen Vorbehalt gegen die Juden abzubauen.

Damals wandte sich Rahel Bettina von Arnim zu, deren Vorurteilslosigkeit bekannt war und die die Berliner Gesellschaft durch ihr exzentrisches Verhalten schockierte. Die Humboldts finden kaum mehr Erwähnung. Rahel nahm auch an den Vorlesungen Alexander von Humboldts im Spätherbst 1827 in der Singakademie nicht teil, in denen er die Erfahrungen seiner Reisen, ihre wissenschaftliche Ausbeute, einem großen Publikum vorstellte, ehe er sich an die Arbeit des *Kosmos* machte. Man geht kaum fehl, daß Varnhagen, derzeit noch nicht in Verbindung mit Alexander von Humboldt, dazwischenstand – vielleicht hatten sie nicht Geld genug, die Hörergebühren zu bezahlen! Auch Bettina von Arnim klagte damals in ihren Briefen, daß sie aus finanzieller Not nicht an Humboldts Vorlesungen teilnehmen konnte. Varnhagen notierte, hämisch oder neidisch, daß sich 400 Hörer eingefunden hätten, während Wilhelm von Humboldt von 1300 bis 1400 schreibt. Überhaupt läßt sich nicht übersehen, daß die Ehe mit Karl Varnhagen, die Wilhelm und Caroline von Anfang an abwertend beurteilt hatten, für Rahel die Wiederanknüpfung der losen Verbindung der frühen Jahre verhinderte.

Natürlich ist die Distanz der Humboldts zu Rahel in den

Charakteren begründet, ist Carolines Stolz auf ihre Herkunft, aber auch ihre schwach entwickelte Phantasie einer herzlichen Freundschaft durchaus hinderlich gewesen. Vor allem aber hat Wilhelm von Humboldt nach dem angespannten Arbeits- und Reiseleben die, wenn auch erzwungene, Zurückgezogenheit in den zwanziger Jahren denn doch genossen. Das Briefgespräch mit Charlotte Diede, in dem er der Gebende war und blieb, wurde ihm leichter als das nicht immer unkokette Salongespräch, und man geht wohl kaum fehl mit der Behauptung, daß ihm die intellektuelle Schärfe einer Frau wie Rahel unangenehm war. Alexander, als Charakter viel weniger schwierig, dem Lebensabenteuer viel freier zugetan, war nach den großen Reisen von seiner Gelehrtenarbeit so erfüllt und so wenig auch schon in Berlin zu Hause, daß er erst später als regelmäßiger Gast Varnhagens und vom politischen Gespräch begeistert wieder die Geselligkeit pflegt, die ihm gemäß ist. Dort traf er mit Bettina von Arnim zusammen, wurde zum Übermittler ihrer Briefe und Bittgesuche an Friedrich Wilhelm IV., setzte sich für politisch Gefährdete und Verfolgte ein und praktizierte die Toleranz, die er fast sechzig Jahre früher im Hause Herz kennen und schätzen gelernt hatte.

Er verlangte ja nicht nach der Konfession des Ich, nach dem Sich-Aussprechen, Sich-erkennen-Wollen, das Rahels Salon so anziehend gemacht hatte.

Beide Brüder Humboldt verdanken der frühen Anregung im Herz'schen Haus vor allem – und Wilhelm denn auch der Gesellschaft bei der Rahel – die Erfahrung einer zum Selbstbewußtsein erwachenden Bürgerschicht; eines Selbstbewußtseins, das durch den Emanzipationsanspruch der Juden beschleunigt wurde.

Wilhelm von Humboldts Stellungnahme *Über den Entwurf zu einer neuen Konstitution über die Juden*, ein amtliches Schriftstück, enthält aber doch schon das Körnchen Salz, das wir in der Beziehung zwischen Rahel und Wilhelm von Humboldt immer wieder durchschmecken, wenn er schreibt: »Meiner Überzeugung nach wird daher keine Gesetzgebung über die Juden ihren Endzweck erreichen, als nur diejenige, welche das Wort JUDE in keiner anderen Beziehung mehr auszusprechen nötigt als in der religiösen, und ich würde daher allein dafür stimmen, Juden und Christen vollkommen gleich zu stellen.« Und – neben dieser damals geläufigen Konzeption ein Gedanke, der durch die große Bereitschaft der Juden, in die Bürgerschaft aufgenommen zu werden, weit hergeholt scheint: »Wollten die ersteren (dic Juden) nicht zugleich die Pflichten, die alle Bürger tragen, übernehmen, so würde ich, wenn man alle Mittel, sie dazu zu bewegen, erschöpft hätte, sie lieber aus dem Lande verbannen. Denn –« und hier zielt er wieder auf das angestrebte, wenn auch umstrittene Emanzipationsgesetz – »Menschen im Staate zu dulden, die sich gefallen lassen, daß man ihnen wenig genug traut, um ihnen, auch bei höherer Kultur, die sonst gemeinsamen Bürgerrechte zu versagen, ist für die Moralität der ganzen Nation im höchsten Grade bedenklich.«

Obgleich die vielen Seiten von Humboldts Gutachten mit Ausnahme dieses einen Satzes durch die Begegnung mit Markus Herz, durch die Auseinandersetzung mit Mendelssohns Philosophie geprägt sind, würden wir historisch ungenau urteilen, wenn wir den Salons der Herz und der Rahel, die zweifellos auf die bürgerliche Geselligkeit in Berlin im 19. Jahrhundert, ja, die noch auf die Weimarer Republik eingewirkt haben, nachsagen würden, daß sie die bürgerliche Emanzipation der Judenschaft vorweggenommen oder gar schon vollendet hätten. Im Gegenteil, der Charme dieser lockeren Geselligkeit, der Reiz auch, den sie auf die jungen Adeligen und die zwischen soziale Schichten geratenen Intellektuellen ausübte (ein Begriff, der damals noch nicht benutzt wurde, obwohl er auf eine Reihe von Salonbesuchern zutreffen könnte!), ist in der Unbestimmbarkeit des sozialen Ortes dieser Salons zu suchen, in der Hochspannung, wie sie unverbrauchte Intelligenz im Vakuum zwischen den Epochen erzeugt. Daß gerade in einer solchen Zeit an solchen, für die Zeit charakteristischen Treffpunkten, wie sie die Herzsche Wohnung in der Neuen Friedrichstraße, wie sie Rahels Wohnung im Dachgeschoß in der Jägerstraße in Berlin waren, neue Formen des gesellschaftlichen Miteinander probiert und auch als neu begriffen wurden, ist für Wilhelm, anders als für Alexander von Humboldt, den diese Früherfahrung von Liberalität und Toleranz zeitlebens trug, eher beunruhigend gewesen. Aber er hat als Politiker und Kulturpolitiker diese Unruhe in eine Form zu zwingen versucht. Seine kulturpolitische Konzeption ist nachaufklärerisch, ist auf die bürgerliche Gesellschaft des neuen Jahrhunderts gerichtet, belebt vom Vertrauen in den einzelnen und sein Selbstbewußtsein, wie es ihn einstmals im Salon der Herz fasziniert und ihm später bei den seltenen Besuchen im Salon der Rahel fast schon anarchisch erschienen war. Als Politiker suchte er nach Form, nach der Bändigung der Lebenskräfte, die da zwischen den Epochen aufgebrochen waren.

Es scheint kühn, die Gründung der Berliner Universität und die Salons miteinander in Relation zu bringen – Berlin war anders als das von den Preußenkönigen bevorzugte Potsdam, anders als die Universitätsstadt Frankfurt an der Oder, anders als Halle zum Ort geworden, wo jäh und zum ersten Mal in Preußen Urbanität probiert wurde, wo die Schranken der traditionellen feudalistischen Gesellschaft für Augenblicke schon unsichtbar geworden waren – in den Salons der Jüdinnen, in denen sich die intelligente Jugend zum ersten Mal ungezwungen traf.

März 1829 – oder die Säkularisierung der Künste*

I.

»... Ich habe Mittwoch Paganini gehört. Lies womöglich, was gestern in der Spenerschen Zeitung darüber steht. Ich kann gar nicht erraten von wem: und das ist ein Trost. In nichts könnte ich dieser Beurteilung widersprechen: manches noch hinzufügen ... Ein Wesentliches hat der Verfasser, wie noch alle Beurteiler nicht bemerkt, und ein sehr Auffallendes, Befremdendes! Paganini spielt durchaus auf einer einzigen Saite besser, als auf allen. Richtiger, sicherer, heimatlicher, kühner: und daher mit der meisten Laune, mit dem dramatischesten Ausdruck ... Aber er SPRICHT, geradezu; er wimmert; er ahmt Meereswetter nach; Nachtstille; Vögel, die vom Himmel kommen, nicht die zum Himmel fliegen ... Und ich schwöre Dir, daß ich gezwungen war, immer des Harfenspielers Lied: ›wer nie sein Brot‹ dabei zu wiederholen, zu schaudern, zu weinen. Es war es ganz. Und nun genug. Das Parterre im Saal war nicht geneigt zu applaudieren. Aber mußte ...«.

März 1829 in Berlin, der Monat, ja fast der Tag, an dem Johann Sebastian Bachs Matthäus-Passion hundert Jahre nach ihrer Uraufführung in Leipzig in der Singakademie zum ersten Mal wieder erklingt, dirigiert von dem zwanzigjährigen Felix Mendelssohn Bartholdy. Die Briefschreiberin, Rahel Varnhagen geborene Levin, erwähnt in ihren Briefen nichts davon, obgleich sie doch auch zu denen gehört, die zuweilen in Abraham Mendelssohns Haus in der Leipziger Straße zu Gaste sind, den jungen Mendelssohn kennt.

Auch Bettina von Arnim war im Paganini-Konzert: »Von Paganini ist nicht genug zu sagen und eigentlich nichts zu sagen, denn man muß verstummen; ein dünner Violinton, der die heftigste Leidenschaft, die wehmütigste Empfindung ausdrückt ... Wer nicht hingerissen war, der war erstaunt ...«

* Rede aus Anlaß der Bach-Tage 1979, 150 Jahre nach der Wiederaufführung der Matthäus-Passion in der Singakademie zu Berlin durch Felix Mendelssohn Bartholdy.

März 1829 in Berlin. In Tegel stirbt Caroline von Humboldt. Die Savignys bereiten sich auf ihre Silberhochzeit am Karfreitag vor. Bettinas Kinder erholen sich vom Winterhusten. Es gibt Schulsorgen wegen der Versetzung der Jungen. Und Arnim drängt aus Wiepersdorf auf den Verkauf der Butter.

»Und doch war ich zweimal im Konzert des Paganini, und wenn man so selten ausgeht wie ich, so wird man sehr leicht zerstreut«, schreibt ihm Bettina mitten aus den Geld- und Familiensorgen heraus.

Die Wirtschaft – vornehmlich noch Agrarwirtschaft – hatte sich nach der Finanzkatastrophe von 1826 (der ersten modernen Inflation), die durch die Aufhebung der Kontinentalsperre ausgelöst worden war, nicht erholt. »Das gesellschaftliche Leben . . . war das animierteste und fröhlichste. Man suchte und fand in der Geselligkeit Ersatz für das fehlende öffentliche Leben einer politischen Residenz . . . Man kannte alle Welt und kam mit aller Welt an allen Orten immer wieder zusammen. Und diese rege Geselligkeit wurde dadurch möglich, daß sie bescheidener auftrat als heute. Man machte gegenseitig keine kostspieligen Ansprüche auf üppige Bewirtung, luxuriös ausgestattete Salons, glänzende Toiletten. Man konnte unkritisiert immer wieder in den selben Gesellschaftskleidern erscheinen –«, schreibt Karoline Bauer, die von 1824 bis 1829 in Berlin Theater spielte.

Berlin 1829, am Vorabend der sogenannten Schneider-Revolution, die in der Folge der Pariser Revolution von 1830 auf die Nöte der Leute im Vogtland aufmerksam machte, die Mietskasernen, die schon zum Ende des 18. Jahrhunderts vorm Oranienburger Tor als Quartiere für die Saisonarbeiter aus dem Vogtland entstanden waren und zu überfüllten Unterkünften für die nach Berlin strebenden Arbeitssuchenden geworden waren.

Arnim wird im September 1830 in einem Brief an Bettina, die bei ihrer Familie in Frankfurt weilte, spotten: ». . . im Vogtland, du weißt, da wohnt das ärmste Fabrikantenvolk, war auch Unruhe, ihre Freiheitslieder waren: Wenn eener wees, wie eenem is, wenn eener eenen nimmt! Einer schrie immer wie besessen: Es lebe Freiheit und Gleichgültigkeit! Alle waren äußerst kontent mit dem Jubel der drei Tage, meinten auch, sie hätten viel weniger Stöße bekommen als sonst bei Wisotzki auf dem Tanzboden. Sie fragten einander: Gehst du heut abend zur Revolution? – Ich freue mich ungemein über meine Vaterstadt, daß kein Bürger daran gedacht hat, diese niederträchtigen Zusammenläufe dazu zu benutzen, von der Regierung Zugeständnisse irgend einer Art zu erhalten, obgleich bei uns wie überall noch so manche Wünsche unerfüllt geblieben sind, noch so manches zu tun ist.« Sicher, Achim von Arnim hatte es schwer genug. Die Bewirtschaftung Wiepersdorfs fraß seine Kräfte. Sie ließen beim Schneider in Dahme nähen, weil es da billiger war. Das Elend auf dem Land war dem Elend in der Stadt nicht so fern. Die Schwindsucht raffte die jungen Leute weg. Der Pauperismus, wie man das Elend zehn Jahre später öffentlich benennen wird, der mit der Industrialisation durch die Umschichtung der Arbeit heraufkam, die Handwerke reihenweise aufzuzehren begann, die Kluft zwischen Arm und Reich verbreiterte, war in seinen Ursachen nicht schon erkennbar. Bis zur Definition des Kapitalismus war es noch knapp zwanzig Jahre hin. Die Verarmung Preußens, durch die Vielzahl der Garnisonen und Soldaten lange schon vorbereitet, war nicht zu leugnen. Aber die Blasorchester der Regimenter sorgten für die Unterhaltung des Volkes. Das öffentliche Leben hatte sich auf Reaktionszeit eingependelt. Die Verfassung, die Friedrich Wilhelm III. dem Volk in den Befreiungskriegen versprochen hatte, war nicht eingelöst worden. Schleiermachers Predigten wurden beobachtet, Fichtes Reden durften nicht gedruckt werden, Wilhelm von Humboldt, Beyme und Grolman waren entlassen worden. Die Hausvogtei und das Köpenicker Schloß wurden als Gefängnisse für opponierende, liberal gesinnte Bürger traurig berühmt. Trotz der Universität mit den großen Namen war Berlin nicht zu einer Stadt geworden, die von der Universität geprägt war wie die alten Hochschulstädte, vielleicht auch, weil die Anzeichen der künftigen Industriestadt nicht mehr zu übersehen waren. Ab 1816 wurden die Ausfallstraßen ausgebaut, ab 1825 wurde die Dampfschiffahrt für die Industrie genutzt, ab 1826 wird die Straßenbeleuchtung auf Gaslaternen umgestellt, wenn auch die Schmutzwasserrinnen noch in die Straßen eingelassen sind. Der Eisenbahnbau ist in Vorbereitung.

Berlin ist also in diesen zwanziger Jahren des 19. Jahrhunderts eine Stadt zwischen Provinz und Großstadt (die es der Einwohnerzahl nach schon war), zwischen Feudalismus und Industriezeitalter, zwischen Hochintelligenz und dem die Ausbeutung fördernden Analphabetismus der Saisonarbeiter; eine Stadt mit einer ganz jungen Bürgerkultur, mit Ansätzen zur Urbanität und dem Elendsgeruch der Mietskasernen. Und wir müssen sie so sehen, um das Phänomen Singakademie zu begreifen, in der ja doch Schleiermacher mitsang und Fanny und Felix Mendelssohn, die Wilhelm von Humboldt, Hegel, Schinkel und Schlegel, Schadow und Rauch, Carl Maria von Weber und Adelbert von Chamisso zu ihrem Freundeskreis zählte und in der sich doch auch Muffigkeit und Prüderie fanden, die den alten Zelter mißmutig stimmten – Ausdruck der Unsicherheit einer Gesellschaft ohne bürgerliche Tradition. Wir müssen dieses Berlin so sehen, um Felix Mendelssohns Aversion zu begreifen: ». . . weil das die einzige Stadt von Deutschland sei, die ich noch nicht kenne. Das ist meine ernstliche Meinung . . . Das einzige Haus, das ich in Berlin kenne, ist das unsrige, und daß ich mich dort wieder glücklich fühlen werde, weiß ich«, schreibt er, als es um seine mögliche Berufung in Zelters Nachfolge geht, an den Vater.

II.

Sicher, er hat sich als Glückskind verstanden und war es auch unter den Komponisten. Trotzdem sollen ein paar Erinnerungen an das Haus verdeutlichen, wie sich der Begriff Reichtum seit der Zeit gewandelt hat. »Allen Mitgliedern der Familie . . . war das Haus nicht ein gewöhnlicher Besitz, ein toter Steinhaufen, sondern eine lebendige Individualität . . . Die Wohnung hatte im Winter große Übelstände: sie war kalt, feucht, jedes Zimmer war Durchgang, und keins hatte Gegenhitze, da das Gartenhaus nur ein Zimmer tief war. Doppelfenster waren damals in Berlin große Seltenheit, diese Wohnung besaß keine, und täglich strömten von den gefrorenen Scheiben große Wassermassen, die fortwährend aufgewischt werden mußten. Über eine Zimmertemperatur von 13° kam es im Winter selten . . .« berichtet Sebastian Hensel.

Kargheit (noch im Reichtum) als Lebensstil. Vielleicht sollte das für das Jahrhundert der Musikpflege angemerkt werden. Kargheit und eine Vielfalt noch ungenutzter Begabungen. Und Zeit, die in den bürgerlichen Familien noch nicht als Freizeit abgegrenzt war. Die Ausbeutung der menschlichen Arbeitskraft fand in den Fabriken statt. Arbeitszeiten von 14 Stunden täglich (außer Sonntag) werden noch Ende des Jahrhunderts vorkommen. Kinder- und Frauenarbeit werden erst durch die Organisationen der Arbeiter eingedämmt werden.

Aber schon in diesem dritten Jahrzehnt des 19. Jahrhunderts gibt es das Wilhelm von Humboldt'sche Bildungsmodell, das das humanistische Bildungsprivileg bricht, gibt es seit 1821 das Gewerbeinstitut von Beuth und seit 1824 die Gewerbeschule von Klöden, werden die Fundamente zur rasanten Entwicklung der Technik gelegt, wird der neue Typ Bürger vorbereitet, dessen planerische und technische Intelligenz die Allround-Bildung ablösen wird.

Und genaugenommen ist Zelter ein Mann, der schon den neuen Typ Bürger vorweggenommen hat, keinesfalls ein einfacher Maurer, ein Unternehmer mit 50 Arbeitern. Seine Schulbildung am Joachimsthalschen Gymnasium hat, nach heutigen Begriffen, mit der Mittleren Reife geendet. Ein Organisationsgenie, wenn man beobachtet, was er aus Karl Friedrich Christian Faschs Chor gemacht hat, der 1791 zum ersten Mal öffentlich in der Marienkirche zu hören gewesen war. Ein Organisationsgenie, wenn man seine Empfehlungen und Entwürfe, das Musikleben betreffend, die Verfassung der Singakademie betreffend, den Bau der Singakademie betreffend, nachliest. Durchaus einer, der auf eine demokratische Gesellschaft vorgreift. Denn nicht Rang und Mitgliedsbeitrag, sondern die Stimme, die Bereitschaft zur Mitarbeit bestimmten die Aufnahme in die Singakademie.

Kein Wunder, daß sich die jungen Mendelssohn-Geschwister hier wohlfühlten, denn in der Mendelssohn-Familie war – trotz des Reichtums, den Abraham Mendelssohn begründet hatte – die bürgerliche Emanzipation, die Überwindung sozialer und religiöser Schranken lebendig geblieben. Sie waren getaufte Christen. Und anders als für die Generation Abraham Mendelssohns oder der Rahel Levin/Varnhagen hatte ihnen die Taufe im Kindesalter erspart, was der Vorgeneration in den jüdischen Familien noch schmerzhaft bewußt war: sich durch die Taufe ein »Entreebillet« in die Gesellschaft verschafft zu haben. Zudem waren sie Kinder einer berühmten Familie, genossen sehr früh schon eine musikalische Ausbildung, ohne die die Wunderkindleistungen von Felix nicht denkbar gewesen wären. Fanny und Felix Mendelssohn brachten in die Zeltersche Singakademie die genialische Unbekümmertheit einer problemlosen Jugend Hochbegabter ein, und es ehrt Zelter, daß er nicht dämpfend eingriff. Daß er dem jungen Felix nachgab, die *Matthäus-Passion* aufzuführen, für die er das Instrumentarium Singakademie eigentlich noch nicht für fähig hielt.

III.

Daß Zelters Einschätzung stimmen mochte trotz des großen Erfolges der Aufführungen, bestätigt der Bericht von Wilhelmine Bardua über ihre Schwester Caroline Bardua, Malerin und Mitglied der Singakademie. Sie beschreibt ausführlich die Feierlichkeit und Rührung, die die Aufführung von Grauns *Tod Jesu* alljährlich am Karfreitag auslöste: »Das Berliner Publikum war an diese Ostermusik gewöhnt; von Kindesbeinen an war sie ihm ein Theil seiner Osterandacht gewesen. Schon vor Zelter hatte sie Fasch aufgeführt. Als später eine Änderung eintrat und nach Zelters Tode, durch Felix Mendelssohn veranlaßt, an Stelle der Graun'schen die Sebastian Bach'sche Passion gesungen werden sollte, war es beinahe wie die Einführung eines neuen Gesangbuches; die Menschen hatten lange Zeit nötig, sich an die Neuerung zu gewöhnen.«

Vorbehalt und ungenaue Nachricht dieser Aufzeichnungen sagen mehr über das Klima Berlins aus als die Fakten. Denn natürlich hatte Zelter in jahrzehntelanger Arbeit seine Singakademie auf Bach vorbereitet, hatte schon Fasch mit dem Studium einzelner Motetten begonnen, zeigen die Probenbücher, wie hart an Bach gearbeitet wurde. »Daß die Sebastian Bachschen Motetten seit 30 Jahren immer mehr anklingen, ja, ihren Schwierigkeiten Trotz geboten wird, ist ein Triumph der Singakademie und zeigt, daß die Übung an Meisterwerken, sie mögen gefallen oder nicht, ihren unbestreitbaren Nutzen hat«, trägt Zelter am 7. Januar 1823 in das Probenbuch ein. Und schon im Oktober 1811 hatte er mit dem Studium der *h-moll-Messe,* im Mai 1815 mit Teilen der *Johannespassion* begonnen. Wenn er am 9. Juni 1827 an Goethe schreibt: »Alles erwogen, was gegen ihn zeigen könnte, ist dieser Leipziger Cantor eine Erscheinung Gottes: Klar, doch unerklärbar. Ich könnte ihm zurufen: Du hast mir Arbeit gemacht / Ich habe Dich wieder ans Licht gebracht.« Und am 6. April 1829 – also unmittelbar unter dem Eindruck des Erfolges der Wiederaufführung der *Matthäuspassion* – schreibt er wiederum an Goethe: »Ich bin seit 50 Jahren gewohnt, den Bachschen Geist zu verehren, Friedemann ist hier gestorben, Em. Bach war hier Königl. Kammermusiker, Kirnberger, Agricola, Schüler vom alten Bach, Ring, Bertusch, Schmalz und Andere ließen fast nichts anderes hören, als des alten Bachs Stücke; ich selbst unterrichte seit 30 Jahren darinne und habe Schüler, die alle Bachschen Sachen gut spielen.« Daß der Schauspieler Eduard Devrient und der junge Felix Mendelssohn ihn zur Aufführung der gesamten Passion überreden mußten, widerlegt Zelters Aussagen nicht. Sein Respekt vor dem Bachschen Werk macht seine Scheu vor dem Gelingen erklärlich.

Mendelssohn hatte sich von seinem Freund Eduard Rietz die Bachsche Partitur kopieren lassen und sie fasziniert studiert. Wie muß den alten Zelter der Erfolg der ersten Aufführung am 11. und der zweiten Aufführung am 21. März berührt haben, daß er ganz selbstverständlich die dritte Aufführung am Karfreitag dirigierte, nachdem Felix Mendelssohn schon nach England abgereist war. Die Arbeit des alten Mannes, die Begeisterung des Jünglings hatten in einer musikalischen Großtat zusammengefunden. Zelter mag der Gedanke der Nachfolge gekommen sein, als er da zwischen Publikum und den Ausführenden in dem neuen Bau der Singakademie den Stimmen und der Betroffenheit lauschte; der Gedanke, sein Lebenswerk vollendet weiterzugeben.

Aber wir wissen, daß Felix bei der Wahl des Direktors nach Zelters Tod mit 88 gegenüber 144 Stimmen, die Carl Friedrich Rungenhagen erhielt, unterlag. War es nur die Angst vor dem jungen Genie, das so viel auf Reisen war und internationale Erfolge errang, spielte da der Neid mit, vielleicht auch der 1832 schon wieder offenkundige Judenhaß? Oder trauten ihm die Mitglieder, die ja zu wählen hatten, die Stetigkeit der Probenarbeit nicht zu, die Zelter ausgezeichnet hatte?

Denn Felix Mendelssohn Bartholdy ist als Dirigent eine

durchaus moderne Erscheinung, nicht an den Ort, nicht an ein Orchester, einen Chor gebunden. Sicher, die Solisten reisten längst von Stadt zu Stadt. Der Gastdirigent aber setzt sich erst im 20. Jahrhundert im Musikleben durch, was natürlich mit der Neueinschätzung der Dirigententätigkeit zu tun hat. Und: die Technik der Notenvervielfältigung brachte ja den großen Klangkörpern einen gleichen Fundus an einstudierten Werken, ermöglichte dem reisenden Dirigenten, die Feinheiten der Partituren herauszuarbeiten.

IV.

Doch zurück nach Berlin 1829. Zurück zu den anfangs zitierten Briefen, zurück zu der Tatsache, daß es in den dichten Brieffolgen beider Briefschreiberinnen keine Notiz über den Ruhmestag der Singakademie gibt, was, wenn man die Berliner Kritiken durchblättert, Zufall sein mag – und doch nicht ganz in einer Insider-Gesellschaft, wo jeder jeden kannte –, sondern eher auf einen Vorbehalt gegenüber der Kirchenmusik schließen läßt, die mit der Ablehnung der Kirchenfrömmigkeit zusammenhängt. Ein Vorbehalt, über den nachzudenken ebenso lohnt wie über den wachsenden Starkult im Musikleben.

Beide mit ihren Briefen zitierten Frauen sind ja von emanzipatorischen und aufklärerischen Gedanken geprägt, auch wenn sich Rahel anläßlich ihrer Hochzeit mit Varnhagen hat taufen lassen, auch wenn Bettina ihre Söhne von Schleiermacher konfirmieren ließ. Beide sind ihren Biographien nach keine Freunde der vom preußischen Königshaus zur Schau gestellten prüden Frömmigkeit. Beide äußern pan-religiöse Vorstellungen, wie sie unter den Intellektuellen damals gang und gäbe waren, Nachwirkungen der Französischen Revolution bei Bettina, Nachwirkungen der mühsamen Emanzipation der Jüdin Rahel. Vorbehalte gegenüber der Kirche als Bastion des Konservativismus also, gefördert durch die Politik nach 1819 und doch – auch gerade in Berlin schon viel älter, wo die Toleranz, für die Moses Mendelssohn, Gotthold Ephraim Lessing und Friedrich Nicolai einstehen oder Friedrichs II. Wort, daß jeder nach seiner Façon selig werden solle, politische Wurzeln hat: einmal in der preußischen Ansiedlungspolitik, die den verschiedenen verfolgten protestantischen Gruppen Heimatrecht gab (Hugenotten, Salzburger), zum anderen durch die Angliederung des weithin katholischen Schlesien nach dem Siebenjährigen Krieg.

Schon Fasch hatte ja versucht, mit Hilfe der Singakademie die Kirchenmusik zu säkularisieren, sie zu einem Bestandteil des Musiklebens außerhalb der Gottesdienste zu machen. Und wenn es im Grundriß der Verfassung der Singakademie von 1816 im § 1 heißt: »Die Singakademie ist ein Kunstverein für die heilige und ernste Musik, besonders für die Musik im gebundenen Styl, und ihr Zweck: praktische Übung an den Werken derselben, zur Erbauung der Mitglieder, daher sie nur selten und nie anders, als unter Leitung ihres Directors öffentlich auftritt«, so trifft das auf die Arbeit in den vorangegangenen Jahrzehnten vollends zu und wird wegweisend für die Arbeit in der Zukunft.

Die Kirchenmusik, aus der gottesdienstlichen Funktion herausgelöst, war als selbständige Kunst erkannt worden, wie die Kirchenarchitektur, die kirchliche bildende Kunst. Die Säkularisation der Künste war unaufhaltsam. Zudem hatte die Öffnung des Theaters und der Oper für die Bürgerschaft die solistischen Leistungen populär gemacht. Einem breiten Publikum erschloß sich nun auch in Preußen die ehemals höfische Kunst. Die Künste waren aus dem Dienen entlassen. Die Überbewertung der Künste im 19. Jahrhundert hat hier ihre Ursache. Der soziale und kulturelle Freiraum, der die Künste ansog und ihnen bis hin zum Geniekult eine Präsenz gab, die der politischen und kulturellen Prägekraft der Künste nicht entsprach, zeichnet sich schon ab.

Das hatte aber auch Zerstörungen, Veränderungen vorausgehabt. Eine sei hier genannt, weil sie Zelter beschäftigt hat und weil sie dank seiner pädagogischen Begabung auf die Singakademie und die Musikpflege in Berlin gewirkt hat.

Die chorische Tradition in Berlin war (wohl von der alten Kurrende-Bewegung her) an den Gymnasien gepflegt worden. Die Schulchöre sangen in Kirchen, auf den Straßen, zu Hochzeiten, Taufen, Begräbnissen. Die Schüler, meist die ärmerer Herkunft, verdienten damit Schulgeld und Freitisch. Im 18. Jahrhundert war diese Tradition heruntergekommen, Schulleistungen und chorischer Einsatz gingen nicht mehr zusammen. Der Leistungsverfall war immens.

Und man geht gewiß nicht fehl, ihn mit der allgemeinen Verarmung zusammenzusehen.

Der Zustand der Chöre ist »in der Nähe noch unerfreulicher als von außen, da diese Chöre in den Straßen der Residenz schon seit manchen Jahren so singen, wie man es nun von ihnen gewohnt ist, indem sie gar nicht eigentlich unterrichtet werden und daran sind sie selber nicht schuld. So wie sie eben sind, ist ihr Daseyn ganz hoffnungslos, da ihnen ihr jetziger Stand nicht (wie ehemals) eine Aussicht auf die Folge gewährt. Sie sind arm, unwissend, ohne Zucht; mehrere Chöre werden nicht einmal angehalten, in der Kirche zu singen, wozu sie hauptsächlich da sind.«

Zelter liest nun nicht nur den miserablen Stand der Kirchenmusik in Preußen und speziell in Berlin aus diesem Zustand ab, er entwickelt auch – und hier zeigt sich wieder sein planerisches, sein Organisationsgenie – Konzepte zur Sicherung der Musikpflege und schafft damit die Stabilität der Musikkultur Berlins im 19. Jahrhundert. Er nimmt – und das soll nicht unangemerkt sein – den Staat in die Pflicht, auch gerade dort, wo sich ein kultureller Freiraum auszudehnen beginnt.

Die Perspektivenveränderung ist deutlich: Aus dem Dienen für Gott, für den Herrscher entlassen – scheinbar in das Vakuum völliger Freiheit vorgedrungen – braucht die Kunst nicht nur wieder Stützung, Pflege, Förderung, um zurück- oder weiterzuwirken in die ungenaue Öffentlichkeit.

V.

Natürlich kommt Zelters Eingaben die Stabilisierung des bürgerlichen Selbstbewußtseins zugute, die in Preußen nach 1806 zum nicht mehr übersehbaren politischen Potential geworden ist. Die Gründung der Berliner Universität 1810, die Stein-Hardenbergschen Reformen und eben auch die Eingliederung der Musikpflege in die Akademie sind Versuche, dieses Potential ohne Revolution in den Staat einzubringen.

So wird die Musikpflege zur Selbstdarstellung bürgerlicher Lebensform, wird Musikpflege zur Festigung von »Religion und Sitte«, so sah es der König, Friedrich Wilhelm III. (wie wohl alle Machthabenden nach ihm).

Widersprüchliches, das der alte Zelter durchaus erkannt

hat, als er nach Felix' Abreise nach England an Lea Mendelssohn schrieb: »Wir senden ihn als fertigen Mann in die Welt, der er angehört. Es war an der Zeit, ihn dem Berliner Kunstjammer zu entheben, der aller Blüte Tod ist.«

Und mußten nicht bei der Aufführung von Joseph Haydns *Jahreszeiten* 1830 der Weinchor, das Spinnerlied und die Romanze weggelassen werden, weil einige Mitglieder der Singakademie die Texte für anstößig hielten?

Berlin 1829. Provinz und Großstadt. Urbanität und Elendsgeruch, Hochintelligenz und Muffigkeit.

Felix Mendelssohn zögert denn auch, nach Zelters Tod an den Vorsteher der Singakademie wegen der Berufung als Direktor zu schreiben, wie ihm der Vater angeraten hat. Und der Bericht über die Wahl, den Eduard Devrient überliefert hat, macht deutlich, wieviel Halbherzigkeit nun schon in der Institution Singakademie anzutreffen war: »Am 22. Januar (1833) endlich fand die eigentliche Wahlversammlung abends nach Beendigung der Gesangsübung statt. Ein angesehener Beamter, vertraut mit der Manipulation des Auslosens, übernahm das Geschäft und nannte die gezogenen Namen. Solange die Majorität noch schwankte, wurden die Namen ruhig und anständig ausgerufen; sobald aber das Stimmenergebnis für Rungenhagen sich günstig stellte, begann der Ausrufende dessen Namen immer triumphierender zu betonen, dagegen den Namen Mendelssohn erst mit einem kleinlauten, dann mit mitleidigem Ton zu lesen; ein Verfahren, das öfters Lachen erregte. – Der Vorgang empörte mich . . .«

Für Felix Mendelssohn war es eine Enttäuschung, auch wenn er sich nicht durch eine Bewerbung hatte aufdrängen wollen, nachdem er ja 1829 schon zugesagt hatte, daß er die Leitung der Singakademie, sollte sie ihm angetragen werden, mit Rungenhagen zusammen zu übernehmen bereit wäre. Er half sich. Er arbeitete. »Es schmeckt so wie das Ausgehen nach einer Krankheit, und am Ende ist's ja wirklich eine Krankheit, und zwar die schlimmste: diese Ungewißheit, diese Zweifel und Unstetigkeit.«

Müßig zu fragen, ob seine Nachfolge in Zelters Direktorat der Singakademie und damit dem Berliner Musikleben eine andere Wendung und Felix Mendelssohns Schaffen andere Impulse gegeben hätte. Denken wir an seine Oratorien, so wird doch deutlich, wie ihn die frühe Arbeit innerhalb der Singakademie geprägt hat. Denken wir an seine Arbeit am Gewandhaus, an seinen Einsatz für Bach, an seine Dirigenten- und Solistentätigkeit, an die vielen Musikfeste, die er leitete, so steht außer Frage, wieviel er den Berliner Jahren verdankt.

Mendelssohn hat als Dirigent und Solist, als Komponist und Entdecker und Förderer (denken wir an seine Verbindung mit Robert Schumann) für die Durchsetzung der Säkularisierung der Musik gelebt. Die Bibeltexttreue in seinen Oratorien verrät die hohe Empfindlichkeit des Emanzipierten, der nicht zerstören, nicht in Frage stellen, sondern respektieren will. Er hat die sozialen Erdrutsche, die sich während seines kurzen Lebens ereigneten, kaum wahrgenommen. Aber die Fahrt des Toten – nun schon auf den Eisenbahnschienen – war ein Triumphzug bis Berlin.

Säkularisierung der Künste, für das wachsende und im Wohlstand wachsende Bürgertum war sie im 19. Jahrhundert in der Tat Religion – oder noch Religionsersatz.

Für die Singakademie brachte sie, mit allen Widerständen, die schon Zelter erkannt hatte, ein Jahrhundert der guten Arbeit, des Bewahrens, des Hinüberrettens, des Erhaltens. Das Bachsche Werk setzte sich langsamer durch, als Wilhelmine Bardua in ihrem Bericht vielleicht befürchtet hatte; aber es bleibt das unbestrittene Verdienst der Singakademie, es durchgesetzt zu haben.

Das Bewahren und Lebendig-Erhalten als ein Bestandteil des Kunstbetriebes ist in diesem 19. Jahrhundert wichtig geworden, ist von der Säkularisation der Künste nicht zu trennen.

VI.

Und damit sind wir wieder bei unseren Briefschreiberinnen und im Winter 1829, als Devrient und Felix Mendelssohn in Zelters tabakverräuchertem Zimmer die Aufführung der Bachschen Matthäus-Passion durchsetzen.

Devrient, fasziniert von der Möglichkeit, den Jesus zu singen, die wohl ergreifendste aller dramatischen Szenen am Kreuz – Mendelssohn, natürlich ehrgeizig, seit Jahren der Zelterschen Zuneigung gewiß, der sein Komponieren gefördert und kritisiert hatte, ganz sicher noch irritiert vom Mißerfolg seiner Oper *Die Hochzeit des Camacho*, die auf Betreiben der Mutter im Schauspielhaus aufgeführt und durchgefallen war, und doch souverän genug durch den Erfolg der *Sommernachtstraum*-Ouvertüre, souverän genug durch Bildung und den Umgang mit den Größen der Zeit, selbstsicher durch den Reichtum und die Zuneigung und doch zu sensibel, um die eigene Gefährdung nicht zu spüren, sich darum mehr und mehr abzuverlangen, ohne sich vollends preiszugeben. Zu tief saß der Hohn auf die Juden, den die Mendelssohnschen Kinder bei einem Sommeraufenthalt in Doberan hatten hören müssen. Und war da nicht auch ein Vorbehalt des alten Zelter, den er vielleicht wahrnahm, ohne davon zu wissen?

Zelter hatte ja an Goethe geschrieben, um Felix dort einzuführen: »Felix ist ein guter hübscher Knabe, munter und gehorsam. Er ist zwar ein Judensohn, aber kein Jude. Der Vater hat mit bedeutender Aufopferung seine Söhne etwas lernen lassen und erzieht sie, wie sich's gehört; es wäre wirklich einmal eppes Rores, wenn aus einem Judensohn ein Künstler würde.« Das monumentale Kunstwerk aus protestantischem Geist, Bachs *Matthäus-Passion,* vorzustellen, würde doch mehr sein als eine Ruhmestat, würde Konfession sein.

Und Zelter, der Dritte im Raum, siebzigjährig, vom Leben nicht geschont und doch immer noch bei aller Knurrigkeit väterlich gerade gegenüber diesen jungen Leuten, die noch so wenig von den menschlichen Schwächen, Intrigen, Trägheiten wissen und wissen wollen, wie er sie in dreißigjähriger Arbeit mit der Singakademie erfahren hatte.

Daß er nachgeben würde, haben Mendelssohn und Devrient wohl erwartet. Seine Sorge um das Gelingen werden sie kaum ermessen haben. Ein Mißerfolg hätte ja die jahrelange Arbeit an der Wiederentdeckung Bachs zurückgeworfen; hätte das Renommee der Singakademie geschwächt. Und Zelter sah, wohin der Musikbetrieb drängte. Die berühmten Solisten, die das Berliner Publikum begeisterten, waren kaum noch zu zählen. Und seit Carl Maria von Webers Opernerfolgen mit *Freischütz* und *Preziosa* war der Siegeszug der profanen Musik unaufhaltsam. Zelter begriff die Veränderung der Musikszene, die sich abzeichnete, ohne ihr noch gewachsen zu sein. (Seine Frostigkeit gegenüber den Beethovenschen Kompositionen ist bekannt.) Schwer vorstellbar, daß er nach der Zustimmung zur öffentlichen Aufführung, als die beiden jungen Leute gegangen waren, aufgeatmet hat.

Aber sprach denn dieser Paganini, dieser Virtuose, deutlicher an, was die Menschen, was einen einzelnen anging?

Sicher, von heute aus ist es leicht, die Einflußschübe voneinander abzuheben und doch zusammen zu sehen: das Freisetzen der individuellen Erlebnisfähigkeit in der Literatur und Musik der Romantik und den Historismus, den die Säkularisierung der Künste ausgelöst hatte. Beide sind Spiegelungen des neuen bürgerlichen Selbstverständnisses, sind Versuche der Selbstbehauptung durch Selbsteingrenzung und der Selbstbehauptung durch die Tradition. Darum hat gerade die säkularisierte Kirchenmusik in den wachsenden Großstädten Musikgemeinden entstehen lassen; darum entwickelt sich aber auch der Starkult zum Geniekult, der der individuellen Erlebnisfähigkeit entgegenkommt. Vor der Kulisse der Mietskasernen, vor dem kaum noch wegzuleugnenden Pauperismus entfaltet sich eine Musikkultur, die durch Zelters kluge Politik zu einer öffentlichen Aufgabe, einer Verpflichtung des Staates, der Kommune geworden ist; wird Bürgerkultur geschaffen, die allenfalls durch Wohltätigkeit den sozialen Aufgaben nachkommt. Für die Stadtarmen, für Oder-Überschwemmte, für die Abgebrannten in Liebenwalde, für Kleinkinderbewahranstalten, für erblindete Krieger, für Erwerbschulen, für Danziger Überschwemmte, für schlesische Überschwemmte, für rheinische Überschwemmte, für notleidende Gemeinden, für Abgebrannte in Schneidemühl, für Abgebrannte in Ketzin und immer wieder für Stadtarme tritt die Singakademie auf, führt die Reingewinne der Konzerte ab. (Später auch – 1938 – für die Winterhilfe und die Heimbeschaffung für die Hitlerjugend.)

Es wäre falsch, das Dilemma der öffentlichen Kulturpflege zu übersehen. Aber auch hier hat Zelter mit der »Liedertafel« ein Gegenmodell entwickelt, das in der Vielzahl der Gesangvereine, die mit der Industriearbeiterzuwanderung entstanden, weitergewirkt hat.

Die Musikkultur des 19. Jahrhunderts in ihren sozialen Verästelungen nachzuzeichnen, würde zu weit vom Anlaß wegführen. Daß Carl Friedrich Zelter eine Schlüsselrolle zufällt, ist unbestritten. Der junge Mendelssohn Bartholdy hat vor allem in seiner Arbeit in Düsseldorf und in Leipzig die Musikkultur nach dem Vorbild seines Lehrers stabilisiert, hat als Leiter der Musikfeste in Düsseldorf, Aachen, Birmingham die Triumphe gefeiert, die Zelter versagt waren. Als Komponist hat er sowohl die säkularisierte Kirchenmusik als auch die Sensibilität der Romantik widerspruchslos zueinandergefügt. Mehr ein Weltkind als in Berlin zu Hause, obwohl er immer wieder in die Stadt zurückkam, ist sein Versuch, sich hier ein Aufgabenfeld zu schaffen, an dem Grundwiderspruch zwischen Förderung und Freiheit gescheitert, als er 1844 ablehnte, die Chormusik zu den *Eumeniden* zu schreiben, die der König gewünscht hatte (Friedrich Wilhelm IV.). »Ich werde den Befehlen dieses von mir sehr geliebten Königs jederzeit Folge leisten, auch mit Hintansetzung meiner persönlichen Wünsche und Vorteile. Kann ich es aber nicht mit gutem künstlerischen Gewissen, so werde ich aufrichtig meine Bedenken oder meine Unfähigkeit darzulegen versuchen«, schreibt er an Geheimrat Bunsen, der ihm die Enttäuschung des Königs über seine Ablehnung dieses Auftrags mitgeteilt hatte. »Freilich fürchte ich nach dieser Erfahrung wieder aufs neue, was ich Eurer Excellenz schon mündlich sagte: daß meines Bleibens auf so gefährlichem Boden – und so schwierigen Verhältnissen – nicht sein kann.«

VII.

Eine schwierige Stadt. Eine Zeit, in der sich die Zeiten ineinander schieben, die Sozialgefüge verändern, der Protestantismus in der Prüderie verkümmert, aber der Prediger Schleiermacher in der Dreifaltigkeitskirche die Massen anzieht (und geheimpolizeilich beobachtet wird), in der Hegel sein Philosophiegebäude errichtet, um den Grundwiderspruch zwischen der Schöpfung und der Geschichte aufzulösen.

»Unsere Bachsche Musik ist gestern glücklich vonstatten gegangen, und Felix hat einen straffen, ruhigen Direktor gemacht. Der König und der ganze Hof sah ein komplett volles Haus vor sich. Ich hatte mich mit meiner Partitur neben dem Orchester in ein Winkelchen gesetzt, von wo aus ich mein Völkchen beobachten konnte und das Publikum zugleich . . . Hätte doch der alte Bach unsere Aufführung hören können!« Die Erträge der Wiederaufführung der *Matthäus-Passion* waren für verwahrloste Kinder gedacht.

Der Vaterlandsbegriff bei Hölderlin

Seit Pierre Bertaux' großer Untersuchung über *Hölderlin und die Französische Revolution* hat sich für den Leser, den Theaterbesucher Hölderlins Werk neu erschlossen. Martin Walsers Hölderlin-Essay, Peter Weiss' Hölderlin-Schauspiel zeugen davon, die neue *Frankfurter Ausgabe,* die D. E. Sattler seit 1975 herausgibt, wird die Bertaux'sche Konzeption editorisch nacharbeiten. Für die Germanisten und Literatursoziologen verdeutlicht sich der Zusammenhang der literarischen und der politischen Szene der 90er Jahre des 18. Jahrhunderts; für die Historiker wird die Wirkung, die die Ideen und Ereignisse der Französischen Revolution nicht nur in den benachbarten Rheinprovinzen, sondern über die Universitäten und Geheimbünde in fast allen Königreichen und Fürstentümern des deutschen Reiches hatten, transparent – und der Auf- und Ausbruchsversuch der Nachaufklärungsgeneration in die Zukunft als die erste der Jünglingsepochen der neuen deutschen Geschichte begreifbar, die sich in kürzeren und längeren Wellenphasen bis hin zu den Studentenaufständen unserer Tage immer wiederholt haben: zum ersten Mal 1813–15 in den Befreiungskriegen mit nationaler Erwartung aufgeladen und doch – erinnern wir uns an die später nicht eingelösten Verfassungsversprechen – noch getragen von den Ideen von 1789, dann wieder signalisiert durch das Hambacher Fest 1832 und das literarische »Junge Deutschland«, diese deutliche Antwort auf die Restauration der 20er Jahre des 19. Jahrhunderts; hier denken wir vor allem an Georg Büchner; und fast zwei Generationen später ist Gerhart Hauptmann und sind die jungen Berliner Realisten zu nennen, die gegen die nationale Emphase des Bildungsbürgertums im Kaiserreich anschreiben.

Die revolutionäre Kraft hat sich da längst in der Arbeiterschaft und ihren Sprechern gesammelt. Die Polarisierung der Revolutionsinhalte einerseits und der nationalen Euphorie andererseits hat die 1848 noch schichtübergreifende revolutionäre Euphorie, die bürgerliche und die proletarische Forderung nach der Gleichheit und Freiheit und

Brüderlichkeit aller abgelöst. Man muß nur die bissigen Angriffe auf Hauptmann in der bürgerlichen Presse (mit Ausnahme der Stimme Fontanes) lesen, um das zu begreifen. Die deutschen Universitäten sind vor dem ersten Weltkrieg keine Stätten der Unruhe, geschweige des Aufruhrs. So wird der Ausbruch des ersten Weltkrieges wohl als ein Ausbruch aus der bildungsbürgerlichen Saturiertheit, aber als ein nationaler Aufbruch erfahren, eine Jünglingsepoche ohne revolutionäres Pathos (zumal nach der Stellungnahme der sozialdemokratischen Parteiführung), und scheitert der deutsche Revolutionsversuch 1918/19 am verstörten, aber nicht zerstörten bürgerlichen Nationalbewußtsein. Noch einmal wird die Jünglingsidee in den 20er Jahren in der Jugendbewegung bei Ausklammerung der revolutionären Ideen aufgenommen und in der elitären Jünglingsgemeinschaft um Stefan George kultiviert, deren Exponent Stauffenberg, der Attentäter des 20. Juli 1944, für die Potenz dieser Idee einsteht, die doch zur gleichen Zeit, nämlich in den Freikorps der 20er Jahre und der sich elitär gebärdenden SS Nazi-Deutschlands bis ins unvorstellbar Unmenschliche pervertiert worden ist.

Erst der Zusammenbruch des Deutschen Reiches gab den Nachgeborenen den Blick frei für die Auf- und Ausbruchsversuche, die Jünglingsepochen des ausgehenden 18. und 19. Jahrhunderts und ihren revolutionären Elan, und gönnte dieser Generation ihre Jünglingsepoche, in der die revolutionären Ideale für Augenblicke ihre Leuchtkraft zurückgewonnen haben und nunmehr nachleuchten.

Um die Sensation der Bertaux'schen Hölderlin-Deutung in der deutschen Bundesrepublik und vor allem unter den Hölderlin-Interpreten und -Freunden zu begreifen, war es nötig, diesen kurzen historischen Exkurs zu machen, der immerhin ablesen läßt, daß der Vaterlandsbegriff bei Hölderlin Veränderungen ausgesetzt war, oder genauer: im deutschen Sprachgebrauch spät genug eingeführt, sogleich mit der Idee des Nationalstaates besetzt wurde. Die deutsche Hölderlin-Forschung hat denn auch bis in unsere Zeit nicht den geringsten Zweifel an seiner Bedeutung aufkommen lassen. Eine der nobelsten Leistungen zur nationalen Aneignung von Hölderlin ist die von Norbert von Hellingrath begonnene sorgfältige Werkausgabe, die von Friedrich

Sebass und Ludwig Pigenot zu Ende geführt wurde, nachdem Hellingrath im ersten Weltkrieg gefallen war. Hellingraths Verdienst ist es auch, das Literaturgerücht von Hölderlins geistiger Verdunkelung transparent gemacht zu haben, die großen Dichtungen nach 1800 als Werke geistiger Klarheit entschlüsselt und Hölderlin für die deutsche Geistesgeschichte spät, aber wohl endgültig den Großen seiner Epoche zugeordnet zu haben.

Hölderlins Jünglingsbild, die emphatische Bereitschaft zum Opfertod für das Vaterland, war für den Bürger, dem in den Jahrzehnten des Kaiserreichs die Erinnerung an den Vormärz und die bürgerliche Revolution abhanden gekommen war, eine erregende Vision, als er sich in den 20er Jahren unseres Jahrhunderts mit Hölderlin auseinanderzusetzen begann. Eine Vision, die sich mit der Trauer um die gefallenen Söhne und Brüder des ersten Weltkrieges, aber auch mit dem Enthusiasmus der ersten Weltkriegswochen deckte, eine Vision, die, mit realer Erinnerung besetzt, auch den Vaterlandsbegriff historisch real, also nationalstaatlich verstand. Ungewollt brachte die bürgerliche Jugendbewegung die Jünglingsidee in die Ideologie Nazi-Deutschlands ein, so daß schließlich der obskure »Philosoph« Alfred Rosenberg die deutschen Lesebücher für die gymnasiale Oberstufe, die kurz vor dem zweiten Weltkrieg vorgelegt wurden, absegnete, in denen Hölderlins Preisung des Todes fürs Vaterland und Fichtes *Reden an die Deutsche Nation* abgedruckt waren und den Schülern als frühe Visionen des nationalsozialistischen Deutschland gedeutet wurden. Den jungen Schülern blieb die berauschende Bildhaftigkeit der Hölderlinschen Verse im Ohr.

»Sich selbständig machender Sprachkörper«, schreibt Karl Krolow in seinem kurzen Essay aus Anlaß von Hölderlins 200. Geburtstag und trifft damit das eigentümlich Überpersönliche der Hölderlinschen Sprache, das bewußt Rituale, das dem jungen Menschen nahe ist, der, voller Ungenügen an dem engen, eigenen Erfahrungsbereich, aus dem Privaten, aus der Intimität herausdrängt.

»Modell für absolute Sprache, für sich selbst genügende, sich automatisierende Sprache, die Gegenständlichkeit benutzt, um die Variationsbreite, die Konfigurationshöhe der sprachlichen Idee erkennbar zu machen«, notierte Krolow, notiert auch »das Verschwinden (Hölderlins) hinter der

Sprache« und zitiert dazu Theodor W. Adorno, der 1963 über Hölderlins Dichtung von der »Fremdheit als Gehalt, von der Sprachform ausgedrückt« gesprochen hat. Krolow kommt in seinem Nachdenken an Hölderlins Sprache entlang zur Feststellung der »brüchigen Zuständlichkeit, die nachgebende Autorschaft gegenüber einer nachgebenden Sprachform zu bewirken vermag«, die zum »Phänomen einer Schutzlosigkeit, einer Hilflosigkeit« wird, »die so – vor Hölderlin – in der deutschen Literatur nicht in Erscheinung getreten ist« *(Die Welt,* 20. 3. 1970), einer Feststellung, deren Fazit man möglicherweise widersprechen kann, die Krolow aber Hölderlin an die Moderne heranholen und damit ohne inhaltliche oder Begriffsinterpretation die außergewöhnliche Empfindlichkeit und Empfänglichkeit Hölderlins benennen läßt, die – davon spricht Krolow noch nicht – ausgerechnet *ihn* zum poetischen Zeugen der Französischen Revolution hat werden lassen, eine Begeisterung, an der er verglüht ist. Seltsam, auch wenn Krolow Martin Heidegger nicht nennt, auch wenn Adorno sich nicht auf ihn bezieht, bleibt die Erfahrung von der Abstraktion, die Hölderlins Sprache leistet und die Heidegger stilisiert hat, stehen, die Bertaux aber Beispiel für Beispiel widerlegen kann.

Verweilen wir einen Augenblick noch bei der Generation Krolows (Jahrgang 1915) und der der jüngeren (etwa bis 1930 geborenen) deutschen Autoren, die, mit dem vaterländischen Pathos in Nazi-Deutschland aufgewachsen, Hölderlin so verengt gedeutet kennengelernt haben und später mit der Aversion, die ihnen davon geblieben ist, nicht recht fertig werden konnten, Hölderlins Werke beiseite gelegt haben – obgleich ihnen aus den Jahren, in denen der Tod täglich war (im zweiten Weltkrieg), Hölderlins Verse in ihrer Nicht-Intimität unvergeßlich geblieben sind. Nehmen wir ihre Scheu vor dem Pathos wahr, bedenken wir, daß ihre Information über die Französische Revolution und das 19. Jahrhundert deutschen Schulbüchern entstammte, die revolutionäre Bewegung seit 1789 in Deutschland ihnen unterschlagen worden war – zugunsten der auf den deutschen Nationalstaat zudrängenden Entwicklung, so wird die Distanz zu Hölderlin nach dem zweiten Weltkrieg erklärlich. Niemand wußte ja schon, daß Hölderlin ein Jakobiner gewesen war. Vielleicht hätte es niemand schon akzeptiert. Denn Georg Lukács' *Skizze einer Geschichte der neueren deutschen Literatur. Fortschritt und Reaktion,* die 1945 in Berlin erschien, blieb wenig beachtet. Dort hatte er Hölderlin »einen verspäteten Jacobiner« und seinen *Hyperion* den Entwurf eines »Citoyen-Romans« genannt, also schon auf ein notwendiges Umdenken hingewiesen.

Was blieb meiner, der Kriegsgeneration, von Hölderlin, als das Deutsche Reich zusammengebrochen war? Erlauben Sie ein paar persönliche Anmerkungen. Mich hatte Hölderlins Vaterlandspathos, wie es uns interpretiert wurde, zwar geschockt und meine Auseinandersetzung mit seinem Werk belastet. Aber in den letzten Wochen vor dem Zusammenbruch war es mir gegenwärtiger als je zuvor in meinem damals 21jährigen Leben, so als stünde Hölderlin für mehr ein als für das Vaterland, wie wir es zu feiern gelernt hatten, als hätte er den Traum benannt, den wir der Zeit zum Trotz in uns trugen, den Traum von der Freiheit, von der Schönheit, von der Gleichheit, von der Brüderlichkeit, den Traum, der unter der Zeit lebendig geblieben war und dessen Pathos der Trauer entsprach, die diese letzten Monate des Krieges bestimmte. »Könnt ich die Knechtschaft nur erdulden, ich neidete nimmer / Diesen Wald und schmiegte mich gern ans gesellige Leben« *(Die Eichbäume).* Solche Bilder hatten damals Trostkraft. Der Hölderlin des Bildungsbürgertums, der Hölderlin der Jugendbewegung, wie er uns nahe gebracht worden war, hatte in der »absoluten, sich selbst genügenden Sprache« (wie es Krolow formuliert) dem Mißbrauch widerstanden. Die Trauer blieb an die Sprache gebunden, mündete in die Erwartung ein, in die Euphorie des Anfangs, wie sie die Kriegsgeneration nach 1945 erleben durfte.

Als Hölderlin achtzehnjährig ins Tübinger Stift kam, war er gründlich vorgebildet und für die geistliche Laufbahn vorbereitet, hatte seit seinem sechsten Jahr die Schule in Nürtingen besucht, wo der Stiefvater Bürgermeister gewesen war (aber schon drei Jahre nach Hölderlins Schulbeginn starb), hatte Klavier- und Flötenunterricht gehabt, die Klosterschulen Denkendorf und Maulbronn besucht, hatte dazu eine Braut und vom 14. Lebensjahr an schon eine stattliche Anzahl von Gedichten geschrieben – ein vielversprechender junger Mann; was besagten schon seine Zweifel an der Eignung fürs geistliche Amt, die doch die meisten für das Theologiestudium und das Pfarramt bestimmten jungen Leute einmal durchzustehen haben. Er hatte die Freundschaft besungen, die Liebe, die Demut und die Trauer, die Unsterblichkeit der Seele, schwärmerisch, erstaunlich offen für die Sprache Schillers und Klopstocks, sicher in der Strukturierung der Strophen. Als Tübinger Stipendiat lernte er ein halbes Jahr nach seinem Eintritt, Ostern 1789, Stäudlin und Schubart kennen. Schubart war 1787 nach zehnjähriger Kerkerhaft auf dem Hohenasperg entlassen worden und überlebte den Kerker nur wenige Jahre. Was mag der Student und Dichter im Gespräch mit ihm erfahren haben? Was dachten, was erhofften sich die jungen Dichter, die sich um Gotthold Friedrich Stäudlin, den »Anführer der poetischen Zunft in Schwaben«, sammelten? Als im Sommer die Bastille gestürmt wurde, richteten sich die Blicke auf Paris. Die verschärfte Überwachung des Stifts, die Herzog Karl Eugen im November anordnete, läßt auf die Stimmung der Studenten schließen. Im Jahr 1790 festigte sich die Freundschaft zwischen Hölderlin, Hegel und Schelling. Hölderlin schrieb eine Magisterarbeit über die Geschichte der schönen Künste unter den Griechen. 1791 reiste er mit zwei Freunden zur Stätte des Rütlischwures. Im Herbst veröffentlichte er zum ersten Mal fünf Gedichte in *Stäudlins Musenalmanach für das Jahr 1792*.

»Dann am süßen heißerrungnen Ziele, / Wenn der Ernte großer Tag beginnt, / Wenn verödet die Tyrannenstühle, / Die Tyrannenknechte Moder sind«, heißt es in der *Hymne an die Freiheit* (1792). Es ist das Jahr des Fluchtversuchs König Ludwig des XVI. In der *Hymne an die Göttin der Harmonie* feiert Hölderlin, wie Schiller in der *Ode an die Freude,* den Geist der Brüderlichkeit in der Sprache der Freimaurer, der Sprache der Jakobiner, die die französische Grenze übersprungen hatte.

Als im selben Jahr, nach dem Tod Schubarts, dessen *Vaterlandschronik* von Stäudlin weitergeführt wird und der zu »Dichterwerken«, die den »Geist der Zeiten spiegeln«, aufruft, ist das ein Programm für die »schwäbische Dichterzunft«. Die Hymnen, die Hölderlin veröffentlicht, als der Krieg zwischen Frankreich und der österreichisch-preußischen Koalition ausgebrochen ist, entschlüsseln sich als Gesänge der Revolution *(An die Menschheit, An die Schönheit, An den Genius der Jugend, An die Freundschaft, Kanton Schweiz, An die Freiheit, An die Liebe).*

»Wir reichen uns die Bruderrechte gerne, / Mit Heereskraft der Geister Bahn zu gehn; / Schon höhnen wir des Stolzes Ungebärde, / Die Scheidewand, von Flittern aufgebaut« – »Schon fühlen an der Freiheit Fahnen / Sich Jünglinge wie Götter, gut und groß, / Und ha! die stolzen Wüstlinge zu mahnen, / Bricht jede Kraft von Bann und Kette los –«, heißt es in der *Hymne an die Menschheit.* Kein Zweifel, daß Hölderlins Herz bei den Revolutionsheeren ist. Es ist auch nicht zufällig, daß er in diesem Jahr am *Hyperion* zu schreiben beginnt *(Ur-Hyperion),* den er in einem Brief an Neuf einen »freiheitsliebenden Helden und ächten Griechen« nennt. Der Freiheitskampf der Griechen gegen die Türken (im Geburtsjahr Hölderlins) steht stellvertretend für die gleichzeitige kriegerische Auseinandersetzung zwischen Frankreich und der Koalition. Die Arbeit am *Hyperion* wird Hölderlin bis nach Frankfurt begleiten, wird in der Neufassung die Liebe zu Susette Gontard, der Diotima des Romanfragments, widerspiegeln, ein Roman, fast unmittelbar an Hölderlins Leben dieser Jahre entlanggeschrieben. Das Thalia-Fragment (so genannt nach dem Abdruck in Schillers *Thalia*), die Nürtinger metrische Fassung, gehen der 1797 und 98 veröffentlichten Fassung voraus. »Ich wollte nun aus Deutschland wieder fort. Ich suchte unter diesem Volke nichts mehr«, beginnt der letzte Brief Hyperions an Bellarmin. Brief um Brief lassen sich die Erfahrungen dieser Jahre deuten. Fast ist es ein Erkennungssignal, wenn Alabanda, auf Hyperion weisend, ruft: »Das ist auch einer, die es gern besser haben möchten in der Welt« und Hyperion antwortet: »Es ist kein Scherz, die Welt zu bessern.«

Was ereignete sich, was betraf Hölderlin in diesen Jahren?

Am 13. Juli 1793 war Marat ermordet worden. Für Hegel und Hölderlin ging die Studienzeit im Tübinger Stift zu Ende. Sie trennten sich mit der Losung »Reich Gottes«. In Paris war am 10. Oktober das »Patriotische Fest« gefeiert, waren am 31. Oktober die Girondisten hingerichtet worden und wurden am 10. November die Freiheit und die Vernunft in Notre-Dame gefeiert. Stäudlin hatte Hölderlin Schiller vorgestellt, als der in Ludwigsburg zu Besuch war. Schiller vermittelt ihm die Haushofmeisterstelle im Hause von Kalb in Waltershausen bei Jena. Hier nahm Hölderlin an Fichtes Vorlesungen teil und lernte die Berühmtheiten des Ortes kennen. Hier erlebte er voller erschrockener Teilnahme den Ausbruch und das Ende des Terrors in Paris. Hier freundete er sich mit Isaak von Sinclair an und arbeitete an *Hyperions Jugend.* Seine hochgespannte Erwartung und die Resignation gehen in den Text ein, auch die Unrast, die ihn schließlich aus Jena forttrieb. Die Stimmung jener Jahre ist uns recht wenig fremd. Sie ist nach jedem Revolutionsversuch, nach jeder Revolution seither ähnlich umgekippt in die Erschöpfung. Doch ist festzuhalten, daß in Paris zum Ausklang der großen Euphorie die Zeichen gesetzt wurden, die neuen Riten, die Feste, die Hölderlin faszinierten, die er genau beobachtete.

Daß er in der Liebe zu Susette Gontard zur Selbststeigerung fand, daß er für eine kurze Weile zur Ruhe kam, weil er verstanden, weil er geliebt wurde, ehe das Pendel seiner Lebenszeit überschlug, ist von einer erschütternden Logik der Entwicklung. Unterhalb oder jenseits dieser Ruhe war er hineingezogen in die revolutionäre Bewegung in Deutschland.

1796 ertränkte sich der Freund und Förderer, der Advokat Gotthold Friedrich Stäudlin, im Rhein. Vorausgegangen war eine Kampagne der Zensurbehörde gegen Stäudlin als den Herausgeber der Schubart'schen *Vaterlandschronik,* in der er Adolf Freiherr von Knigge zitiert hatte: »Können die usurpierten Rechte des Adels, welche gegen die Ordnung der Natur sind, durch Verjährung geheiligt werden?« Der Zensor, Professor Schmidlin, der die Textstelle genehmigt hatte, wurde seines Amtes enthoben.

Stäudlin wurde unter Druck gesetzt, entweder Abbitte für die Veröffentlichung des Textes zu leisten oder in den Kerker zu gehen. Stäudlin wollte vor Gericht gehen. Die Herzogliche Kommission drohte ihm, daß er dann (als Advokat) an keine amtliche Versorgung mehr würde denken können und also seinen Vater und die Geschwister, aber auch die Witwe Schubarts des Unterhalts berauben würde, der durch den Ertrag aus der Chronik gesichert war. Nach langem Zögern und unter dem Druck, der auf seine Familie ausgeübt wurde, ging Stäudlin aus Württemberg fort und nach Baden. Er versuchte dort vergeblich, sich als Schriftsteller zu behaupten. Vier Jahre nach der Affäre suchte er den Tod. Hölderlin hatte noch als Student im Tübinger Stift die Absicht gehabt, zusammen mit Stäudlin ein literarisches Journal herauszugeben, das nach dem erzwungenen Eingehen der *Vaterlandschronik* deren Ziele weiterverfolgen sollte. In einem Brief an den Halbbruder vom Sommer 1793, von dem acht Zeilen erhalten sind, heißt es: »Cotta schrieb aus Frankreich, wie ich von Stuttgart aus erfuhr, den 14. Julius, den Tag ihres Bundesfestes werden die Franzosen an allen Enden und Orten mit hohen Taten feiern. Ich bin begierig. Es hängt an einer Haarspitze, ob Frankreich zugrunde gehen soll oder ein großer Staat werden? Wirklich hab ich 9 Bogen meiner Produkte für unser künftiges Journal vor mir liegen. Kommt es zustande, so werden mir die neun Louisd'or wohl tun.« Der Brief bestätigt nicht nur Hölderlins literarisches Engagement (so würden wir heute sagen), er bestätigt auch seine Informiertheit über die französische Szene. »Es hängt an einer Haarspitze, ob Frankreich zugrunde gehen soll oder ein großer Staat werden.« Am 13. Juli wurde Marat ermordet, im Oktober wurden die Girondisten hingerichtet, die die Idee vom Vaterland der Revolution und dem Kampf gegen jederlei Despotie in die Französische Nationalversammlung eingebracht hatten. Sie hatte zu jener Hochstimmung geführt, der sich auch die Jakobiner nicht entziehen konnten, so daß Robespierre den Gedanken an ein stehendes Heer zugunsten der Erziehung der Bürger zur Verteidigung der Freiheit verwarf.

Der Vaterlandsgedanke der Girondisten hatte in Tübingen gezündet. Frankreich wurde ganz selbstverständlich als Vaterland der Revolution verstanden.

In Hölderlins *Hymne an die Freiheit* aus dem Jahr 1792 heißt es: »Schon beginnt die neue Schöpfungsstunde, / Schon entkeimt die segensschwang're Saat: / Majestätisch, wie die Wandelsterne, / Neuerwacht am off'nen Ozean, / Strahlst du uns in königlicher Ferne, / Freies kommendes Jahrhundert! an. / Staunend kennt der große Stamm dich wieder, / Millionen knüpft der Liebe Band; / Glühend stehn, und stolz, die neuen Brüder, / Stehn und dulden für das Vaterland –«. Die Hymne klingt in der Erwartung auf die revolutionäre Leidenschaft der Deutschen aus.

In der *Hymne an die Menschheit* aus dem gleichen Jahr wird der neue Mensch entworfen: »Er hat sein Element gefunden, / Das Götterglück, sich eig'ner Kraft zu freun; / Den Räubern ist das Vaterland entwunden, / Ist ewig nun, wie seine Seele, sein! / Kein eitel Ziel entstellt die Göttertriebe, / Ihm winkt umsonst der Wollust Zauberhand; / Sein höchster Stolz und seine wärmste Liebe, / Sein Tod, sein Himmel ist das Vaterland.«

1797/98 ist die euphorische Phase der Revolution, aber auch ihre Terrorphase längst vorüber. Seit dem Oktober 1795 regiert das Direktorium. Die Republik stabilisiert sich. 1796 dringen zwei Armeen der französischen Republik bis nach Stuttgart und Frankfurt vor. 1797 schließen Frankreich und Österreich den Frieden zu Campo Formio. Der erste Band des *Hyperion* erscheint, spiegelt die Erfahrung nach der Euphorie der großen Gemeinsamkeit. Der zweite Band, der im Oktober 1799 erscheint, nachdem sich Hölderlin nach heftiger Auseinandersetzung vom Hause Gontard getrennt hat und nahe bei Isaak von Sinclair in Homburg wohnt, noch immer in heimlicher Verbindung mit Susette Gontard, nimmt die große Liebe zu Diotima/Susette auf, die Selbstfindung im Gegenüber, nimmt aber auch die Erfahrung auf, die er beim Rastatter Kongreß gemacht hat, den er mit Sinclair zusammen besucht. Der Rastatter Kongreß war ein Versuch der deutschen, vornehmlich der württembergischen Jakobiner, eine Verfassung für Deutschland, das in Feudalstaaten zersplittert war, vorzubereiten und mit einer Schwäbischen Republik den Anfang zur Überwindung des Feudalismus zu machen. Ende November 1798 schreibt Hölderlin aus Rastatt an seinen Halbbruder: »Man findet hier mancherlei Menschen beisammen. Nur ist es schade, daß die diplomatische Klugheit die Gesichter und Gemüter alle in Banden hält und wenig offene gesellschaftliche Äußerung zustande kommt. Übrigens stechen, trotz der gemeinschaftlichen Vorsicht, der Franzose und der Österreicher und Schwabe und Hannoveraner und Sachse etc. noch genug ab.« Natürlich wurde dieser Kongreß scharf beobachtet, sowohl von den deutschen Revolutionären und Geheimbündlern als auch von den Regierungen und ihren Spitzeln. Das Ende der Bemühungen des Kongresses ist bekannt. Das Direktorium in Paris konnte keine Konflikte mit den deutschen Potentaten brauchen. Die Fortsetzung des Krieges stand bevor. Am 12. März 1799 war die Kriegserklärung Frankreichs an Österreich erfolgt. Am 25. März wurde die französische Armee geschlagen und zog sich hinter den Rhein zurück. Aber schon am 16. März hatte General Jourdan das Dekret des Direktoriums erhalten und bekanntgegeben, daß es keine Schwäbische Republik geben werde. Ein deutscher Traum, politisch gründlich vorbereitet, war der Politik zwischen den Mächten zum Opfer gefallen. Auch die Republik in Frankreich unterstand den Gesetzen der Macht.

»Ich wollte nun aus Deutschland wieder fort.« Die Resignation Hölderlins wird zur Resignation Hyperions. Und doch bleiben! Weiterarbeiten! »Wie der Zwist der Liebenden sind die Dissonancen der Welt.«

Hölderlin schreibt schon am *Empedokles,* der als Plan Ende 1797 zum ersten Mal aufgetaucht ist. Er ist nun auf dem Wege zum Dichterruhm, veröffentlicht in Schillers *Musenalmanach,* in *Neuffers Taschenbuch,* im *Britischen Damenkalender und Taschenbuch für das Jahr 1800,* immer noch in engem Kontakt mit den deutschen Republikanern.

Ein Vierteljahr lang ist Casimir Ulrich Böhlendorff nach dem Scheitern in Rastatt in Homburg. Hölderlin plant die Zeitschrift *Iduna,* die nicht zustande kommt, er sucht ja nach einem Lebensunterhalt. Im Sommer 1800 kehrt er nach Nürtingen zur Mutter zurück, gibt dann im Herbst Privatstunden in Stuttgart. Lebensalltag.

In Frankreich hat Bonaparte die Macht durch den Staatsstreich vom 9. November (18. Brumaire) 1799 an sich gerissen, wird Erster Konsul. Karl Reinhard, Jakobiner und Freund aus Hölderlins frühen Jahren (es besteht eine entfernte Verwandtschaft), ist 1799 Außenminister der Französischen Republik, wird im Jahr 1800 Gesandter der Französischen Republik in der 1798 proklamierten Helvetischen Republik. (Er hatte sich bei Ausbruch der Französischen Revolution in Bordeaux für die Revolution erklärt, war in Frankreich geblieben und Erster Sekretär der französischen Gesandtschaft in London gewesen, eine Schlüsselfigur für die republikanisch gesinnten Deutschen.)

Durch Reinhards Vermittlung erhielt Hölderlin 1801 die Hofmeisterstelle bei Gonzenbach in Hauptwil in der Schweiz. Hier entstand der erste Entwurf der *Friedensfeier,* hier wurden die Gedichte *An Eduard, Der Rhein* und *Ger-*

manien niedergeschrieben und *Patmos* entworfen.

Zur Ostermesse 1802 plante Cotta eine Ausgabe der Gedichte Hölderlins. Der Dichter machte also seinen Weg. Wie aber sah es mit dem Lebensalltag aus? Er ersuchte Schiller und Niethammer um die Vermittlung einer Dozentur für griechische Literatur in Jena, erhielt aber keine Antwort. Wurde er etwa den Republikanischen zugerechnet und war nicht mehr »tragbar«, wie es im heutigen Verwaltungsdeutsch heißen müßte? Unterlagen gibt es keine, wohl aber Daten: die Beendigung der Schweizer Hofmeisterzeit nach einem Vierteljahr, schon im April, und im Dezember der Aufbruch nach Frankreich – zu Fuß, um im Januar 1802 in Bordeaux die Hofmeisterstelle im Hause des Konsuls Meyer anzutreten, von wo er im Mai wieder aufbricht und über Paris und Kehl in die Heimat zurückkehrt und, völlig erschöpft, die Nachricht vom Tode Susette Gontards erhält (durch Sinclair). Wieder ist es Sinclair, der sich Hölderlins annimmt, ihn einlädt, ihn nach Regensburg zu begleiten, wo Sinclair als Gesandter Homburgs bei der Reichsdeputation die Vergrößerung Homburgs durchsetzen will. Hölderlin vollendet die *Friedensfeier,* die wie Beethovens erste Widmung der *Eroica* von der Bewunderung für Napoleon zeugt, der mit Waffen die französische Republik stabilisiert hat. Das Jahr 1803 verbringt Hölderlin in Schwaben, ohne Anstellung. Er besucht Schelling in Murrhardt, erfährt vom Tode Klopstocks, vom Tode Wilhelm Heinses, mit dem er auf der Flucht vor den französischen Truppen 1796 (zusammen mit Susette Gontard und ihren Kindern) die vielleicht schönste, die intimste Zeit seines Lebens verbracht hat. 1804 holt Sinclair den Freund von Nürtingen nach Homburg, wo er zum Bibliothekar des Landgrafen von Hessen-Homburg ernannt wird. Für Hölderlins Gehalt kommt Sinclair persönlich auf. Hölderlins Übersetzungen des Sophokles erscheinen.

In Frankreich läßt sich Napoleon Bonaparte zum Kaiser der Franzosen krönen. Im Februar 1805 wird Sinclair von Abgesandten des Kurfürsten von Württemberg wegen Konspiration zum Umsturz und zur Ermordung des Kurfürsten von Württemberg verhaftet. Die denunzierten Gespräche sollen im Juni 1804 in Stuttgart in Hölderlins Beisein geführt worden sein. Im Juli 1805 wird Sinclair aus der Haft auf dem Hohenasperg entlassen. Denken wir uns die Gespräche der Freunde! Erinnern wir uns an Fichtes Äußerung, als er 1799 von der Ermordung des französischen Gesandten in Rastatt erfahren hatte (Brief an Jung), »daß von nun an nur die französische Republik das Vaterland des rechtschaffenen Mannes sein kann«, und wenig später im Brief an Reinhard: »Es ist mir gewisser als das Gewisseste, daß, wenn nicht die Franzosen die ungeheure Übermacht erringen und in Deutschland, wenigstens in einem beträchtlichen Teil desselben, eine Veränderung durchsetzen, in einigen Jahren in Deutschland kein Mensch mehr, der dafür bekannt ist, in seinem Leben einen freien Gedanken gedacht zu haben, eine Ruhestätte finden wird.« Fichtes Reden um die Verfassung, die Verfassungsversprechen der Könige, die Befreiungskriege erscheinen angesichts solcher Äußerungen in einem neuen Licht. Der Vaterlandsgedanke der Girondisten und Jakobiner wird in Deutschland nach der Kaiserkrönung Napoleons weitergetragen. Die Hausmachtpolitik Napoleons, die die Republik in Frankreich zur Farce werden läßt, bricht sich am Widerstand, den die Idee vom Vaterland in Deutschland trägt.

Aber Hölderlin ist müde. Er lebt in Homburg nach der Rückkehr Sinclairs aus der Haft nun schon abgelöst von der politischen Hochspannung, zwar immer noch durch den Landgrafen gedeckt, der, ein Mitglied des Illuminatenordens, ein radikaler Freimaurer gewesen war und Radikale und Freimaurer geschützt hat.

Doch als Hessen-Homburg durch die Rheinbundakte an Hessen-Darmstadt übergeht und Sinclair kein Gehalt mehr bekommt, muß er Hölderlins Mutter bitten, den Sohn zu sich zu nehmen. Wir wissen nicht, wie fortgeschritten Hölderlins Erschöpfung schon ist, ob es die Angst vor der Verhaftung ist, die ihn sich dem Abtransport aus Homburg so krampfhaft widersetzen läßt. Wir wissen nicht, warum er statt nach Nürtingen in die Authenriedsche Klinik in Tübingen gebracht wird. September 1806. Im Oktober siegt Napoleon bei Saalfeld und marschiert auf Berlin zu. Die preußische Königsfamilie flieht nach Ostpreußen. Von dort aus werden die preußischen Reformen vorbereitet. Der jakobinische Vaterlandsbegriff verändert sich, lädt sich mit dem Begriff Nation auf, der für das in Feudalstaaten zerrissene Deutschland eine andere Realität hat als in Frankreich, das seit der Herrschaft Ludwigs XIV. als Nationalstaat stabilisiert ist.

Im Jahre 1806 veröffentlicht Seckendorf, auch ein Freund der frühen Jahre, im *Musenalmanach für das Jahr 1807* die Verse 1–18 von *Brot und Wein* unter dem Titel *Die Nacht* und das Gedicht *Stuttgart* unter dem Titel *Die Herbstfeier,* dazu (im Titel unverändert) *Die Wanderung.* Hölderlin protestiert gegen unbefugte Eingriffe in eigene Rechte. Noch einmal wird er 1826 der Herausgabe seiner Gedichte, redigiert von Uhland und Schwab, widersprechen: »Er brauche diese Hilfe nicht. Er könne selbst redigieren, was er gedichtet.« Ein Ausgebrannter, Entmündigter, lebt er von 1807 bis zu seinem Tod 1843 im Hause des Schreinermeisters Zimmer über dem Neckar in Tübingen.

Kein Vergessener, »treu bis zuletzt«, wie es in der Ode an Eduard (Sinclair) geheißen hat.

1822 erscheint die zweite Auflage des *Hyperion.* 1821 hatte ein Leutnant Diest in Berlin, der die erste Sammlung der Gedichte Hölderlins ins Werk setzen wollte, von der Prinzessin Auguste, Tochter des Landgrafen von Hessen-Homburg, die Abschriften von sechs Gedichten, darunter die Ode *An Eduard* erhalten, mit der Bitte, die Ode nicht mitabzudrucken, in der sich Hölderlin Sinclair auf Tod und Leben verschworen hatte. Sie mußte in jenen Jahren nach den Karlsbader Beschlüssen fürchten, daß Hölderlin an dem Gedicht demagogische Gesinnung nachgewiesen werden könnte, und wollte ihn vor den möglichen Folgen bewahren, war sie doch einstmals Zeugin der brutalen Verhaftung Sinclairs in Homburg gewesen.

War Hölderlin beim zweiten Homburger Aufenthalt, also ab Frühjahr 1804, schon krank? Bereits Norbert von Hellingrath hat hier seine Zweifel angemeldet. Noch auf der Reise nach Regensburg, also nach der Rückkehr aus Frankreich und nach Susette Gontards Tod, hatte Sinclair in einem Brief an Hölderlins Mutter von seiner »Geistes- und Seelenkraft« geschrieben und 1804 die Vermutung ausgesprochen, daß Hölderlin sich hinter seinem Benehmen verstecke. Der Landgraf von Hessen-Homburg spielte das Spiel mit, als Hölderlin in die Untersuchung des Falles Sinclair mit hineingezogen werden sollte. Hölderlin hatte Angst vor der Haft auf dem Hohenasperg, Angst vor den Ketten, mit denen Sinclair gefesselt worden war. Das mag dem Übersensiblen vorwerfen wer will. Der Ausbruch des

Wahnsinns beim gewaltsamen Transport nach Tübingen macht die Überreiztheit deutlich.

Die späteren Gedichte aus der Zeit im Tübinger Turm verraten denn auch weniger die Verstörung als den Verlust der Sinngebung des eigenen Lebens, der Individuation. Sie bezeugen eine Heiterkeit, die vormals hineingenommen war in die leidenschaftliche Aktion, einen Zustand schwermütiger Passivität, die empfindlich macht für sanfte, tröstliche Bilder, einen Zustand, den Hölderlin immer gekannt haben muß, anders wären einige Passagen des Hyperion vor der Begegnung mit Alabanda nicht denkbar, aus denen er sich aber immer hochgerissen hat in die nüchterne, klare Wahrnehmung der Gegenwart. In den langen Jahrzehnten ist nur die Schwermut geblieben, und doch muß ihn, als er mit Scardanelli zu unterzeichnen begonnen hat, der Spaß gepackt haben (und das Grauen), aus der Zeit gerissen zu sein.

Der Vaterlandsbegriff in der jakobinischen Deutung wird zum ersten Mal in den schon zitierten Hymnen *An die Freiheit* und *An die Menschheit* in Stäudlins *Musenalmanach für das Jahr 1792,* erschienen im September 1791, aufgenommen. Der Dreiklang der Revolutionsparole motiviert die Hymnen: Bruderrechte, Jünglinge an den Fahnen der Freiheit wie Götter, das irdische Elysium. »Schon geht verherrlichter aus unseren Grüften / Die Glorie der Endlichkeit hervor; / Auf Gräbern hier Elysium zu stiften, / Ringt neue Kraft zu Göttlichem empor.« Was sich zwei und drei Jahre später in den großen Festen der Revolution, im »Patriotischen Fest«, in der »Feier der Freiheit und der Vernunft« in Notre Dame, in der »Feier des Höchsten Wesens und der Natur« und im Bericht Robespierres vor dem Konvent über die religiösen Ideen (zwei Monate vor seiner Hinrichtung) in Frankreich darstellen wird, ist hier angesprochen.

Schon die Änderung des Kalenders drückte ja das neue Wertgefühl aus: das tiefwurzelnde Verlangen der Menschheit, sich selbst zu verwirklichen, sich aus der metaphysischen Verklammerung zu emanzipieren. »Sein Tod, sein Himmel ist das Vaterland«, wird Hölderlin später schreiben. Der Kult des Vaterlandes (im Patriotischen Fest) stützte sich auf freimaurerische Symbole: den Altar des

Vaterlandes, den Baum der Freiheit, die Trikolore, den Tisch der Verfassung, die Säule der Menschenrechte, die geschleifte Bastille, die Mütze der Freiheit, das Rutenbündel der Einheit, die Waage der Gerechtigkeit, die zum Händedruck vereinten Hände: Symbole, die über die Grenzen Frankreichs hinaus von der Jugend aufgenommen wurden. Die rote Jakobinermütze zu tragen, war unter den jungen Deutschen Ausdruck für ihr Aufbegehren – wir wissen aus Bettinas Briefen, daß Clemens Brentano sie auf der Rheinreise mit Achim von Arnim trug, eine Reise, ohne die es die Sammlung *Des Knaben Wunderhorn* wohl nicht gäbe. Die jungen Tübinger Stiftler verschlangen, was über die neuen Ideen in den Zeitungen stand, und nahmen das jakobinische Pathos an. Pierre Bertaux hat anhand des Sprachgebrauchs der Zeit nachgewiesen, daß der Begriff *Patriot* der Gegenbegriff zu *Aristokrat* war, daß Ludwig XVI. wegen Hochverrats an der »patrie« enthauptet worden ist und daß im Tübinger Stift mit dem Vaterlandsbegriff ständig umgegangen wurde. Von der Stiftsleitung wurden die Mömpelgarder als Träger der Revolutionsidee besonders beobachtet. (Die Grafschaft Montbéliard gehörte bis zum Frieden von Lunéville zu Württemberg.) Es sind in den Annalen des Stifts Strafen und Verwarnungen verzeichnet, die auch Hölderlin betrafen. Später entstand im Stift ein Geheimbund, für den zwei Studenten, der eine ist Friedrich Schelling, die Marseillaise übersetzten.

Wie anders deutet sich Hölderlins berühmtes Gedicht *Der Tod fürs Vaterland,* 1799 in Neuffers *Taschenbuch für Frauenzimmer von Bildung* erschienen (gleichzeitig mit dem 2. Band des *Hyperion*), wenn man die Erlebnisse der Tübinger Jahre kennt und den *Hyperion* als unmittelbar Hölderlins Zeiterfahrungen spiegelnden Roman gelesen hat – die Trauer, in der es ausmündet (nach Hölderlins Rastatter Begegnung, nach General Jourdans Bekanntgabe, daß es in den besetzten Gebieten keine Unruhen geben dürfe):

»Du kömmst, o Schlacht! schon wogen die Jünglinge / Hinab von ihren Hügeln, hinab ins Tal, / Wo keck herauf die Würger dringen, / Sicher der Kunst und des Arms, doch sichrer //Kömmt über sie die Seele der Jünglinge, / Denn die Gerechten schlagen, wie Zauberer, / Und ihre Vaterlandsgesänge / Lähmen die Kniee der Ehrelosen. // O nimmt, nimmt mich mit in die Reihen auf, / Damit ich einst nicht sterbe gemeinen Tods! / Umsonst zu sterben, lieb' ich nicht, doch / Lieb' ich, zu fallen am Opferhügel // Fürs Vaterland, zu bluten des Herzens Blut / Fürs Vaterland – und bald ist's geschehen! Zu euch, / Ihr Teuren! komm' ich, die mich leben / Lehrten und sterben, zu euch hinunter! // Wie oft im Lichte dürstet' ich euch zu sehn, / Ihr Helden und ihr Dichter aus alter Zeit! / Nun grüßt ihr freundlich den geringen / Fremdling, und brüderlich ist's hier unten; // Und Siegesboten kommen herab: Die Schlacht / Ist unser! Lebe droben, o Vaterland, / Und zähle nicht die Toten! Dir ist, / Liebes! nicht Einer zu viel gefallen.«

Die Leidenschaft dessen, der tatenlos zusehen muß, wie andere handeln, kämpfen, sich opfern, um das Vaterland, la patrie, die Republik zu erkämpfen, ist ein zentrales Motiv bei Hölderlin: das Leiden an der Passivität, am Danebenstehen des Dichters. Wir kennen es aus dem Zyklus *Emilie vor ihrem Brauttag*, wir finden es in der nervösen Spannung zwischen Hyperion und Alabanda und wir werden ihm im *Empedokles* begegnen, aber auch fast bis zur Personalisierung vorgetrieben im Gedicht *An Eduard*.

»O nimmt mich, nimmt mich in die Reihen auf, / Damit ich einst nicht sterbe gemeinen Tods!« Das ist keine Rhetorik, das ist die drängende Leidenschaft eines sehr jungen Menschen, der nach dem Wir, nach der Gemeinsamkeit in einer großen Aufgabe verlangt – und der sich unter die Toten, die Lehrer und Meister seiner Jugend, die er nur aus der Überlieferung kennt, gesellt, um nicht so fremd, nicht so verlassen zu sein, wenn das Vaterland nach dem Siege gedeihen wird, wenn die Republik geschaffen wird. Welch ein verführerisches Gedicht, wenn man den Vaterlandsbegriff ausschließlich nationalstaatlich deutet! Der leidenschaftliche Opferwille gehört zur Jugend, ist der kräftigste Ausdruck jugendlicher Todessehnsucht.

Die Hölderlin-Überlieferung hat das Gedicht über ein Jahrhundert hinweg aus dem historischen Kontext gelöst und hat damit eine der erregendsten Jünglingsphasen der deutschen Geschichte verschleiert: die Adaption der Ideen der Französischen Revolution, ohne die der deutsche Idealismus nicht denkbar ist. In Hölderlins Dichtung ist die Vision der Revolution erhalten geblieben, als die Revolution nach der Terrorphase längst in die politische Phase eingemündet war. Im *Empedokles* ringt Hölderlin mit der

Verstörung, mit dem Scheitern des großen Entwurfs der Revolution an der politischen Realität. »Empedokles scheint nach allem zum Dichter geboren«, sagt Hölderlin im *Grund zum Empedokles.* Von Fassung zu Fassung tritt Empedokles mehr aus der realen Zeit heraus, wird der Gedanke der Religionsstiftung deutlicher von der dramatischen Auseinandersetzung abgehoben:

»Es war der scheidende Gott meines Volks! / Den hört' ich, und zum schweigenden Gestirn / Sah ich hinauf, wo er herabgekommen. / Und ihn zu sühnen, ging ich hin. Noch wurden uns / Der schönen Tage viel. Noch schien es sich / Am Ende zu verjüngen; und es wich / Der goldnen Zeit, der allvertrauenden, / Des hellen kräftgen Morgens eingedenk, / Der Unmut mir, der furchtbare vom Volk, / Und freie feste Bande knüpften wir. / Doch oft, wenn mich des Volkes Dank bekränzte, / Wenn näher immer mir, und mir allein / Des Volkes Seele kam, befiel es mich. / Denn wo ein Land ersterben soll, da wählt / Der Geist noch Einen sich am Ende, durch den / Sein Schwanensang, das letzte Leben tönet. / Wohl ahndet ichs, doch dient' ich willig ihm. / Es ist geschehn. Den Sterblichen gehör ich / Nun nimmer an – – –«

Hier im *Empedokles auf dem Ätna* greifen zwei Erfahrungen ineinander. Die Zeitenwende wird spürbar, das Bangen, daß sie in nichts zusammenfällt, vergeblich war, und doch hinübergerettet werden muß in die Zukunft. Das Zeichen wird wichtig, der Gedanke der Religionsstiftung, mit dem sich auch Hegel auseinandergesetzt hat (in der theologischen Jugendschrift und in den Fragmenten aus den Frankfurter Jahren, in denen er die Griechen als freie Nation feiert, die sich durch keine Gottheit Gesetze geben ließen, und wo er, Hegel, vom höchsten Gedanken »Vaterland und Freiheit« spricht). (Der Gedanke der Religionsstiftung wird die Denker des 19. Jahrhunderts bis hin zu Nietzsche nicht loslassen!)

Zu Hölderlins Gedanken über die Religionsstiftung gehört auch seine Beschäftigung mit Kepler, dem eine frühe Ode galt und der ihn als Berühmtheit des Tübinger Stifts beinahe selbstverständlich zur geistigen Auseinandersetzung forderte. Bertaux macht auf die Keplerschen Tabellen in seinem *De admirabili proportione orbium coelestium,* erschienen in Tübingen 1596, aufmerksam und hier besonders auf die Tabelle der Bahnen des Saturn und des Jupiter, die, jeweils konzentrisch, durch eine exzentrische Bahn verbunden sind, ein Bild, das Hölderlin dem Bereich der Astronomie entlieh, um die Formel für die Revolution zu haben – als die im Weltplan einkalkulierte exzentrische Bahn.

So geraten ihm Religionsstiftung und Vaterland zueinander in Beziehung. Daß er das Ende der christlichen Ära bewußt erlebt hat, läßt sich aus seinem Brief an Neuffer nach dem Tod von Neuffers Rosi herauslesen, in dem er vom Abschied von dem alten Gott spricht, findet aber auch in den Gedichten nach 1800 in der Nennung Christi als eines der großen geistigen Revolutionäre, Zeichengeber seine Bestätigung. Der auf den Pfarrberuf vorbereitete junge Mann hat sich aus der Bindung an die Kirche (Hölderlin ist Protestant gewesen) gelöst. Er geht sogar so weit, die Verbrennung der Toten zu bejahen, damals in Europa ein sensationelles Novum.

Man muß begreifen, wie tief der Einbruch von 1789 in das nachmittelalterliche europäische Staatengefüge war, muß nachvollziehen, wie dieses 18. Jahrhundert mit seinen Aufklärern den Bruch mit der christlichen Tradition vorbereitet hat, um die zwiefache Euphorie zu verstehen. Das Bewußtsein, am Anfang einer neuen Weltzeit zu stehen, hat sich in keiner der Revolutionen nach 1789 so deutlich artikuliert, ja, wir können alle späteren Revolutionen als neue Anläufe zu dem großen, nicht erreichten Menschheitsumbruch von 1789 ansehen.

In der ersten Fassung lehnt Empedokles die Krone, die ihm die Agrigenter bieten, mit dem Satz ab: »Es ist die Zeit der Könige nicht mehr«, und er entwirft das Leben des freien Volkes. (Wir wissen, daß Fichte in Jena denunziert worden war, Ähnliches gesagt zu haben.) Kann also die Arbeit am *Empedokles* wie die am *Hyperion* in unmittelbaren Zusammenhang mit den Zeiterfahrungen und Hölderlins Nachdenken über sie gerückt werden? Kann der Abbruch der ersten Fassung im Zusammenhang mit jenem Dekret des Generals Jourdan gesehen werden, das die Hoffnung auf die Schwäbische Republik beendete und das Festspiel, das dieser *Empedokles I* hätte werden können, entwertete? Die zweite Fassung ist ja von der Resignation getragen, die in der dritten Fassung (im einsamen Gegenversuch, im Opfer ein Zeichen zu setzen) zum tragischen Dialog mit den Lebenden gerinnt.

Dieses Empedokles-Jahr 1799 muß als das Jahr gesehen werden, in dem Hölderlins und seiner Freunde übermütige Erwartung auf die Veränderung und Heilung der Welt, auf die Schaffung des irdischen Vaterlandes zusammenbricht. Die Politiker unter den Freunden bleiben an die Aktion gebunden, Karl Reinhard, Isaak Sinclair; dem Denker Hegel wird die wertende Distanzierung möglich; Hölderlin, Dichter, und, sozial gesehen, Außenseiter, kehrt zur Mutter nach Nürtingen zurück, hält sich zwischendurch auch in Stuttgart bei Landauer auf (ohne Karriere, ohne berufliche Laufbahn vor sich), bis ihm Ende 1800 Karl Reinhard, nun Gesandter der Französischen Republik, jene Hofmeisterstelle in der Schweiz vermittelt, die er im Januar 1801 antritt, um sie nach einem Vierteljahr wieder aufzugeben – ein Dichter, der nicht zum Dienen taugt.

Der Zyklus *Brot und Wein* ist Hölderlins Versuch einer neuen Ortsbestimmung. »Rings um ruhet die Stadt; still wird die erleuchtete Gasse«, ein Auftakt, der Idylle verspricht, Idylle ersehnt, die der Geschlagene, in seiner Schwermut Befangene vielleicht als Heimat erleben könnte; denn »selbst kein Weiser versteht, was sie bereitet . . .«. Aber noch ist die Erwartung nicht ganz stumpf, noch trägt das Wissen, »daß in der zaudernden Weile, / Daß im Finstern für uns einiges Haltbare sei«, noch ist die Freude im Herzen nicht umsonst verborgen. Noch scheint der Aufbruch in die Freiheit möglich. Wieder wird Griechenland als das Land der Freiheit beschworen. (Die Winckelmannsche Interpretation des klassischen Griechenland ist ja für diese Generation unumstritten.) »Aber Freund! wir kommen zu spät«, heißt es im 7. Gedicht des Zyklus, und die persönliche Verzweiflung bricht durch: »Besser zu schlafen, wie so ohne Genossen zu sein / So zu harren und was zu tun indes und zu sagen, / Weiß ich nicht und wozu Dichter in dürftiger Zeit?« Doch der Zyklus endet nicht in dieser Resignation. »Aber indessen kommt als Fackelschwinger des Höchsten / Sohn, der Syrier, unter die Schatten herab.« Ist hier Bonaparte gemeint? Hölderlin verharrt sicher nicht nur, um den Zensor zu hintergehen, in der sinnbildträchtigen Sprache. Wie seine Zeitgenossen ist er von der heilen Freiheit in der klassischen Antike überzeugt. Der heutige Stand der Deutung der *Friedensfeier* läßt aber auch schon für *Brot und Wein* den Hinweis auf Napoleon zu.

Gonzenbach kündigt Hölderlin, der für die Alltagsgeschäfte nicht mehr taugt. Zeile für Zeile vibrieren die Gedichte *An Eduard, Der Rhein, Germanien,* der Entwurf von *Patmos* und die *Friedensfeier* von seiner Erregung. Am 9. Februar wird der Frieden von Lunéville geschlossen. Die Revolution ist ein Stück Geschichte geworden, ohne nach Deutschland überzugreifen. Was erscheint vordringlicher: die Menschen zu ändern oder die sozialen Strukturen? Hölderlin sucht Antwort auf die Frage »Wozu Dichter in dürftiger Zeit?«, sucht das Gleichnis, das verdeutlicht, was vorgeht, was in ihm vorgegangen ist. Im *Empedokles* hatte er um die Mythisierung des Scheiterns an der geschichtlichen Realität gerungen, in der Ode *An Eduard* das Gleichnis vom Tyrannenmord beschworen, politische Möglichkeit, wie sie in seinem Umfeld durchaus bedacht wurde (wenn wir an die spätere Verhaftung Sinclairs, der des Plans beschuldigt, aber freigesprochen wurde, denken). Hölderlin, der Dichter, aber kann wieder nur Zeugnis geben: »Nicht vieles kann ich bieten, nur weniges / Kann ich verlieren«. Doch »Wenn ich so singend fiele, dann rächtest du / Mich, mein Achill! und sprächest: er lebte doch / Treu bis zuletzt!«

Anders als Schelling, dem die Freunde vorgeworfen hatten, daß er ihrer Losung – »Vernunft und Freiheit bleiben unsre Losung und unser Vereinigungspunkt die unsichtbare Kirche«, hatte Hegel im Januar 1795 an Schelling geschrieben – nicht treu geblieben sei, fiebert Hölderlin danach, sich zu bewähren, Freund und Opfer zu sein. Der Friede von Lunéville erscheint ihm als endgültiger Friede. Ihm als deutschem Dichter bleibt nun, den Gedanken an die Freiheit und die Vernunft lebendig zu halten, so glaubt er.

»Wo aber ist einer, / Um frei zu bleiben / Sein Leben lang, und des Herzens Wunsch / Allein zu erfüllen, so / Aus günstigen Höhn, wie der Rhein, / Und so aus heiligem Schoße / Glücklich geboren, wie jener?« Euphorischer als in diesen Versen aus dem großen Gedicht *Der Rhein* hat Hölderlin nirgends die Freundeslosung in die Zukunft hineingeworfen. In *Germanien* aus dem gleichen Jahr verengt sich die Erwartung, die in dem Entwurf steckt, schon auf die nationale Deutung des revolutionären Vaterlandes. Man geht ja wohl nicht fehl, daß er, als Freund Sinclairs und 1804 sogar als Mitwisser denunziert, noch mit einem revolutionären Akt gerechnet hat, der auch in Deutschland die Republik heimisch machen würde. Und dennoch eine Hinwendung, die auf Kleists *Hermannsschlacht* vorausweist, auf das Pathos der Befreiungskriege, auf das spätere Mißverständnis des Hölderlinschen Vaterlandsbegriffes.

Noch einmal bricht Hölderlin zur großen Wanderung auf, nach Bordeaux (vor wie langer Zeit die Heimat der Girondisten?), um eine Hofmeisterstelle beim Konsul Meyer wahrzunehmen. Aber auch dort hält es ihn nicht mehr, er kehrt über Paris schon im Juni nach Deutschland zurück, verstört zwar, völlig erschöpft, aber besessen von der Aufgabe, die er hier vor sich sieht. Eugen Gottlob Winkler hat aus Hölderlins Erschöpfung auf seine Enttäuschung über die sozialen Spannungen im nachrevolutionären Frankreich geschlossen und seine seelische Zerrüttung hier datiert, ein Schluß, der sich nicht halten läßt, wie aus Isaak Sinclairs Bericht vom Herbst 1802 abzulesen ist. Es spricht auch die Vollendung von *Patmos* und der *Friedensfeier* im gleichen Jahr dagegen sowie 1803 die Niederschrift der Gedichte *Andenken* und *Mnemosyne.* Hölderlin hatte sich nur als unfähig zum Brotberuf erwiesen, weil er mehr wollte, weil er schreibend die große Veränderung voranbringen wollte. »Vaterländische Veränderung ist die Umkehr aller Vorstellungen und Formen«, heißt es 1804 in seinen Anmerkungen zu *Antigone,* in den Übersetzungen der Trauerspiele des Sophokles, die er bei Willmann herausgibt.

Es fällt auf, daß die *Friedensfeier* in der endgültigen Fassung sehr viel bildhafter ist als in den drei Vorfassungen. Nikolaus Sombart hat Bertaux darauf aufmerksam gemacht, daß es einen Kupferstich über die Feier des Friedens von Lunéville gibt, der als Propaganda für den ersten Konsul Bonaparte in Paris ausgestellt wurde, und daß dieser Stich ein Datum trägt, das in die Zeit zwischen Hölderlins Aufbruch aus Bordeaux und seiner Ankunft in Deutschland am 6. Juni 1802 in Kehl fällt, daß Hölderlin also den Kupferstich in Paris gesehen und diesen Bildeindruck in der *Friedensfeier* verarbeitet haben kann. Das erlaubt die Identifikation des Fürsten der *Friedensfeier* mit Napoleon. (Denken wir noch einmal an Beethovens erste Widmung der

Eroica, denken wir an das umstrittene Gespräch Goethes mit Napoleon nach der Saalfelder Schlacht!) Macht Hölderlin also in der *Friedensfeier* die Erfahrungen und Forderungen der Revolution fest? »Einmal mag aber ein Gott auch Tagewerk erwählen, / Gleich Sterblichen und teilen alles Schicksal. / Schicksalsgesetz ist dies, daß Alle sich erfahren, / Daß, wenn die Stille kehrt, auch eine Sprache sei«, und resümierend: »Viel hat von Morgen an, / Seit ein Gespräch wir sind und hören voneinander, / Erfahren der Mensch; . . . und eher legt / Sich schlafen unser Geschlecht nicht, / Bis ihr Verheißenen all, / All ihr Unsterblichen, uns / Von eurem Himmel zu sagen, / Da seid in unserm Hause.«

Das ist noch einmal der große Entwurf vom Elysium, von der Göttergleichheit der freien Menschen im Augenblick der Stille, des Friedens, in dem »auch eine Sprache sei«. Und wie heißt es im Gedicht *Patmos,* das dem Landgrafen von Hessen-Homburg, dem Beschützer Sinclairs und Hölderlins, gewidmet ist? »Denn noch lebt Christus. / Es sind aber die Helden, seine Söhne / Gekommen all und heilige Schriften / Von ihm und den Blitz erklären / Die Taten der Erde bis itzt, / Ein Wettlauf unaufhaltsam.«

Auch hier wieder Mythisierung und Säkularisierung zugleich, Christus, der Revolutionär, das Vorbild, und seine Söhne, die dem Vorbild nachstreben, die Heutigen. (Eine Erklärung des Blitzes und damit die Entdeckung des Blitzableiters ist seit den 80er Jahren des 18. Jahrhunderts allgemein geläufig und ein beliebter Gesprächsstoff der Gebildeten.) »Der Mensch ist mündig geworden« bedeutet das Bild, wie es Hölderlin hier einsetzt.

Pierre Bertaux' Forschungsarbeit ist es zu danken, daß Hölderlins Zeitgenossenschaft sichtbar geworden ist; daß sich seine Bildersprache, seine Säkularisierung der Mythologie an der Realität seiner Epoche messen läßt; daß er aus der geistigen Welt des Tübinger Stifts in den Jahren nach 1789 begriffen werden kann; daß der Einfluß der Jakobinersprache und damit das Zusammenschwingen der Begriffe Vaterland und Religion erkennbar geworden ist und Hölderlin als Zeuge der ersten Jünglingsepoche der neueren deutschen Geschichte genannt werden muß; daß sich an seinen Gedichten die Spur von der *patrie* der Revolution zur nationalen Vaterlandsdeutung schon verfolgen läßt, wenn auch dieses nationale Vaterland an der *patrie,* am Vaterland der Freien und Gleichen, orientiert ist.

Die Aufschlüsselung des Hölderlinschen Vaterlandsverständnisses leistet aber mehr, weil sie nicht nur Licht auf die deutsche Szene während der Revolutionsjahre wirft, sondern auch das erste Jahrzehnt des 19. Jahrhunderts neu sehen hilft und auf Bruchstellen in der überlieferten Romantikinterpretation verweist. Krolows Hölderlin-Erfahrung, die er seltsam kühl beschreibt: »Modell für absolute Sprache, für sich selbst genügende, sich automatisierende Sprache, die Gegenständlichkeit benutzt, um die Variationsbreite, die Konfigurationshöhe der sprachlichen Idee erkennbar zu machen«, wird als Folge des Mißverständnisses, der Fehlinterpretation im 19. und 20. Jahrhundert erkennbar, ja, selbst das eigentümlich Unprivate der Hölderlinschen Sprache, das Krolow als Fremdheit erlebt, läßt sich mit Hilfe der Bertaux'schen Materialiendeutung umwerten, wenn auch die Idee von der vaterländischen Umkehr als »Umkehr aller Vorstellungen und Formen« der Jünglingsekstatik entgegenkommt und Hölderlin später, ohne noch an die Idee, die sein Sprachgenie entfesselt hat, glauben zu können, im freundlich schönen Sprachgestus verelendet ist.

Der Verlust der Idee, der Verlust des national verengten Vaterlandsbegriffs, hat die beiden Weltkriegsgenerationen in Deutschland getroffen und sie schließlich das Jahr 1945 als das Jahr Null erleben lassen. Die Fremdheit gegenüber dem fehlgedeuteten Hölderlin schien lange Jahre unüberwindlich. Mit der großen Stuttgarter Hölderlin-Ausgabe blieb der historische Hölderlin bei aller editorischen Sorgfalt und Entschlüsselung des Mythos nur noch zeitlos interpretierbar, schien er endgültig in der Literaturgeschichte zu verschwinden.

Ein Interpretationsbeispiel möge das bestätigen. In der Stuttgarter Ausgabe heißt es über die *Friedensfeier:* »Ein Ausleger, der nun hier die für den Dichter nicht nennbare Gestalt dennoch durch einen Namen identifizieren wollte, zerschlüge ein Hauptmotiv nicht nur dieses Gesangs, sondern des zyklisch angelegten Hölderlinschen Dichtens und Denkens überhaupt«. Wir erinnern uns an Sombarts Hinweis auf den Kupferstich von der Friedensfeier anläßlich des Friedens von Lunéville. Dennoch schließt die Interpretation der Stuttgarter Ausgabe die Bertaux'sche Deutung nicht aus. Hölderlin nennt ja in der Tat keinen Namen. Und Zensurgründe sind gewiß nicht allein maßgeblich, auch wenn Hölderlin immer an die Veröffentlichung seiner Gedichte mitdachte. Hölderlin sucht – und darin ist er den Jakobinern so verpflichtet wie dem an der Antike orientierten Bildungsideal seiner Generation – die zeitlose Aussage über seine Zeit, weil er schon im Tübinger Stift verstanden, erfühlt, gewußt hat, daß er an einer Zeitwende lebte und es Zeichen zu setzen galt.

Für die Hölderlin-Adaption in Deutschland wird, nach dem Verschwinden des Dichters in der Literaturgeschichte, das Jubiläumsjahr des 200. Geburtstages wichtig, das nach dem Aufflammen der Studentenrevolte in der Bundesrepublik, dem Sich-zu-Worte-Melden der Nachkriegsgeneration, gefeiert wurde und die Auseinandersetzung mit der Bertaux'schen Skizzierung des in seine Zeit eingebundenen Hölderlin brachte. Sie konnte in der DDR übernommen werden und kam dort der wissenschaftlichen Entmythologisierung der deutschen Klassik und Romantik entgegen.

Die Probe auf die Tragfähigkeit des Hölderlinschen Vaterlandsbegriffs (la patrie das Elysium, das Land der freien Menschen, die den Göttern gleich, also emanzipiert sind) steht in Deutschland mit seinen zwei unterschiedlich strukturierten Staaten noch aus. Der Vaterlandsbegriff wird in der Bundesrepublik noch immer gemieden, der Begriff »Nation« in der Deutung des 19. Jahrhunderts, als nationalstaatlich, dagegen aufrechterhalten, während die DDR, die mit der Sozialismusüberlieferung selbstverständlicher umgeht, ihre Distanz zum Begriff Nation deutlich bekundet hat. Die Spannung zwischen der historischen Erfahrung des »Vaterlands der Revolution« (zur Zeit Hölderlins) und dem mythischen Ideal des »Vaterlandes der Nation« (im Bürgertum des 19. Jahrhunderts) ist bis heute nicht überwunden.

Hölderlin den deutschen Jakobinern nahe zu wissen, ihn denen zugehörig zu sehen, die eine Schwäbische Republik und damit eine Republik mitten im feudalistischen Deutschland verwirklichen wollten, auch wenn er der begleitende Dichter, der Zeuge blieb, nimmt den Staub der falschen Würde von ihm, durch die er der Realität entrückt, als Verführer genutzt werden konnte, der er nicht war.

Iphigenie

Überprüfung einer Idee

Die Prosa-Fassung der *Iphigenie* entstand in kurzer Arbeitszeit im Frühjahr 1779: Die erste Notiz findet sich am Sonntag, dem 14. Februar, in Goethes Tagebuch; zwischen beruflichen Verpflichtungen wie Inspektionsreisen, Rekrutenaushebungen, Straßenbesichtigungen wird das Drama niedergeschrieben, am 28. März beendet und schon am 6. April aufgeführt. Goethe spielt den Orest, Corona Schröter die Iphigenie. In den folgenden Jahren versucht Goethe in verschiedenen Fassungen, die dramatische Skizze sich entfalten zu lassen, erst 1786 schließt er in Rom die Fassung in fünffüßigen Jamben ab, die uns geläufig ist. Die Ideenführung der ersten Fassung ist darin erhalten geblieben, die Heftigkeit ist jedoch in die behutsamere rhythmische Sprache hinein- und zurückgenommen worden.

Goethe hatte die große Atridentragödie, diesen erratischen Block, den zu behauen die Dramatiker immer wieder gereizt hatte, psychologisiert, doch auch er hatte die archaischen Motive nicht völlig seiner Gegenwart anverwandeln können und wollen. Ohne das Blutrachemotiv der Atridentragödie, ohne die Qual des Muttermörders aus Pflicht – Orest –, ohne den Brauch, gestrandete Fremde den Göttern zu opfern, für den Thoas als König der Taurier einsteht, wäre es ein Drama ohne Dramaturgie. Goethe läßt Iphigenie durch ihre Unantastbarkeit und ihre Bereitschaft zum Selbstopfer die archaischen Bräuche überwinden. Schon vor der Ankunft des Bruders und Pylades' wehrt sie Thoas' Heiratswunsch ab – als Priesterin; und als Priesterin verweigert sie die Opferung der beiden Fremden.

Die Entwicklung, die das Drama entscheidet, ist aber die des Thoas. Er, der durch ihre Absage enttäuscht ist – hätte er doch durch die Verbindung mit ihr noch einmal Hoffnung auf den Sohn und Erben, da ihm sein einziger Sohn im Kampf gefallen ist –, besinnt sich auf die überlieferte Sitte des Fremdlingsopfers, um Iphigenie unter Druck zu setzen. Aber er überwindet seine Enttäuschung, ja mehr, die tiefste Verletzung seiner Hoffnung, betroffen von Iphigenies Bereitschaft zum Selbstopfer, durch das sie den Bruder und seinen Freund retten will. Und er nimmt die Deutung an, die Orest der Wiederbegegnung mit seiner Schwester gibt: daß der Fluch, der auf dem Atridengeschlecht lastet, aufgehoben werden könne, wenn er die Schwester nach Griechenland zurückbringen würde. (Orest ist listig genug, um das Götterwort umzudeuten: Apolls Bitte, nach Tauris zu reisen, um die Schwester nach Delphi zurückzuholen. Hatte Apoll nicht das Bildnis der göttlichen Schwester Diana [Artemis] gemeint, deren Priesterin Iphigenie in Tauris ist? Nun, über die Umdeutung kann er sich leicht hinwegsetzen, denn Iphigenie, die leibliche Schwester, hat ihn, Orest, ja von seinen Ängsten geheilt. Es wird also stimmen, daß Apoll sie, nicht das Bildnis der Göttin gemeint hat.)

Es ist Thoas' Verzicht und Großherzigkeit, die ihn die Griechen ziehen, die ihn das hingeflüsterte »Lebt wohl!« sagen läßt. Ihm bleiben Schmerz und Einsamkeit und vielleicht der Zorn seines Volkes, das Ende seiner Herrschaft, weil er auf die Opferung der gestrandeten Fremden verzichtet und die Priesterin hat gehen lassen. Nach ihm sollte das Schauspiel benannt sein. Denn die Humanität als Idee, miteinander zu leben ohne Haß, die Iphigenie ihm als Priesterin nahegebracht hat, fordert nur von ihm das Äußerste: das einsame Überlegen, ohne in Verbitterung und Haß zurückzufallen, ohne den Trost der Tradition seiner Kultur.

Was ist Humanität? Und warum wird Iphigenie, nicht aber Thoas mit ihr identifiziert?

In den zweihundert Jahren seit der Niederschrift des Dramas ist der Zweifel an der Humanität als Ausdruck menschlicher Größe immer wieder aufgekommen, uns aufgenötigt worden, obgleich nicht nur 1789 in Paris um sie gerungen worden ist. Zur Phrase, zur Lüge verkommen, aber auch mit berechtigtem Haß aufgeladen (dem Haß der Unterdrückten, Ausgebeuteten), weist das Wort Humanität neben den Glanzlichtern *Mitmenschlichkeit* und *Toleranz* Zonen tiefen Schattens auf. Thoas ist ein Beispiel dafür, was Humanität vom einzelnen abverlangt – und zudeckt.

Wir wissen heute aber auch mehr über die Kulturbrüche, über das Aufeinanderprallen von Völkern, von Epochen, über das Ineinandergreifen von archaischem und geschichtlichem Bewußtsein, über die Ablösung von Göttern, die Veränderung von Sitten. Wir sehen die Antike nicht mehr mit dem besänftigenden Blick Winckelmanns, der die deutsche Klassik bestimmt hat. So ließe sich die archaische Brutalität, die Goethes *Iphigenie* in Frage stellt, für uns sehr viel deutlicher in ihrer historischen Tragik fassen; würde Iphigenies Zerrissenheit zwischen den Kulturen – einmal als Priesterin in der Fremde (in Tauris), zum anderen als Griechin und Tochter aus dem Geschlecht der Atriden, auf dem der Fluch der Blutrache lastet – kaum so sanft, so beinahe klaglos überwunden werden können; würden wir im Schweigen noch ihr Schreien hören, wenn sie von Klytemnästras Mord an Agamemnon, von Orests Mord an Klytemnästra erfährt; würde sie über ihr so sinnlos enteignetes Leben wüten. Ihre Humanität ließe sich aber auch als griechisch-kolonialer Hochmut darstellen: als List zur Entmachtung der Taurier, nachdem mit Troja der Schlüssel zum Bosporus gewonnen war; ließe es sich beweisen, daß die Humanität, die ja Thoas' machtpolitische Position schwächt, den nachdrängenden Griechen geradezu entgegenkommt. Und das, ohne den Ablauf des Dramas zu verändern. Ja, Goethe spielt mit dem Motiv, wenn er Thoas sagen läßt:

> . . . Frieden seh ich nicht.
> Sie sind gekommen, du bekennest selbst,
> Das heil'ge Bild der Göttin mir zu rauben.
> Glaubt ihr, ich sehe dies gelassen an?
> Der Grieche wendet oft sein lüstern Auge
> Den fernen Schätzen der Barbaren zu,
> Dem goldnen Felle, Pferden, schönen Töchtern;
> Doch führte sie Gewalt und List nicht immer
> Mit den erlangten Gütern glücklich heim.

Und: Es ließe sich die Überwindung der Götter und ihrer Flüche und Gesetze auch als Komödie oder, noch zynischer, als Satire darstellen und etwa die Sympathie, die Iphigenie für Pylades empfindet, ins Zentrum der Handlung rücken. Es ließe sich . . .

Das Spiel mit den Möglichkeiten einer dramatischen Konstellation könnte fortgesetzt werden, ohne Goethes Konzeption in Frage zu stellen.

Ich will noch ein anderes versuchen: nämlich das Drama aus dem kulturhistorischen Kontext der Atridentragödie wie aus der Goetheschen Verherrlichung der freundlichen

Mitmenschlichkeit herauszuheben und als heutiges Bühnenstück durchzuprobieren:

Das Mädchen Iphigenie wird als Kind weggegeben, weil der junge Vater sich ein wichtiges Lebensziel gesetzt hat und es ihm schon schwer genug wird, für die zwei Kinder seiner Braut, Freundin oder Frau zu sorgen. Es kümmert ihn nicht, daß die Frau auch unter seiner selbstverständlichen Gleichgültigkeit gegen die zwei anderen Kinder leidet und sie sich während seiner langen, beruflich bedingten Abwesenheit mit einem Freund tröstet, der mit ihr Bett und Wohnung teilt, von ihren beiden heranwachsenden Kindern aber verachtet wird. Die Haltung der Frau scheint plausibel, ihr Leben kommt in eine Ordnung, die ihr guttut, auch wenn sie das Kind Iphigenie nicht vergessen kann, jedoch nicht weiß, wohin der Mann es gegeben hat. Als er zurückkehrt, erfolgreich und anspruchsvoll wie ehedem, weiß sie sich keinen Ausweg, als ihn aus dem Weg zu schaffen. Und der Freund hilft ihr dabei. Sie hat nicht bedacht, was das für die herangewachsenen Kinder bedeutet, nicht mit deren Wut und Trauer gerechnet. Erst als sich der Sohn mit der Waffe über sie wirft, schaudert sie's. Vor ihm. Vor dem Tod. Vor der eigenen Schuld. Und ihr klagender Blick läßt ihn, den Täter, den Muttermörder, auf seiner Flucht vor der Rache, der Strafe nicht mehr los. Eine elende Flucht. Tröstend nur der Gedanke, die verlorene Schwester vielleicht zu finden. Und er findet sie. Sie setzt sich für ihn ein, daß er nicht inhaftiert, nicht dem Richter vorgeführt wird. Ihre Liebe rührt ihn, hilft ihm, die Angst und den Druck der Schuld zu ertragen. Daß er mit ihr nach Hause, in die Heimatstadt zurück will, muß ihr merkwürdig sein. Aber sie gibt ihre geachtete Stellung auf. Vielleicht hofft sie, ihm sein Elend erträglicher zu machen.

Der Vergleich einer vorstellbaren modernen Version, die sentimental und banal erscheint, mit der archaischen Version, die den Aufstand der Menschen gegen die Götter, das Reißen an den Fesseln der überkommenen Gesetze und Sitten beschreibt, läßt den Ort von Goethes *Iphigenie* genauer bestimmen. (Nicht umsonst interessiert die modernen Dramatiker Elektra mehr als Iphigenie, weil sie, die Augenzeugin des Gattenmordes der Mutter, zur Anstifterin des Bruders, Orests, geworden ist, diese Mutter zu töten, und dabei so unbändig und hilflos leidet, dem Grauen ihrer Erlebnisse so passiv ausgesetzt ist wie der moderne Mensch.)

Goethe hat die Atridentragödien des Sophokles und des Euripides gekannt. Und er vermeidet die Merkmale der attischen Tragödien, verwandelt sie in die psychologischen, die zwischenmenschlichen Konflikte. Denkt der Überwindung des Fluches nach, der auf dem Geschlecht der Atriden lastet. Denn ihn fasziniert nicht die grausame Geschichte, nicht der kulturhistorische Bruch, den Iphigenie der Überlieferung nach verklammert, und auch nicht der Trotz, der in ihrer Entscheidung gegen die Gesetze und Sitten des Gastlandes zum Ausdruck kommt, sondern die Mädchenfrau Iphigenie, zeit seines Lebens der Frauentyp, der ihm am wahlverwandtesten war, und ihre bewußte Entscheidung, als Mensch, nicht nur als Frau sich zu bewähren. (Während der Arbeit an der endgültigen Fassung datiert die hohe Zeit der Begegnung Goethes mit Frau von Stein.)

Doch Iphigenie ist nicht Frau von Stein, so wenig wie sie Charlotte Buff ist. Sicher hat sie Züge der beiden Frauen, die ihm bis dahin am meisten bedeutet haben: Charme, Entschlossenheit, Treue – und Ferne. Doch trägt Iphigenie nicht den Konflikt zwischen Gatten- und Freundestreue und erotischer Zuneigung aus wie die beiden Charlotten. Denn weder Pylades, bei aller Sympathie, die sie für ihn empfindet, noch Thoas, bei allem Respekt, den sie vor ihm hat, noch Orest, den sie schwesterlich – aber ganz ohne inzestuöse Neigung – liebt, sondern das Sittengesetz der Taurier und der Götterfluch, der auf ihrer Familie lastet, zwingen sie zur Entscheidung für ihr menschliches, ihr götter-unabhängiges Verhalten (und ganz ohne Zorn gegen die Götter, als rührten sie deren Gesetze nicht mehr).

Gewiß, sie setzt ihre Weiblichkeit ein, ist liebenswürdig unnahbar gegenüber Thoas, freundschaftlich offen gegenüber Pylades, schwesterlich mitleidend und sorgend gegenüber Orest, der in ihrer Nähe die psychische Verstörung nach seiner Mordtat überwindet. Ein Frauentyp also, wie ihn die Literatur im 20. Jahrhundert vernachlässigt hat: ein fraulicher Mensch, nicht eine menschliche Frau. Das ist Iphigenie, auch wenn sie sich nicht so präzise wie Sophokles' Antigone äußert, die er sagen läßt: »Nicht mitzuhassen, mitzulieben bin ich da.« Iphigenies Verhalten ist nicht primär emotional bestimmt, sondern von der Einsicht gelenkt, daß der Mensch stärker ist als die schicksalbestimmenden Götter. Der koloniale Humanismus, den Thoas fürchtet, ist ihr fremd, auch wenn sie von ihm, Thoas, den persönlichen und den Machtverzicht erwartet:

> Laß mich mit reinem Herzen, reiner Hand
> Hinübergehn und unser Haus entsühnen.
> Du hältst mir Wort! – Wenn zu den Meinen je
> Mir Rückkehr zubereitet wäre, schwurst
> Du, mich zu lassen; und sie ist es nun.
> Ein König sagt nicht, wie gemeine Menschen,
> Verlegen zu, daß er den Bittenden
> Auf einen Augenblick entferne, noch
> Verspricht er auf den Fall, den er nicht hofft:
> Dann fühlt er erst die Höhe seiner Würde,
> Wenn er den Harrenden beglücken kann.

Geht uns das noch oder wieder etwas an?

Zu Goethes Lebzeiten ist die *Iphigenie* nicht häufig aufgeführt worden. Ich will mir die Analyse des Publikumsgeschmacks sparen; sie führt nicht weiter. Oder doch? Denn ich könnte eine Vielzahl von Aufführungen im späteren 19. Jahrhundert und im 20. Jahrhundert nennen. Ich könnte Inszenierungen beschreiben, Kostüme der Iphigenie von Aufführung zu Aufführung nachzeichnen, längst nicht immer die Schönheit, die Anselm Feuerbach gemalt hat mit dem großen dunklen Haarknoten und dem weißschimmernden Gewand, längst nicht immer die Feierliche, in die Ferne Schauende. Doch zu leicht bliebe ich da in der Rezeptionsgeschichte stecken, in der Wirkung des Bildes vom fraulichen Menschen, ohne den die bürgerliche Frauenbewegung nicht zu denken ist, der die Schülerinnen in den Lyzeen und Oberschulen bis 1945 begleitet hat und den die neue Frauenbewegung durch die *menschliche Frau* ersetzt sehen will.

Ich suche Iphigenie in mir, in uns, um zu überprüfen, ob die sanfte Humanität, die Goethe später ja selbst vertrackt vorkam, noch trägt. Oder ob sie eine Schein-Humanität ist, die über die historische und soziale Wirklichkeit hinwegtäuscht.

Gesetzt den Fall, ich wäre Iphigenie, würde ich die Aufgabe, eine blutrünstige Kultur, die Menschenopfer – gleich ob in KZ-Lagern, in Gulags, in Gefängnissen, in Sportstadien – nicht scheut, um sich selbst identisch zu bleiben, anzuklagen, zu verändern versuchen?

Ich denke, ja.

Gesetzt den Fall, ich wäre Iphigenie, würde mich der Mörderbruder Orest abstoßen oder würde ich ihn zu verstehen suchen – über mein Zurückschaudern hinweg?

Ich denke, ja, auch wenn ich versuchen würde, ihm die Auseinandersetzung mit seiner Tat nicht zu ersparen, damit er sich hinter der Schuld wiederfindet, die Schuld annimmt.

Gesetzt den Fall, ich wäre Iphigenie, so wäre ich im Zweifel, wem ich mich zuneigen sollte, dem Thoas oder dem Pylades. Zu Thoas hätte ich eine Bindung aus Dankbarkeit. Er war immer großherzig, hat mir das Gastrecht gewährt, hat auf meinen Wunsch hin auf Menschenopfer verzichtet. Zu Pylades hätte ich eine kameradschaftlich-freundschaftliche Beziehung. Er hat zu meinem kranken Bruder gehalten, hat ein planendes Gehirn, das über die Misere, in der ich und mein Bruder Orest befangen sind, hinausdenkt. Und er ist ganz ohne Bösartigkeit. Ihm könnte ich erzählen, wie sympathisch mir Thoas ist.

Nur erotische Erfahrung gäbe es mit dem einen und dem anderen nicht.

Ich, Iphigenie, wäre einsam, fast nur noch Idee, die Idee »Iphigenie«.

Aber kann man das leben? Kann ich das leben?

Fehlt da nicht das Grauen vor der Wut, die Thoas überkommen könnte? Vor dem zuckenden Körper des verzweifelten Orest? Die Angst vor dem wütenden Faustschlag des Pylades, der mir die Sanftmut austreiben könnte, an die er, der Tatmensch, nicht glaubt, wenn er an das Elend meiner, der Atridenfamilie denkt?

Iphigenie, die Mädchenfrau.

Ich sehe sie nicht schweigend schreien. Ich höre das Flattern ihres Herzens nicht, weil sie doch schuldig wird vor Thoas, als sie mit dem Bruder und Pylades heimfährt – heim in eine Fremde.

Ich rieche die Angst nicht, die aus ihrem Körper bricht, in der Rolle »Iphigenie« gefangen zu bleiben, anstatt zu leben. Ich kann ihren Zweifel nicht denken, denn sie zweifelt ja nicht, das Rechte zu tun.

Ich begreife, daß ihr der Schmerz abhanden gekommen ist, die Hautwärme und das fröstelnde Fiebern, weil niemand so nahe ist, daß sie ihn verlieren kann.

Goethe hat eine Idee gestaltet, eine schöne Idee ohne Schärfen, eine sanfte, freundliche, kluge Frau ohne Wut, ohne Tränen. Unnahbar. Mag sein, daß das Schauspiel mit seiner wie auf dem Reißbrett entworfenen Dramaturgie uns darum noch angeht, mit Stimme, mit Körperlichkeit Atem bekommt. Aber Realität? Gar nicht unsere, aber eine historische, eine politische, eine soziale Realität, die Sophokles und Euripides noch unmittelbar im Publikum vor sich hatten, in den Chören, die die Idee durch die Wirklichkeit korrigierten, im Wissen von noch nicht vergessenen Konflikten?

Der Vorbildcharakter von Goethes Iphigenie bis mitten ins 20. Jahrhundert hinein hat das sich zögernd entwickelnde Selbstbewußtsein der Frauen, wenn auch nicht blockiert, so doch gehemmt. Das Ja-Sagen zum eigenen Körper, zum eigenen Schmerz ist viel zu lange verdrängt worden, hat die bürgerliche Frau reagieren, die Mädchen gehorchen und reagieren lassen und einen Bewußtseins- und Traditionsdruck geschaffen, der sich erst langsam löst, erst langsam eine selbstbewußte Kritik am anderen Geschlecht freisetzt, statt sich spielerisch, oft klug, viel häufiger resignierend in der Anpassung zu verschweigen.

Nein, Iphigenie ist kein Vorbild mehr. Die Iphigenie in mir, in uns verblaßt. Sie hat sich den dramatisch entwickelten Konflikt leicht gemacht, indem sie ihn Thoas, den Taurier, den Barbaren, hat ausleiden lassen, um mit dem allzu rasch waffenrasselnden Orest, der den Todesblick seiner Mutter so schnell vergessen hat, sich so schnell von der Schuld hat entlasten können, nach Griechenland, zur Ordnung zurückzukehren, die ja noch von den Göttern gesetzt ist. So bleibt denn alles beim alten. Das Grauen, das Euripides und Sophokles vermittelt haben, stellt sich nicht ein. Der Zusammenprall zweier Kulturen, zwischen denen Iphigenie steht, ist auf Zimmerlautstärke gestellt. Iphigenie ist ein freundlicher, fraulicher Mensch, noch keine menschliche Frau, die am Elend der Welt mitträgt.

Gültig ist noch die Idee, daß das Waffenrasseln Konflikte nicht löst. Faszinierend ist noch die Melodik der Goetheschen Sprache, die vergessen macht, in welchem Jahrzehnt das Schauspiel geschrieben wurde. Was nicht mehr gilt: daß Goethe in der Iphigenie die Humanität absolut setzt, fast als Ideologie-Modell und mit der Rücksichtslosigkeit solcher Modelle, die Thoas beinahe hilflos macht.

Goethes Biographie ist unruhig in den Jahren des Schreibens. Der berufliche Alltag bedrängt ihn. Thüringen, Böhmen, der Aufbruch nach Italien wie eine Flucht. Die Erfahrung Charlotte von Stein. Hilft ihm die Arbeit an der *Iphigenie,* weil ihm ihre Gelassenheit hilft?

Bei einem Autor, bei dem Leben und Schreiben so aufeinander wirken, muß man nicht nach den Ursachen fragen. Wenn aber Iphigenie beim Abschied den Thoas geradezu zum Edelmut nötigt, so bleibt denn doch ein Fragezeichen stehen. Brauchte Goethe die Versöhnung um jeden Preis? War das die Freiheit, die er suchte, vom Schmerz nicht mehr erreicht zu werden? Und erschienen ihm Freiheit und Humanität so freundlich flüchtig verwandt?

Er brauchte noch fast ein halbes Jahrhundert zum Pessimismus des alten blinden Faust, dem das Grab geschaufelt wird.

Iphigenie, ein Modell?

Lesen und spielen wir Goethe doch endlich wie einen lebenden Autor. Erlösen wir ihn und Iphigenie aus der Goldschnitt-Monumentalität. Das erleichtert uns, seine Ideen nicht wie Gesetze zu deuten. Das erleichtert uns, die freundliche Mädchenfrau und ihr kluges, nie ganz beteiligtes Spiel mit den sich männlich gebärdenden Dreien zu durchschauen und vielleicht sympathisch, vielleicht widerwärtig, jedenfalls aber rücksichtslos edel zu finden.

Goethes *Wahlverwandtschaften* – ein emanzipatorischer Roman?

Wenn ich statt einer *laudatio,* statt eines Freundesporträts, statt eines brieflichen Zurufs zum sechzigsten Geburtstag – um den ich mich gewiß nicht drücken will – Dir, lieber Walter*, als Jahrgangsgefährtin eine Studie aus diesem dritten »Goethe-Jahr«, das wir in unserm Leben begangen haben, zueignen möchte, so, weil ich darin ein wenig an unserer Bildungsgeschichte zu kratzen versuche, die sich gewiß nicht gleicht, Deine begann am humanistischen Johanneum in Hamburg, meine an der preußisch-konservativen Königin-Luise-Oberschule in Berlin-Friedenau. Doch für unsere Jahrgänge trifft die Rückgewandtheit des Bildungsgutes zu, die uns ganz sicher beschädigt und geschützt hat und mit der sich auseinanderzusetzen, nun, da unsere Lebenskurve sich abwärts neigt, nicht nur von der Neugier, sondern auch vom Wunsch nach Selbsterforschung motiviert ist.

So will ich anläßlich Deines Geburtstages Goethes *Wahlverwandtschaften* noch einmal lesen. Natürlich nicht so, als läse ich den Roman zum ersten Mal, als habe die frühe Begegnung, von der die Bleistiftstriche in der alten Ausgabe zeugen, nicht stattgefunden; nicht so, als sähet Ihr, Du und Inge, mir über die Schulter. Aber doch so, als sähe ich mir über die Schulter, wie ich damals, sechzehn oder siebzehn Jahre alt, schon Weltkrieg II, nach der wochenlangen Lektüre der *Iphigenie* im Deutschunterricht die *Wahlverwandtschaften* vornahm. Angestrichen sind Reflexionen Ottilies, angestrichen die Äußerungen Eduards, seine Leidenschaft betreffend, Verwunderung ist angezeigt über die verspielte Bau- und Gartenbaulust, die Charlotte und den Hauptmann beschäftigt; Mißfallen hat die Distanz zwischen Herrschaft und Dorfbewohnern gefunden. Luciane ist schon damals als Bettina erkannt und als überzeichnet empfunden worden. Zurückgeblieben ist die Erinnerung an eine marmorne Kühle und an sanfte Landschaft, davor der Prospekt der vier ineinander verschränkten Lebensläufe. Ganz vergessen wurde Ottiliens und Eduards Tod, im Gedächtnis blieb der Tod des Kindes und so etwas wie Ärger über die zur Schau

* Die Rede wurde für Walter Jens zu dessen 60. Geburtstag gehalten.

gestellte Trauer; eine distanzierte Zuneigung zu Charlotte hielt sich im Gedächtnis und Sympathie mit dem Hauptmann, seiner Zurückhaltung wegen. Ich erinnere auch Gespräche im Genesungsheim, wohin ich aus dem Arbeitsdienstlager geschickt worden war: eine Abiturientin aus Köslin mit auffallend weichem, rotem Haar und braunen Augen, die auf dem Klavier des Heimes Beethovens Sonaten spielte (sie konnte sie auswendig), verteidigte Eduard, Eduard-Goethe, sagte sie, ich sagte, daß ich, wenn ich Ottilie gewesen wäre, mich davongemacht hätte. Wir redeten über Schmerz und Betroffenheit weg, achtzehnjährig, Herbst 1941. Auch in das Erholungsheim kamen die Todesnachrichten aus Rußland. Warum redeten wir über Goethe und nicht über den Krieg? Oder warum ist mir davon nur im Gedächtnis geblieben, wie unfroh wir im Schulungsraum beieinander saßen abends, denn auch im Genesungsheim wurden wir geschult? Was da geredet wurde, erinnere ich, so viel ich auch nachdenke, nicht mehr, nur daß die Karte von Rußland bis zum Ural auf die Wand gepinnt war und Stecknadeln die Fronten bezeichneten und die Lagerführerin eines Abends um Dispens bat, weil sie die Nachricht vom Tod ihres Verlobten erhalten hatte, aber morgens schon wieder den Fahnenappell machte und wir nicht verstanden, daß sie keine verweinten Augen hatte, und uns darüber unterhielten, als wir zur ärztlichen Untersuchung mußten.

Goethe-Rezeption sechzehn-, siebzehn-, achtzehnjährig, einen Zusammenhang mit unserem Leben gab es nicht. Oder doch? War die marmorne Kühle und die sanfte Landschaft eine Gegenwelt, die uns guttat? Denkbare Unabhängigkeit? Denkbare Vervollkommnung im Gegeneinanderspielen der Charaktere? Und warum vierzig Jahre später beinahe spontan die Vorstellung von einem emanzipatorischen Roman, einer Vorstellung, der nach-zu-denken ich versuchen will?

Vorauszuschicken, in welchem Wort-Sinn ich »emanzipatorisch« einsetze: Nicht verengt zum Begriff Emanzipation einer sozialen Schicht, einer Minderheit, eines Teiles der Bevölkerung (etwa der Frauen, der Kinder), also als Feststellung von notwendigen binnengesellschaftlichen Entwicklungen – sondern als den Prozeß, der Emanzipation, Angenommen-Werden, Selbst-Entdeckung freisetzt (also die Zielvorstellung jeder sozialen Emanzipation).

Ich habe nachzuweisen, daß oder ob der Roman *Die Wahlverwandtschaften* das leistet. Ich habe darum meine frühe Rezeption so ausführlich beschrieben, weil ich damit aufzeigen konnte, daß ich diesen makellosesten Roman Goethes nicht unmittelbar so begriffen hatte, nicht unmittelbar sensibel war für die Entwicklung jedes der Charaktere, daß ich von der marmornen Vollkommenheit irritiert war, nicht schon wußte, daß auch Scheitern emanzipatorisch sein kann, wenn es ein Scheitern an sich selbst und zu sich selbst ist, wie das Scheitern Eduards.

Ich muß hier nicht den Handlungsablauf nachzeichnen, nicht die Personen dieser *love-story* – wie wir den Roman heute nennen würden – vorstellen, in dem Goethe sich die Frage, ob Leidenschaft denn Schuld sei, gestellt und durch Charlotte und Eduard, den Hauptmann und die junge Pflegetochter Ottilie mit »ja« und »nein«, mit »ja-nein« und mit »vielleicht« zu beantworten versucht hat.

Ich muß auch nicht bei den Äußerungen des Gehilfen über die Erziehung von Knaben und Mädchen verweilen, die mich damals ungewöhnlich geärgert haben müssen – nach der Heftigkeit meiner Anstreichungen und Fragezeichen zu schließen –, denn die sind so anti-emanzipatorisch und der öffentlichen Diskussion ihrer Entstehungsjahre so fremd, daß sie mir heute noch mißfallen und mir Ottilies Antwort wieder, wie damals, imponiert, weil die eine sehr genaue Menschenkenntnis verrät und Ottilie aus den ineinander gespielten Entwicklungen der vier Partner und Gegenspieler heraushebt, sie zur Hauptfigur des sorgfältig novellistisch angelegten Romans macht. (Walter Benjamin hat auf diesen Kunstgriff Goethes hingewiesen: »Wenn der Roman wie ein Mahlstrom den Leser unwiderstehlich in sein Inneres zieht, drängt die Novelle auf den Abstand hin, drängt aus ihrem Zauberkreise jedweden Lebenden hinaus. Darin sind die Wahlverwandtschaften trotz ihrer Breite novellistisch geblieben.« [*Goethes Wahlverwandtschaften,* in: *Neue deutsche Beiträge,* 2. Folge, II, 1, 1924.])

Wie denn aber: ein emanzipatorischer Roman?

Zerstört der sorgfältige Bauplan, der durch die Handlungsabläufe hindurchscheint, nicht die zu sich selbst drängenden Kräfte jedes einzelnen? Setzt der nicht das ordnende Prinzip über das leidenschaftliche Einander- und Sich-selbst-Entdecken? Werden nicht die Nebenfiguren, sei es der Mittler, sei es der Architekt, seien es der Graf und die Baronin, sei es Luciane oder das Dorfkind Nanny genau dort in die Handlung eingebracht, wo sie als Verstärker oder als Dämpfer zu wirken haben? Und wird nicht noch die Freiheit des Sterbens, in die sich Ottilie rettet, durch die Verklärung in die Heiligkeit wieder in ein ordnendes Prinzip eingebunden? Sind nicht noch die kleinsten Zeichen genau berechnet wie das falsche Glas, das Eduard schließlich den Trost im Trunk verleidet? Ist also Emanzipation nicht anders denkbar als im Scheitern, im Einander-wehe-Tun, grenzübergreifend zur Schuld, die Goethe ja fast theatralisch in den Roman einbringt (der Tod des alten Pfarrers bei der Taufe des Kindes; das Ertrinken des Kindes; das zufällige tragische Wiedersehen Eduards und Ottilies nach ihrem Abschied vom Schloß)? Haben die Zeitgenossen mit ihrer oft scharfen Kritik recht?

So beinahe heutig wie Therese Huber hat ja keiner seine Unsicherheit, sein Unbehagen und doch seinen Respekt formuliert: »Über das vornehme Verruchtsein und verruchte Vornehmsein (bin ich) nicht Ihrer Meinung«, schreibt sie am 19. Februar 1810 an Reinhold. »Um diese Verkettungen der Schicksale, diese Verirrungen der Einbildungskraft zu schildern, konnte er nicht below stairs bleiben. Bei einem Logis über drei Stiegen, wenn die Frau die Eier selbst einkauft und der Mann erst in die Wirklichkeit versetzt werden soll, nimmt das Gute und Böse eine andere Gestalt an. Diese Willkür und diese Notwendigkeit trägt sich above stairs zu. Verruchtheit? Ist das Geschilderte innerhalb der Bedingungen der Wahrheit und der Schönheit, so ist keine Verruchtheit darin.//Die völlige Rücksichtslosigkeit im Mechanischen ist wohl nicht der Eile schuldzugeben, sondern andern Ursachen. Entweder geht's Goethen jetzt mit dem Mechanischen wie mir mit manchem Detail weiblicher Arbeit: ich mache das Schwerste, aber überfahre das Geschniegelte, gebe mich gern nur mit großen Massen ab. Oder er macht sich einen Spaß mit dem Tier Publikum.«

Ganz anders und dem ehrlichen weiblichen Realismus fern urteilt Zacharias Werner im Brief an Goethe vom 23. April 1811 nach seinem Übertritt zum Katholizismus. Er schmeichelt Goethe, bewundert Ottilies Entschluß zur Entsagung. Aber immerhin ist Zacharias Werners Schauspiel

Der 24. Februar von Goethe zur Aufführung gebracht worden und muß seine Konvertiten-Begeisterung als die eines dankbaren Autors – also mit Abstrichen – gelesen werden. Sehr viel präziser ist Wilhelm von Humboldt in einem Brief an seine Frau Caroline vom 6. März 1810. »Schicksal und innere Notwendigkeit vermisse ich vor allen Dingen darin. Auch glaube ich im Gespräch mit Goethe entdeckt zu haben, daß sehr viel Reminiszenzen in dem Roman aus dem wirklichen Leben angebracht sind, die er nun nicht genug Kraft oder poetische Stimmung gehabt hat, in ein Ganzes gehörig zu verschmelzen. Ihm aber darf man so etwas nicht sagen. Er hat keine Freiheit über seine eigenen Sachen und wird stumm, wenn man ihn im mindesten tadelt.«

Und Achim von Arnim schreibt an Bettina Brentano am 5. November 1809: »Ich will von etwas anderem Schmerzlichen reden ... von Goethes ›Wahlverwandtschaften‹.« Und er kommt auf die Langeweile, die auch Wilhelm Grimm im Brief an Jacob Grimm vom 24. November 1809 nicht verschweigen kann. Goethe selbst hat erst in späten Jahren unbefangen über seine *Wahlverwandtschaften* urteilen können und mit Eckermann immer wieder davon gesprochen. Am offensten ist er vielleicht in den *Tag- und Jahresheften* in Eintragungen, die aus dem Winter 1822/23 stammen: »Niemand verkennt an diesem Roman eine tief leidenschaftliche Wunde, die im Heilen sich zu schließen scheut, ein Herz, das zu genesen fürchtet. Schon vor einigen Jahren war der Hauptgedanke gefaßt, nur die Ausführung erweiterte, vermannigfaltigte sich immerfort und drohte die Kunstgrenze zu überschreiten ...«

Er war ganz gewiß wie in der *Iphigenie* so in den *Wahlverwandtschaften* dem von Winckelmann vorentworfenen – irrigen – Klassik-Ideal am nächsten, und er war ein Mann um die Sechzig, der Werther-Leidenschaft und dem mitreißenden Gefühl in *Willkommen und Abschied* schon fremd, der Versehrtheit und furiosen Kraft Kleists und Hölderlins nicht mehr zugänglich und noch nicht von der poetischen Entrücktheit und wieder Wahrhaftigkeit der Alterssehnsucht im *West-östlichen Diwan* und in den *Marienbader Elegien.*

»Drohte die Kunstgrenze zu überschreiten« ist wohl der wichtigste Halbsatz, den er zu den *Wahlverwandtschaften* für sich angemerkt hat. Und er überschritt sie in Ottilies

Tagebuchaufzeichnungen denn doch, gerade weil sie das nicht ausgelebte Leben, das nicht aufflammende, sondern verdeckt schwelende Feuer, an dem sie verbrennen sollte, erkennen lassen.

Goethe wußte wohl kaum, daß er mit seinem Roman dem bürgerlichen Jahrhundert, das eben begonnen hatte, Verhaltensnormen diktierte, die ein Jahrhundert später als Frustrationen, Verstörungen aufgedeckt werden sollten; die, mißdeutet, ja mißbraucht, bürgerliche Zurückhaltung noch im Faschismus stabilisieren sollten. (Die Haltung der Arbeitsdienstführerin nach dem Tod ihres Verlobten; Arbeitsdienstführerinnen kamen häufig aus der bürgerlichen Frauenbewegung, sahen ihre Aufgabe in der Mädchenerziehung und hielten Pflichtbewußtsein und Selbstdisziplin für Tugenden an sich, die sie an der kritischen Auseinandersetzung mit dem Sinn ihres Dienstes hinderten.)

Das Marmorne, Kühle, das in der Erinnerung haftete und Ottilie nicht mitmeinte, ihre fast klösterliche Opferbereitschaft nicht annahm, ihren Opfertod einfach ins Vergessen verdrängte, stattdessen den Hauptmann bevorzugte, weil der sich heraushielt, ein Fremder in der gefühligen Atmosphäre, das gefestigte Ich der Vier, ganz sicher – an einen emanzipatorischen Roman hätte ich damals wohl kaum gedacht, war gerade dabei, das Entsagungsideal, das im Deutschunterricht gefeiert worden war (die Studienrätinnen waren ausnahmslos Fräulein gewesen), anzukratzen. Und die schöne Köslinerin mochte den anderen, den Unkontrollierten, Eduard, den blassen Nachfahren Werthers, auch sie aufbegehrend gegen den Deutschunterricht.

Mädchencharaktere ließen sich an der Rezeption festmachen, aber ich will nicht abschweifen. Ich will zu ergründen versuchen, warum ich beim Wiederlesen nach mehr als vierzig Jahren so spontan auf die Vorstellung vom emanzipatorischen Roman gekommen bin.

Ganz anders als damals gingen mich die Frauen an, nicht nur Ottilies Selbstbeherrschung in der abstrahierenden Ausformung ihrer eigenen (und Goethes?) Erfahrungen, viel eher ihr Versuch, mit der Unausgegorenheit Eduards zurechtzukommen, den seine *midlife-crisis* fast pubertär macht; viel eher Charlottes souveränes Arrangieren von Geselligkeit, aber auch von täglichen und künftigen Aufgaben, um die Gefühlsverkrampfungen zu entspannen. Ihre große, liebevoll-behutsame Menschenerfahrung habe ich genossen, die es ihr erlaubt, Eduard anzunehmen und ihn doch durch ihr Verhalten zum Jüngling zu machen. Und ich habe ihre mütterliche Toleranz entdeckt, die sie Ottilie beschützen und sich entwickeln läßt und doch auch die Verbindung mit dem kleinbürgerlich-bürgerlichen – »philisterhaft« sagte man damals – Gehilfen arrangiert und fördert. Glaubte sie an kleinbürgerlichen Frieden? Schade, daß Goethe uns Charlottes Überlegungen nicht mitteilt, daß wir sie nie anders als distanziert erleben. War der Schöpfer Gretchens und Helenas kein Frauenkenner? Hat er den Frauen nicht immer nur Rollen zugedacht? Und spielen nicht auch Charlotte und Ottilie, die Baronin und Nanny und auch Luciane Rollen?

Nur im Tagebuch bricht ja Ottilie das Rollenklischee auf, in dem Goethe sie zum Sprachrohr seiner Reflexionen macht. Vielleicht gerade deshalb? Ist das emanzipatorisch? Oder nur ein künstlerischer Trick Goethes, den ungewöhnlich durchstrukturierten, also durchgeplanten Roman aufzubrechen und offenzuhalten für die – emanzipatorische? – Freiheit eines Menschen, hier Ottilies, sich aus dem Reagieren, dem Sich-wie-erwartet-Verhalten herauszustehlen zur Unabhängigkeit eigenen Urteilens?

Ich will Goethes Notizen aus den späten Jahren nicht strapazieren. Aber wenn er 1827 zu Eckermann sagt: »Es war im ganzen nicht meine Art, als Poet nach Verkörperung von etwas Abstractem zu streben« und nach Hinweis auf die kleinen Gedichte fortfährt: »Das einzige Produkt von größerem Umfang, wo ich mir bewußt bin, nach Darstellung einer durchgreifenden Idee gearbeitet zu haben, wären etwa meine ›Wahlverwandtschaften‹. Der Roman ist dadurch für den Verstand faßlich geworden; aber ich will nicht sagen, daß er dadurch besser geworden wäre! Vielmehr bin ich der Meinung: *je incommensurabler und für den Verstand unfaßlicher eine poetische Produktion, desto besser.*«

Als fast Achtzigjähriger ist es ihm deutlich, daß er die *Wahlverwandtschaften* allzu kühl geplant hat, ist ihm der Roman fern genug, um ihn nicht mehr bedingungslos gegen Kritik verteidigen zu müssen. Warum er aber nach der Lebensmitte, in einer Zeit, in der seine Selbststilisierung den Zeitgenossen schon auffiel, sich in die Zeit- und Realitätsferne des Romans zurückgezogen hat, bleibt den Psychologen zu deuten. Es ist ja der Sommer der französischen Einquartierung am Frauenplan, als er den Roman abschließt. Die napoleonischen Kriege, die Geldentwertung überschatten Europa. Goethe verbringt bis auf den Sommer 1809 die sommerlichen Monate in den böhmischen Bädern, ohne daß Christiane Vulpius, die er im Oktober 1806 geheiratet hat, ihm dahin folgte. Dort war die Begegnung mit Silvie von Ziegesar auslösend für die Kristallisation der *Wahlverwandtschaften.* In den *Tag- und Jahresheften* heißt es: »Das Leben zwischen Karlsbad und Franzensbrunnen, im ganzen nach gemessener Vorschrift, im einzelnen immer zufällig veranlaßt, von der Klugheit der Älteren (der Mutter) zuerst angeordnet, von Leidenschaftlichkeit der Jüngeren am Ende doch geformt, macht auch die aus solchem Konflikt hervorgehenden Unbilden immer noch ergötzlich sowie in der Erinnerung höchst angenehm, weil doch zuletzt alles ausgeglichen und überwunden war.« Er siedelte im Juli 1808 sogar von Karlsbad nach Franzensbad über und nimmt im selben Gasthof Quartier wie die ihm befreundete Familie von Ziegesar, um nun täglich mit der dreiundzwanzigjährigen Tochter Spaziergänge zu machen. Eine kaum nur gespielte Leidenschaft, ganz gewiß nicht von seiten des Mädchens, dessen Heftigkeit und Enttäuschung bei der Wiederbegegnung ein Jahr später in Jena von der Malerin Louise Seidler in einem Brief an Pauline Gotter beschrieben wurden. Ein Erlebnis also, das, hätte er es so realistisch und hart beschrieben, wie es ausgegangen ist, ihn bloßgestellt hätte – anders als er sich im *Faust* bloßgestellt, nein, preisgegeben hat –, lächerlich banal. So führt er Ottilie die Hand, als sie ins Tagebuch schreibt: »Einem bejahrten Manne verdachte man, daß er sich noch um junge Frauenzimmer bemühe. ›Es ist das einzige Mittel‹, versetzte er, ›sich zu verjüngen, und das will doch jedermann.‹«

An diesem Satz gemessen, ist der Roman ein Versuch der Flucht vor dem Alter, ein *midlife-crisis*-Buch nach heutigem Sprachgebrauch und dank der Selbststilisierung Goethes in diesen Jahren unwahrhaftig. Um aber die Unwahrhaftigkeit zu verdecken, wird das Gleichnis aus der Chemie bemüht, wird der Plan den vier Haupthandelnden und Leidenden aufgestülpt, ein falscher Absolutheitsanspruch, Goethe muß ihn gespürt und darum dem Tagebuch Ottilies soviel Aufmerksamkeit und Raum gewidmet haben.

Und noch einmal die Frage: Warum sind die *Wahlverwandtschaften* ein emanzipatorischer Roman, wo doch alle Zeitgenossen, soweit sie nicht Goethe vergöttern, schon die Blässe der Menschen und ihrer Gefühle, die Realitätsferne, die Langeweile anmerken und Goethe selber zwanzig Jahre später den Mangel dieses makellosesten seiner Romane erkennt?

Makellos und *above stairs* die parkähnliche Landschaft, der unbeschwerte Sommer, der Reichtum, die fehlende Notwendigkeit zur Arbeit, die völlige Zeitlosigkeit, die Geselligkeit, die gepflegte Langeweile, das Dilettieren in den Künsten. In diese Welt kommen der arbeitslose Hauptmann, die gescheiterte Schülerin Ottilie. Und jäh gerät die ruhende Wirklichkeit in Bewegung, wird sich Charlotte ihrer noch nicht vergangenen fraulichen Anmut und ihrer sorgenden und fördernden Fähigkeiten bewußt, sucht sie, Ottilies Entwicklung zu verantworten, gewinnt ihre gartengestalterische Arbeit Intensität, wird sie, die sich in der späten Ehe mit Eduard am Ziel geglaubt hatte, auf sich zu gedrängt, wird sie zur Mitte des Hauses, zur Vertrauten des jungen Mädchens. Und Ottilie entfaltet sich in der Wärme, die sie umgibt, überwindet die Scheu und Verklemmtheit, den Leidensdruck, der sie im Internat geduckt hat. Viel weniger lebhaft entwickeln sich die Männer. Der Hauptmann nimmt wohl die Wärme in der Gemeinschaft wahr, Charlottes Zuneigung tut ihm gut, aber er ist, als er das Haus verläßt, der gleiche, der gekommen ist. Eduard hingegen verjüngt sich als Liebender, er wird rastlos erfinderisch wie ein Jüngling, nicht wie ein Mann seines Alters. Schließlich nimmt er sich nur noch im Schmerz wahr.

Angenommenwerden, Selbstentdeckung bei den Frauen. Und Entsagung als Ausdruck des Respekts voreinander. Angenommenwerden, Wirken beim Hauptmann. Angenommenwerden, aufblühend, entsagend Größe suchen, ohne die Kraft, den Schmerz zu sublimieren, bei Eduard.

Ein vierfacher Prozeß der Selbstfindung. Und viermal die Grenzen dieses Selbst erreichen. Nur Ottilie durchstößt sie mit ihrem Opfertod, hat aber im Tagebuch schon die Freiheit außerhalb der Verstrickungen erfahren.

Ein Roman wie ein Experiment, aber das Experiment glückt nicht, die neuen Verbindungen zerfallen noch im Reagenzglas, die Eigengesetzlichkeit der Menschen ist stärker, als sie zu Anfang des Experiments erscheinen.

Und so sind *Die Wahlverwandtschaften,* in kritischer Lebensphase geschrieben, doch jener Ich-Gewißheit zuzuordnen, die im deutschen Idealismus gipfelte. Daß er den jungen Mädchen vor gut vierzig Jahren Anlaß zum Streitgespräch war, weil er ein Gegenbild zur Anonymisierung des einzelnen, der sie ausgesetzt waren, entwarf, daß beim Wiederlesen das emanzipatorische Pathos durchschlug, bleibt anzumerken. Wer wollte leugnen, daß es auch heute Wahlverwandtschaften gibt, nur finden sie *below stairs* statt und enden beim Scheidungsrichter oder verlieren sich in Verdrängung und Vergessen oder beim Psychiater. Wäre es Ottilie an der Seite des Gehilfen nicht ähnlich ergangen? Ist die Verletzlichkeit ihres Ich nicht schon ich-überschreitend? Ist sie so emanzipiert, so zu sich selbst gekommen, nicht schon entwurzelt? Hat sie doch nur der von Goethe erfundene Zufall aus dem gewöhnlichen Verdrängen und Vergessen weggehoben in eine heilige, krankhafte Selbstüberhöhung. (Es ist bekannt, daß ihn die Verehrung der heiligen Odilie im Elsaß, die ihn in jungen Jahren gerührt, dazu motiviert hat.)

Ein goethefremdes Motiv also, vielleicht das rauheste an diesem marmorkühlen Roman. Und noch nicht das Festschreiben des Scheiterns der vollendeten Emanzipation, also Selbstverwirklichung, des Menschen wie das des blinden, alten Faust.

Nachsatz:
Ich weiß ganz sicher, daß ich mich mit meinen Überlegungen der Einschätzung Thomas Manns in seinem Nachwort zu den *Wahlverwandtschaften* querstelle, das er für die Reihe der Europäischen Meisterromane verfaßt hat und das im Paul List Verlag ungemein lässig – ohne Datenangabe noch irgendwelchen Apparat – 1971 neu herausgegeben worden ist. Denn für ihn ist der Roman *Die Wahlverwandtschaften* das »allerchristlichste Werk« Goethes, auch sein ideellstes Werk, er rühmt die Wärme, nennt den Roman »ein Gebild, so mondän wie deutsch, ein Wunderding an Geglücktheit und Reinheit der Komposition«. Behauptungen, denen die vorangegangene Besichtigung des Romans ja nicht einmal widerspricht. Interessant und zutreffend auch Thomas Manns Abmessen des Kunstwerks an

Spinozas Humanitätsauffassung, an seiner, Spinozas Darlegung der Entsagung, dem nicht zu widersprechen ist. Und doch für mich erschütternd fremd, ja künstlich, die Konsequenz: »Die ›Wahlverwandtschaften‹ sind höchste Dichtung in ihrer Einheit von Gestalt und Gedanke. Sie *sind* im Künstlerischen wahrhaftig, was sie im Ideellen darstellen: Naturvergeistigung, ›sittliche Kultur‹. Von jeher war große Kunst die Künderin des Dritten Reiches; Kunst ist das Vorbild der Menschheit; und der Dichter, im Bunde gleichermaßen mit beiden Mächten, Natur und Geist, ist wohl der Menschheit Meister zu nennen.«

Aber sagt nicht Thomas Manns Deutung viel mehr über die bürgerliche Ethik des 19. Jahrhunderts und ihre Nachwirkung im Nazi-Deutschland aus, das sich den mystischen Begriff des Dritten Reiches angeeignet hat, als die Adaptionsgespräche der jungen Mädchen im Genesungsheim des Arbeitsdienstes in Hinterpommern 1941? Holt er nicht Goethes bürgerliche Prüderie, die in den *Wahlverwandtschaften* gestaltet ist – noch feudalistisch abgehoben –, in eine nicht mehr gegenwärtige Gegenwart, die die Anfälligkeit des Bildungsbürgertums für die nazistische Ideologie vorbereitet hat? Hebt er die künstliche Kunst, die in den *Wahlverwandtschaften* so quält, nicht in eine Wirklichkeitsferne, die er absolut setzt, anstatt ihre gefährliche Fremdheit zu benennen?

Ich fürchte, meine, daß uns einige unserer Größen der zwanziger Jahre durchaus in die Irre geleitet haben, an der wir noch kranken. Ich widerspreche Thomas Mann, obwohl er in seiner Beweisführung recht hat, weil ich seinem spätbürgerlichen, idealistischen Kunstbegriff widerspreche, der Unantastbarkeit des Marmors. Weil ich die Rezeptionsgeschichte eines Kunstwerkes der Vergangenheit, die Nachwirkungen eines Irrtums nicht auslassen will: Goethes Irrtum, den er selbst widerlegt und durchschaut hat, ohne die Wirkung der *Wahlverwandtschaften* zurücknehmen zu können: den Irrtum vom freien Spiel der Individuen im Glashaus oder Marmorsaal der Gesellschaftsferne. Thomas Mann hätte das wissen können nach den *Buddenbrooks.* Aber die hatte er in den späten zwanziger Jahren, als er das Vorwort schrieb, so weit hinter sich gelassen, daß an diesem Vorwort auch die Rezeptionsgeschichte seines Werkes neu zu überdenken wäre.

Zweiter Teil

Leonhard Frank

1882–1961

Drei Romananfänge:

»Plötzlich rollten die Fuhrwerke unhörbar auf dem holprigen Pflaster, die Bürger gestikulierten, ihre Lippen bewegten sich – man hörte keinen Laut, Luft und Häuser zitterten, denn die dreißig Kirchturmglocken von Würzburg läuteten dröhnend zusammen zum Samstagabendgottesdienst. Und aus allen heraus tönte gewaltig und weittragend die große Glocke des Domes, behauptete sich bis zuletzt und verklang.«

(*Die Räuberbande,* Roman 1914)

»In Würzburg, wo der Main, die Stadt durchfließend, seinen schönsten Bogen zieht, wo die dreißig patinierten Kirchtürme stadtbeherrschend in den Himmel stoßen und generationenlang sich nichts geändert hat, wo von altersher der Sohn, wenn der Vater starb, die Metzgerei übernahm und führte, bis auch er starb, waren durch den Krieg und seine Folgen Bankguthaben und Sparkassenbücher zu Papier geworden.«

(*Das Ochsenfurter Männerquartett,* Roman 1927)

»Würzburg am Main, die Stadt des Weines und der Fische, der Kirchen, gotisch und barock, wo jedes zweite Haus ein unersetzliches Kunstdenkmal war, wurde nach dreizehnhundertjährigem Bestehen in fünfundzwanzig Minuten durch Brandbomben zerstört. Den folgenden Morgen floß der Main, in dem sich die schönste Stadt des Landes gespiegelt hatte, langsam und gelassen durch Schutt und Asche, hinaus in die Zeit.«

(*Die Jünger Jesu,* Roman 1947)

Wer so schreibt, liebt die Stadt, die ihm diese Bilder eingegeben hat, gleich, ob sie's ihm schwergemacht hat, ob sie ihm wehgetan hat. Wer so schreibt, gibt sich als Kind der Stadt zu erkennen.

Der Würzburger Leonhard Frank, vor hundert Jahren geboren, fiel aus der Reihe derer, von denen er in den ersten Sätzen des *Ochsenfurter Männerquartetts* spricht. Er war keiner, der erbte und weitervererbte. Und daran war nicht nur seine Lebenszeit schuld. Eher war er Oldshatterhand in der *Räuberbande,* der sich nicht mit dem jugendlichen Aufbegehren seiner Freunde zufriedengab, sondern aufbrach, um sich als Künstler zu versuchen – und war doch anders als Oldshatterhand den Härten des Künstlerlebens gewachsen, gab nicht auf, verließ als überzeugter Pazifist während des ersten Weltkrieges das Deutsche Reich, emigrierte 1933 wieder, diesmal aus Hitlerdeutschland, kehrte 1950 zurück, ein Mann, der noch im Alter in seiner Autobiographie von sich sagen konnte: »*Links wo das Herz sitzt*«, wie er die 1952 erschienenen neuen biographischen Aufzeichnungen genannt hat.

Wieso aber Oldshatterhand? Es gehört zum Witz (sicher aber zur Wirkungsgeschichte Karl Mays), daß die Indianervisionen des Sachsen auch in den Köpfen der Jungen der *Räuberbande* spukten und sich diese Jungen aus dem Kleinhandwerkermilieu Würzburgs die Heldennamen wählten, die ihnen magische Kräfte zu geben schienen. Die Abenteuer der *Räuberbande* sind Jungen-Abenteuer, wie sie jede Generation der 12- bis 14jährigen wieder erprobt, nur daß die Abenteuer um die Jahrhundertwende andere waren als die von heute, harmloser, unerfüllbarer die Sehnsüchte, bescheidener und reicher die Möglichkeiten der Phantasie. Sie alle sind Söhne nicht eben wohlhabender Eltern, die sich noch nicht vorstellen wollen, daß sie wenige Jahre später die gleiche Lebenslast zu tragen haben werden wie ihre Väter und Mütter, Jungen, die in der Schule noch gezüchtigt werden, Jungen, die noch so viel Kraft und Aufbocken in sich haben, daß sie glauben, niemals Untertanen zu werden. Und doch sind schon die künftigen Lebensläufe entworfen.

Was im ersten Roman aufgefallen war, Leonhard Franks sichere Schilderung des Kleinhandwerkermilieus, die Aufmerksamkeit für die Armut, das offene Ohr für die Sprache zwischen Frömmigkeit, Aberglauben, Geltungsbedürfnis, Gschaftlhuberei und praller Lebensfreude, die falsche

Sprache der Erwachsenen, gegen die sich die Jungen auflehnen, wird im *Ochsenfurter Männerquartett,* nun bewußt ironisch, beherrscht.

Wir kennen sie alle wieder. Oldshatterhand fehlt. Er hat sich umgebracht, kurz vor dem Erfolg, verstört vom falschen Glanz der Münchener Boheme. Von ihm spricht keiner mehr. Auch von Winnetou nicht, der im Kloster ist. Die anderen sind gesetzte Männer, Familienväter, aber alle sind arm geworden, ihre kleinen Betriebe, Wirtschaften haben der Inflation nicht standgehalten.

Wieder umschlingen sich im Roman mehrere Geschichten, wird eine zur Hauptgeschichte, nämlich die des ehemaligen Bäckers und Schankwirts Oskar Benommen, der in Mordverdacht gerät, als der Geldverleiher Molitor tot in der Wohnung aufgefunden wird; umrankt eine Liebesgeschichte der nächsten Generation das harte Männergeschehen. (Wer schreibt heute solche zarten, einfachen und doch so komplizierten Liebesgeschichten? Wem gelingen solche Mädchenkindfrauen noch?) Die Idee, die dem Roman den Titel gibt: ein Männerquartett zu gründen und in Festsälen aufzutreten, ist nicht ohne Komik. Sie erproben sich an einem Kindergrab, sie haben dann auch einen Auftritt in Ochsenfurt. Richtig wohl fühlen sie sich nicht, und obwohl der Kassenteller voll ist, bleibt das finanzielle Ergebnis doch mager. Sicher keine Zukunft für die vier, wenn nicht zwei von ihnen das Glück einholen würde. Dem einen stirbt eine Erbtante zeitig genug, um ihren Lieben doch noch etwas zu hinterlassen, der andere, selbst verwitwet, findet die wohlhabende Witwe. Elemente des Unterhaltungsromans, immer wieder: Zartheit, Derbheit dicht nebeneinander, Not, Armut. Das groteske Bild der vier nicht mehr jungen Herren in miserablen Fräcken mit hohen Zylindern, die dubiose Sanftheit der Revolvermachers- und Munitionshändlerswitwe als Braut, die Trinklust und Trinkfestigkeit aller, der rundliche Richter mit seiner Sorge wegen der nicht austreibenden Teltower Rübchen, der finstere Anarchist, der gern ein Held sein möchte, die verhärmte Schneidersfrau, der das Kind stirbt, der schnapsnasige Fischer, der, Gott weiß wie, über die Runden kommt, der junge Sohn des Gärtners mit seinem Kopf voller Erfindungen, seinem Fleiß, seinen Studienplänen und seiner ersten Liebe; die Frauen, Mütter von heranwachsenden Kindern, die mit dem Fast-Nichts an Einkünften haushalten, Provinzschauspieler, Rentner, ein Arzt, der mit seinem Leben nicht zurechtkommt – immer gleiches Unglück, Frühjahr, Sommer, Herbst, Winter, Tage, Nächte im Maintal.

Franks Farben sind leuchtend, doch die Dunkelheiten sind abgestuft, seine Sprache ist einfach, kaum mainfränkisch geprägt bis auf die Bevorzugung von Diminuitiven. Seine Helden sind die kleinen Leute, die sich durchwursteln, aber immer ist da einer, der heraus will, nach Höherem strebt, nach Bildung, Wissen, Ruhm, vom Autor auf den Weg geschickt. Denn Frank ist der allwissende Erzähler, der in Kammern und auf dem Markt, am Vierröhrenbrunnen und in der Gärtnerei, auf dem Schloßberg und in der Dachkammer immer dabei ist. Er reflektiert nicht über das Erzählen. Er erzählt. Er klagt nicht an. Er analysiert nicht die Enge, in der die Menschen seiner Romane leben. Er beschreibt sie.

1918 hatte er seinen Novellenband genannt: *Der Mensch ist gut.* Das bleibt sein Bekenntnis, sein Menschenvertrauen, auch dort, wo er nicht vom Aufbegehren schreibt, wo er die Heruntergekommenen, ihre kleinen Tricks, die Widerborstigkeiten und Bosheiten darstellt, zu denen jedermann fähig ist. Der Mensch ist gut, aber er schafft es nicht, als guter Mensch durchzukommen; er ist verführbar.

Doch noch ist die Verführbarkeit kein wichtiges Thema für Frank. Das wird er erst im letzten Roman, *Die Jünger Jesu,* durchspielen, in dem er ein weniger freundliches Bild der fast unmittelbaren Nachkriegsszenerie im Maintal entwirft – und doch auch das noch ein Bild voller Liebe, wenngleich nicht ohne Sentimentalität – wie ein Bauernmaler die Welt sieht.

Eine Wunschwelt entwirft Frank jedoch nie. Begabung, Unruhe, sich nicht verstecken, Hoffnungen nicht in Wein und Bier ersäufen, sind von Roman zu Roman das Gegenthema gegen die Behäbigkeit und Last der sozialen Bindungen und Verbindungen. Die Außenseiter nehmen Not, Mißachtung und Angst auf sich. Aber keiner von ihnen ist Fanatiker, keiner ist sich ganz sicher, mit seinem Auftritt in der Welt Veränderungen einzuleiten, auch wenn jeder von ihnen das hofft und die Helden der Novellen aus dem ersten Weltkrieg *(Der Mensch ist gut)* das versuchen. Franks Menschenbeobachtung ist durchaus behutsam, ist die des Humoristen, der lächelnd, lachend versteht und zweifelt. Schon im ersten Roman ist Franks Humor »da«, wenn er die Menschen nur um einen halben Strich verzeichnet, so daß sie deutlicher werden. Im zweiten Roman, im *Ochsenfurter Männerquartett,* blüht der Humor voll auf – ich wage nicht zu sagen: chaplinesk, weil die Auseinandersetzung mit der Maschinenwelt bei Frank fehlt.

Wie ein Bauernmaler die Welt sieht – liebevoll – und doch weiß, daß sie hart ist. Nicht wie ein Sonntagsmaler die Welt sieht, der die Härten ausläßt.

Franks Volkstümlichkeit ist seine Stärke und sicher auch seine Schwäche. Er muß nicht ergründen, warum Armut und Not über die Menschen gekommen sind, er stellt fest: »Auch Oskar Benommen, der Besitzer der Bäckerei und Weinwirtschaft ›Zum Schwarzen Walfisch zu Askalon‹ war von den Mehl- und Weinschulden trotz zähester Gegenwehr aus seinem schmalen, verräucherten Goldgrübchen hinausgedrängt worden. In seiner Jugend hatte er den Athletenverein ›Goliath‹ und den Skatclub ›Bargeld lacht‹ gegründet. Der Durst seiner Freunde, zusammen mit dem der übrigen Stammgäste, die nicht Karten spielten, nicht stemmten und viel tranken, hatte ihm eine sichere Existenz und allmählich steigenden Wohlstand verbürgt . . . Dieser zielbewußte Mann, der in seinem Kreise immer die Hauptrolle gespielt und schon als Zwölfjähriger eine Knabenbande angeführt hatte, entschlossen, Würzburg niederzubrennen und nach dem Wilden Westen zu ziehen, wo die Freiheit winkte, stand an einem windigen, naßkalten Märzmorgen des Jahres 1927 auf der Mauer des Festungsgrabens, in dem vor nun fast dreißig Jahren allnächtlich seine Bande am Lagerfeuer versammelt gewesen war, und blickte trüben Sinnes hinunter auf die Stadt.«

So hat Zille, so hat Wilhelm Busch, so haben auch Fontane, auch Fritz Reuter zuweilen die Menschen dargestellt, augenzwinkernd und voller Verständnis. Seht doch mal hin, wie so einem zumute ist! Seht in den Spiegel! DAS IST SO! – ohne Larmoyanz, ohne Pathos.

Fast mündliches Erzählen, dem Zuhörer zugewandt, ja mehr noch, der Zuhörer wird zum Komplizen des Erzählers, und gemeinsam werden sie zu Komplizen derer, von denen erzählt wird.

Kaum erstaunlich, daß die Romane gültige Film-Bücher sein könnten! Wohl darum hat die Franksche Erzählkunst die Unmittelbarkeit und Frische behalten, auch wenn er uns Hintergrundinformation, Analyse der sozialen Mißstände, historisch und sozial ausgreifende Gesellschaftsporträts schuldig bleibt; wenn er im Arbeitslosenroman *Von drei Millionen drei* (1932) wohl das Elendsmilieu, nicht aber das politische Elend der endzwanziger Jahre darstellt; wenn er die alten und die neuen Nazis 1947 im Roman *Die Jünger Jesu* emotional, natürlich ablehnend beschreibt, ganz anders als Bert Brecht, als Klaus Mann, als Irmgard Keun, als Ödön von Horváth, als Marieluise Fleißer, Anna Seghers – nicht als Analytiker der politischen Szene. Das erleichtert es Frank aber auch, das Elend der deutschen Bevölkerung nach 1945 zu sehen, die Guten und die Bösen zu sondern und als einer der ersten das Fortdauern der Nazi-Ideologie zu ahnen.

Leonhard Frank, einer, der mit dem Herzen, mit den Augen und Sinnen schreibt. Unter den Romanen ist das *Ochsenfurter Männerquartett* zweifellos das Meisterwerk; Sentimentales, das ihm in den zwei späteren Romanen nicht auszusparen gelingt, ist hier durch Gelächter aufgefangen.

Anzumerken, daß Würzburg in allen vier Romanen wichtig ist, auch wenn neue Schauplätze (die großen Städte in den zwanziger Jahren, insbesondere Berlin) dazugefunden werden. Anzumerken, daß die Romane wie fortlaufend erzählt werden, nicht nur dank der Personen, von denen sich einige noch in den späteren Romanen finden. Anzumerken ist das Kleinbürgermilieu, das immer wieder nach den einzelnen greift. Anzumerken auch die Vorliebe für Gruppen, fürs Vagabundieren, Unterwegssein, wie sie die Erzähler der Romantik charakterisiert. Anzumerken, daß Heimat und Fremde wohl antastbar sind, aber in ihrer Spannung zueinander nicht angetastet werden. Und nicht auszulassen ist Leonhard Franks Landschaftsbegeisterung. Die Mainschleifen in und um Würzburg sind sein Zuhause, die Wälder und die Weinberge seine Geborgenheit. Und darum freut es mich, daß hier in der Geburtsstadt dieses nicht bequemen, aber freundlich kritischen Begleiters seiner und Ihrer Geschichte in der ersten Hälfte des Jahrhunderts, an Leonhard Frank, gedacht wird. Man meint, ihn am Vierröhrenbrunnen stehen oder zur Festung hinaufsteigen zu sehen, sein Lachen zu hören, das nie ein abweisendes, nie ein hochmütiges Lachen ist.

»Da standen sie an der Rampe, vier Herren in Frack und weißer Weste, die weiße Nelke im Knopfloch. Das machte Eindruck auf die Ochsenfurter Bauern. Das hatten sie noch nicht gesehen.«

Da haben sich welche selber aus der Patsche ziehen wollen. Aber die Fräcke sitzen nicht, sie sind füllige kleine Handwerker. Sie haben noch nie öffentlich gesungen – – –

In den hellen Augen Leonhard Franks, wie er von der Festung auf die Stadt hinuntersieht, den Weg nach Ochsenfurt ausmißt, steht der Schalk; da ist ihm doch was gelungen, was im Maintal nicht vergessen werden kann! Danken wir ihm! Vielleicht sieht er uns von irgendwoher dabei zu. Verwundert. Denn so gut stand er sich mit der Heimatstadt nicht, auch wenn er ihr wie kaum einer verbunden war.

Gertrud Bäumer
1873–1954

Das Schönste, das man erleben kann, ist,
da, wo man verehrend liebt,
gebraucht zu werden mit allem, was man schenken kann.
Dann gibt es überhaupt keine Grenzen der Kraft mehr.

Die Bücher von Gertrud Bäumer, die ich mir aus den Bibliotheken entliehen habe, sind fast alle nur bis zur Mitte der sechziger Jahre mit Ausleihstempeln in dichter Folge versehen gewesen. Daß das nicht nur mit veränderten Ausleihpraktiken zusammenhängt, ist mir in der wochenlangen Beschäftigung mit ihrem reichen Leben und Lebenswerk klar geworden.

Ich habe die Fotos gesehen, das intelligente Gesicht, durchstrahlt von Güte. Ich habe sie mit den Augen ihrer Freunde gesehen, Friedrich Naumann, Theodor Heuss, Fritz Usinger, mit den Augen der Minister und Reichstagsabgeordneten, mit denen sie in der Weimarer Republik zusammengearbeitet hat, mit den Augen der Arbeiterfrauen, die während des ersten Weltkriegs ihre Hilfe beanspruchten und fanden, mit den Augen der Bauern in Obergießmannsdorf, wo sie in den Alters- und Kriegsjahren von 1934 bis zum Aufbruch aus Schlesien im Februar 1945 gelebt hat. Und mit den Augen all der hochbegabten, engagierten Frauen, die für die Frauenbewegung, für die Ausbildung der Frauen und ihre Anerkennung im Beruf, für das Wahlrecht der Frauen gearbeitet, gelebt haben, allen voran mit den Augen Helene Langes, mit der sie vom Sommer 1899 bis zum Tod 1930 zusammengelebt hat wie Mutter und Tochter und doch, trotz der liebenden Sorge füreinander, zwei Gleichgesinnte, zwei durch gleiche Aufgaben miteinander vertraute Frauen – sogar auf der neuen Schreibmaschine hat die Ältere für die Jüngere getippt! – und zu der ins Berliner Heim zurückzukehren für Gertrud Bäumer nach Kongressen, Delegationsreisen, Vortragsreisen und vor allem den Wahlkampfreisen als Reichstagsabgeordnete der Deutschen Demokratischen Partei immer ein Fest war.

Ich sehe sie – 1933 nach der Machtergreifung Hitlers

dank dem neuen Gesetz zur Wiederherstellung des Berufsbeamtentums § 4 »wegen nationaler Unzuverlässigkeit« aus ihrem Amt mit dem großen Aufgabenkreis als Ministerialrat im Reichsministerium des Innern, wo sie Schulreferat und Jugendwohlfahrt betreut hatte, entlassen – mit den Augen der Frauen, die ihr verbunden waren: voller Respekt für die Haltung, mit der sie sich nun ihr Altersleben, ihr Leben als Schriftstellerin aufbaut, daneben die Zeitschrift *Die Frau* weiter herausgibt bis zur Einstellung der Papierzuteilung 1944.

Aber ich sehe sie in den Jahren des Wirkens nie mit ihren eigenen Augen, als habe sie zu viel von sich weggeben müssen und weggegeben, nicht aus ökonomischer Not, sondern aus dem Bewußtsein der Fülle, das zur Verantwortung drängt.

Ilse Moltzahn hat 1954 nach Gertrud Bäumers Tod drei Begegnungen mit ihr festgehalten, die erste aus dem Jahr 1913 in der Fröbel-Frauenschule in Leipzig, in die Helene Lange und Gertrud Bäumer, beide aus dem Vorstand der »Nationalen Frauenvereine«, zum Vortrag gekommen waren, die Bäumer modisch, nicht extravagant gekleidet, in ihrer Rede klug und fesselnd und ganz ohne Polemik; die zweite Begegnung im Dezember 1941 in einer Berlin-Grünauer Privatgesellschaft, bei der sie nervös und überanstrengt wirkte (sie war eben aus Hamburg von einem Vortrag zurückgekommen), erst nachher auf dem Weg zum Bahnhof begann sie von ihrer großen Sorge zu sprechen. Ilse Moltzahn verspürte »ihr mütterliches Herz für die Verfolgten«. Und schließlich die dritte Begegnung am Jahresende 1944 in Breslau im großen Vortragssaal des Zwinger, dem wohl letzten großen gesellschaftlichen Ereignis vor dem Aufbruch, bei dem der schlesische Adel fast vollständig anwesend war, so schreibt Ilse Moltzahn. Gertrud Bäumer, zweiundsiebzigjährig, im hochgeschlossenen schwarzen Seidenkleid, sprach über Goethes Liebe zu Marianne von Willemer; offensichtlich in Hochform, ließ sie die Zuhörer die innere Spannung der Vor-Abschiedssituation vergessen. Noch einmal die Wärme der alten Frau für die junge, die sie beschreibt, für Marianne von Willemer, die Zartheit, die sie immer im Umgang mit den jungen Frauen gekannt und die ihr die Verehrung und Liebe so vieler gebracht hatte.

Und mit einemmal begreife ich das nachlassende Interesse an Gertrud Bäumer in der herangewachsenen Nachkriegsgeneration in den sechziger Jahren: Von der Unmittelbarkeit ihrer Erscheinung ist das Pathos übrig geblieben, für das diese junge Generation so gar kein Verständnis mehr hat.

Ich will eine andere Annäherung, die über ihre Biographie, versuchen. Sie hat sie 1933 veröffentlicht und erst im Sommer abgeschlossen; und da steht auf Seite 441, also fünf Seiten vor dem Ende des Buches, ein Satz über Hitlers Reichstagsrede als Kanzler, in der er »die eigene glühende Vaterlandsliebe als Grundlage für die Achtung der anderen bezeichnete und für den Wunsch, ›aus tiefinnerstem Herzen‹ mit ihnen Frieden zu schließen«. Von Gertrud Bäumer immerhin nach der Entlassung aus dem Amt geschrieben und doch auch in Kenntnis von Hitlers Auftreten im Reichstag vor 1933, hat der Satz heute eine Signalwirkung für die Schwachstellen der bürgerlichen Frauenbewegung, die allerdings nicht dazu verführen darf, die großen Leistungen dieser Bewegung zu unterschlagen. Gertrud Bäumer ist keine Parteigängerin der Nazis geworden. Proben persönlichen Mutes sind bis 1945 belegt. Und die Zeitschrift *Die Frau* bleibt politisch zurückhaltend, bürgerlich national, christlich sozial und in den Kriegsjahren besonders offen für die Lebensnot der Mütter und jungen Frauen, die den Todesnachrichten und dem Existenzkampf ausgesetzt waren.

Wie sieht nun dieser bürgerliche Lebensweg der Gertrud Bäumer aus?

Sie ist am 12. September 1873 in Hohenlimburg geboren. Der Vater, ein junger Theologe (aus einer Theologenfamilie über Generationen), kam in dem Pfarramt, das er 1872 in Hohenlimburg, einem der strengst kirchlich gebundenen Bezirke Preußens, angetreten hatte, in Konflikt zwischen Gewissen und Pflicht. Durch seine Freundschaft mit dem Kultusminister Falk, der die geistliche Schulaufsicht über die Volksschulen abzulösen versuchte, bot sich die Berufung in den Schulaufsichtsdienst und 1876 das Amt des Kreisschulinspektors in Cammin an der pommerschen Ostseeküste. Nicht etwa zu seinem besonderen Glück. Er war ja nicht nur ein Fremdling aus dem Westen, er fand auch im konservativen Superintendenten des Bezirks und in der uneingeschränkt konservativen Bevölkerung wenig Gegenliebe. Für die drei Kinder der jungen Familie – Gertrud ist die älteste – zählen die Jahre am Bodden dennoch zu den eindrucksvollsten der Jugend. Die Verbundenheit mit der Natur, die Wiesen, Bäche, Dünen, der Strand und das Meer, die ganz unzeitgemäße Freizügigkeit der Erziehung schaffen einen Bilder- und Empfindungsvorrat, der für ein Leben ausreicht. Gertrud Bäumers Schilderung der Kinderjahre hat denn auch eine Anmut und Frische, eine genaue Selbstbeobachtung, wie sie ihr später in den Novellen und Romanen des Alters nicht mehr gelingt. Ein wildes, ungebärdiges Kind, das ein ungewöhnlich gutes Verhältnis zum Vater hat, der sie aufs Segelboot mitnimmt, aus dem Morgenschlaf heraus, weil er zu einer Tagung nach Dievenow fahren muß; der ihr bei den Winterfreuden beisteht. Von den Konflikten, die ihn zerreiben, erfahren die Kinder nichts. Das fügt sich erst später zur Einsicht. Nachdem Kultusminister Falk gestürzt war und unter seinem Nachfolger Puttkamer die reaktionäre Bildungspolitik wieder Vorrang hatte, nachdem aber auch im Wahlbezirk zum ersten Mal ein nationalliberaler Kandidat aufgestellt und erfolgreich war – dank des Einsatzes des Schulinspektors Bäumer –, war dessen Bleiben dort nicht mehr. Er wurde nach Mülheim an der Ruhr versetzt.

Gertrud ist neun Jahre alt, begreift schon ganz deutlich die andere, die zugänglichere Lebensart, die Lust am Fröhlichsein, am Wohlstand, aber auch die Industrielandschaft mit ihren unfrohen Ansiedlungen. Doch bald erkrankt der Vater schwer, sind Mutter und Vater im Krankenzimmer unerreichbar und retten ihn Pflege und die Operation, die ein Bruder der Mutter, Arzt am Eppendorfer Krankenhaus, noch versucht, nicht mehr. Er stirbt im Frühjahr 1883. Gertrud ist noch nicht zehn Jahre alt. Wieder ein Umzug nach Halle an der Saale, ins Elternhaus der Mutter zurück, in die große Familie, über die die Großmutter herrscht. Und das Elend der jungen Witwe: drei Kinder, eine karge Rente, kein Beruf. Eine Erfahrung, die Gertrud reflektieren wird. Noch ist die neue Umgebung nur interessant, auch freundlich, wenn auch an die spartanische Strenge und Anspruchslosigkeit erinnert werden sollte: trockene Semmeln morgens, der Luxus einer Marmeladensemmel Mittwoch nachmittags, kühle Zimmer und nicht etwa für jeden eines, eine genaue Arbeitseinteilung für alle Hausbewohner. Höhepunkte im Jahre sind die kirchlichen Feste, es sind aber keine Tage überreichlichen Essens oder aufwendiger Geschenke, obgleich die Großmutter nicht zu den Armen zählt, sondern ein Haus mit großem Garten in Giebichenstein kaufen kann, den die Kinder lieben wie das Schlittschuhlaufen im Winter, so lange, bis schon das Wasser auf dem Eis steht. Natürlich Musikstunden. Und wenn auch nicht mehr die Freiheiten von Cammin am Greifswalder Bodden, so doch Freiheiten genug.

Anders für die Mutter. Für sie ist das Haus ein Käfig. Auch die heranwachsende Gertrud sieht das so: »Immer, wenn die Erinnerung in dieses Jahr zurückgeht, taucht ein bestimmter Abend Ende Februar auf. Äußerlich war es wie an allen Abenden. Man saß um den runden Tisch. Großmutter schlief die feststehende Stunde des Zubettgehens herbei. Sie war nicht zu bewegen, etwa früher schlafen zu gehen. Die Tante las strickend, sie wendete die Blätter mit der Nadel um. Der blonde Kopf der Kusine schwebte über einer Wolke von Seide. Sie nähte Sträußchen in die Rüschen ihres Ballkleides. Ihre schmalen roten Backen glühten über dem blendenden Stehkragen ihrer Bluse, ihre Armbänder klingelten leise beim Auf und Ab ihrer hübschen weißen Hände. Ich pflegte meinen Stuhl soweit an den Rand des Lichtringes zu schieben wie nur möglich – es brauchte niemand zu sehen, was ich las – und war voll rebellischer Fragen. War dieses Leben nun das Richtige? War das wirklich alles: Schicksal und Liebe, Schmerz und Glück, Tod und Leiden? Großmutter? Sie erzählte gern, daß sie ein wildes Mädel gewesen sei, und dann veränderte sich etwas um ihren festen Mund, schwer festzuhalten. Aber nun waren ihre Söhne verheiratet, und an vier oder fünf Tischen war es heute ähnlich wie hier: Kreuzzeitung und Häkeldeckchen. Und dazu *Die letzte Reckenburgerin.* War dies das Frauenleben – diese Spirale um die eigene Achse?«

Die Mutter bricht aus, geht nach Magdeburg, wo ein Bruder Arzt ist, versucht es mit einer Privatpension. Ganz gelungen ist ihr's nicht. Die Einkünfte blieben schmal. Gertrud hat nach Abschluß der Schule noch keinen Seminarplatz, dazu ist sie zu jung. Sie will sich zur Lehrerin ausbilden lassen, die einzige Möglichkeit, weiterzulernen. Und als sie dann endlich soweit ist, macht ihr ein älterer Lehrer dreiviertel Jahr vorm Examen einen Heiratsantrag, den sie ablehnt, nach Halle zurückgeht, in Halberstadt Examen macht und im Herbst darauf eine Lehrerinnenstelle in Kamen in Westfalen übernimmt, die ein Schwager der Mutter vermittelt, der dort Pfarrer ist. (Das jedenfalls gehört zum Bürgerlichen: der Zusammenhalt der großen Familien, auch wenn keine goldenen Berge zu erobern sind.) Gertrud ist neunzehn Jahre alt, als sie für 980 Mark im Jahr als Lehrerin vor einer Klasse von siebzig Schülern steht, in der ihr der gesamte Unterricht obliegt. Im zweiten Jahr sind es fast hundert Schüler. Gertrud gelingt es, ein freundschaftliches Verhältnis zu den Kindern herzustellen. Durch den Pfarrer-Onkel hat sie auch Kontakt zu den Eltern und lernt die sozialen Nöte im Industriebezirk kennen, aber auch die Starrköpfigkeit und Verschlossenheit der Bauern auf den großen Höfen. Bei einer Versammlung, auf der der Hofprediger Stoecker spricht, erwacht ihr Oppositionsgeist. Und als sie durch eine ältere Kollegin zum ersten Mal von Helene Lange hört, einmal auch die Zeitschrift *Die Lehrerin* in die Hand bekommt, weiß sie, daß es nicht genügen kann, die Kinder der Ärmsten zum blinden Gehorsam zu erziehen. Einundzwanzigjährig in die Mädchenvolksschule nach Magdeburg-Neustadt gerufen, ins Arbeiterviertel, wird sie noch unmittelbar mit dem, was Erziehung zu leisten hätte, konfrontiert. Sie stößt auf Lern- und Erziehungsschwierigkeiten, denn die Eltern der Kinder sind zu überanstrengt, um das Lernen zu begleiten. Die scheinbar so friedlichen Abende um das Rund der Lampe in Halle sind völlig verdrängt. Für die Aufgaben, die sich ihr stellen, wird die Zeitschrift *Die Lehrerin* von Nummer zu Nummer wichtiger: sie beginnt sich für den Lehrerinnen-Verein zu interessieren, einem der Initial-Zentren der Frauenbewegung.

Und wiederum sehe ich sie vor mir – die Mutter hatte ein Internat übernehmen können –: die jungen Schülerinnen, die wenig älteren Lehrerinnen, die Mutter; sie lesen Goethes *Tasso,* sie vertiefen sich in religiöse Fragen. Die Aufsätze der emanzipatorischen Zeitschrift geistern in den Köpfen, der Plan zur Gründung eines Lehrerinnen-Vereins in Magdeburg wird durchgesprochen, die Gründung denn auch beschlossen. Und dann, im Winter 1896 auf 1897, spricht Helene Lange in Magdeburg. (Zu dieser Zeit stehen Helene Langes erste Abiturientinnen aus den Gymnasialkursen vor dem Abitur; die Presse in Berlin ist voll von Hohn- und Spott-Artikeln; nach dem Erfolg wird sich das ändern.) Die junge Magdeburger Lehrerin Gertrud Bäumer nimmt alles noch wie aus der Ferne wahr: die Souveränität der fünfzigjährigen Helene Lange, die Ermutigung, die sie der Magdeburger Versammlung und auch wenige Monate später auf dem Leipziger Pfingsttreffen des »Allgemeinen Deutschen Lehrerinnen-Vereins« den vielen von weither angereisten Frauen gibt. Gertrud Bäumer lernt auch die Veteranin der deutschen Frauenbewegung, Auguste Schmidt, kennen, und sie beschreibt ihre Eindrücke durchaus ohne Ergebenheit, auch wird in den Aufzeichnungen schon deutlich, daß sich ihre Sprache aus der Subjektivität zu lösen beginnt, berichtender wird, wenig mehr Emotion vermittelt. Die junge Frau ist ja nun dank ihrer Intelligenz und intensiven Arbeit inmitten der Studienvorbereitung und wird 1898 zum Studium nach Berlin aufbrechen; sie gönnt sich keine Emotionen mehr.

Die Schwierigkeiten des Frauenstudiums damals sind heute kaum noch vorstellbar: ohne Stipendien, ohne steuerbegünstigte Erziehungsbeihilfen und vor allem ohne schulischen Bildungsunterbau. Darum können wir wohl den Enthusiasmus so schwer begreifen, mit dem sich die Fünfundzwanzigjährige ins Studium stürzt, kaum viel von dem Berliner Leben dieser Jahre wahrnimmt und nach dem Oberlehrerinnenexamen 1900 weiter will.

Aber es gelingt uns auch nicht, die Situation an der Universität zu realisieren: die Vorbehalte der Professoren gegen die Frauen, die Damenkurse. Dennoch: »Die Beglückung durch die Wissenschaft lag darin, daß sie uns Einheit und Zusammenhang erkennen ließ. Denn damals war der Instinkt, der uns in der geistigen Bewältigung des unabsehbaren Tatsachenbereiches leitete, vor allem auf Einheit und Zusammenhang gerichtet. Insofern waren wir noch Erben des Humanismus und folgten dem Wege seines Glaubens an einen Sinnzusammenhang der geschichtlichen Wirklichkeit.« Mit diesen Sätzen zieht Gertrud Bäumer mehr als nur ein Fazit ihrer Studien. Sie beschreibt die Lebenshaltung, der sie nicht ausweichen kann und wird. Sie beschreibt, ohne es hier schon zu wollen, die Anfälligkeit der bürgerlichen Bildung in diesem Jahrhundert. Und vielleicht doch auch – und das wird ihr in der Arbeit mit den

Frauen deutlich werden – die Kraft, die den Frauen aus dieser Lebens-Einsicht erwächst.

Gertrud Bäumer hat nach dem Abschlußexamen als Oberlehrerin das Vollstudium an der Friedrich-Wilhelms-Universität begonnen, hat sich von Adolf Harnack und Dilthey, dem Theologen und dem Philosophen, begeistern lassen, bei Erich Schmidt literaturwissenschaftliche Motivforschung getrieben und hat Roethes germanistische Vorlesungen, der Damensperre wegen, aus dem Nebenraum mit angehört. Erlebnisse, die sie zu der Schrift *Die Frau in der Kulturbewegung der Gegenwart* motiviert haben, die sie noch vor dem Studienabschluß 1904 veröffentlicht hat; denn sie ist ja durch ihre Arbeit bei Helene Lange, die sie ab 1899 übernommen hat, nicht nur mit der Praxis: Invalidenversicherung, Rechtsschutz (für die Frauen), nicht nur mit der Auseinandersetzung über nationalökonomische Fragen und die marxistische Theorie befaßt: sie erfährt täglich neu, was die Frauen kulturell zu geben vermögen, was sie erwarten, sei es in der Redaktionsarbeit für die Zeitschrift, sei es bei Besuchen der einzelnen Mitgliedervereine. Die Aufforderung, an der Vorbereitung einer Mädchenschulreform teilzunehmen, bestätigt das wachsende Ansehen der Frauenorganisationen. Auslandsreisen zu Kongressen, zum Erfahrungsaustausch mit den Frauenvereinigungen anderer Länder, zum Beispiel über deren Kampf um das Wahlrecht für die Frau oder über deren hochentwickelte Friedensbewegungen, bringen internationale Frauenfreundschaften.

Ab 1912 dann auch noch die redaktionelle Mitarbcit an Friedrich Naumanns Zeitschrift *Die Hilfe,* für die beide, Naumann und Gertrud Bäumer, vom August 1914 an die Chronik schreiben, um den Alltag an den Fronten und in der Heimat festzuhalten. Die Heimatchronik vermittelt ganz sachlich, wieviel Arbeitsaufwand mit der Entwicklung und Durchführung des »Frauendienstes« in der Heimat verbunden war. Es galt ja, den Frauen, die sich durch den Kriegsdienst des Mannes plötzlich auf sich gestellt sahen, in Fragen der Miete, der Unterstützung, der Arbeitsplatzsuche, der Kinderbetreuung, der Ernährung beizustehen, die Versorgungsschwierigkeiten erträglich zu machen. Ständig kamen Tausende von Frauen in die Beratungsstellen, die die organisierten Frauen eingerichtet hatten, brauchten Hilfe, suchten Rat; Kinderkleidung wurde ausgetauscht, Pakete für die Männer wurden gepackt; ständig tauchten neue Alltagsprobleme auf, die organisatorisch bewältigt werden mußten; eine immense Arbeitsleistung!

So erstaunt es nicht, daß die Übereinstimmung, die sich zwischen Gertrud Bäumer und Friedrich Naumann zu einer behutsamen Intimität entwickelt, hinter den Reflexionen, die der brutale Krieg herausfordert, hinter der Suche nach dem Sinn, dem Abtasten des Vaterlandsbegriffs, dem Nachdenken über ein Mitteleuropa als Friedensziel, dem Nachdenken über Staatssozialismus und über die Spannung zwischen Individuum und Staat, eher verschwiegen wird. Die Übersiedlung der beiden Frauen Helene Lange und Gertrud Bäumer nach Hamburg, die örtliche Trennung von Naumann unterbricht den Gedankenaustausch nicht, wenn auch nirgends nachzulesen ist, was Gertrud empfunden haben mag, die nun wieder von einer neuen Aufgabe für die Frauenemanzipation, dem Aufbau eines sozialpädagogischen Ausbildungsinstituts, gefordert war.

Unerwartet haben die beiden Frauen aber vorerst an der Umstellung der Industrie auf die Frauenarbeit mitzuwirken, haben nicht nur Arbeitsplätze in der Kriegsindustrie auf ihre Eignung für Frauen zu überprüfen, sondern auch Schutzmaßnahmen für die Frauen zu entwickeln. Gertrud Bäumer entdeckt die Welt des Frauenproletariats nun so aus der Nähe, wie in den vielen tausend Einzelfällen der Betreuung noch nicht. Bemerkenswert, daß weder bei ihr noch in den Frauenvereinen der Gedanke der Verweigerung, für die Rüstung, für den Krieg zu arbeiten, auftaucht. Daß Karl Liebknechts Friedensaufrufe nicht nur kritisch bewertet, sondern wie Verrat empfunden werden. In dem Zusammenhang ist der Aufruf zu zitieren, den der Bund Deutscher Frauenvereine 1918 während der diplomatischen Notenwechsel zur Beendigung des Krieges formuliert hat: »Wir können kein Vertrauen haben zu einem Völkerbund, der begründet ist auf der zertretenen deutschen Ehre. Wir können kein Vertrauen haben zu einem Völkerbund, der seinem Eintritt in die Geschichte die Flut der Beschimpfungen vorausschickt, die sich in diesen Wochen über das deutsche Volk ergossen haben. Wir können kein Vertrauen haben in einen ›Rechtsfrieden, der als erste Bedingung dem deutschen Volke die Zumutung stellt, seine inneren Angelegenheiten unter dem Druck äußerer Macht zu regeln. Wir können einem Programm, das für das Recht der Nationalitäten eintritt, nicht glauben, wenn es zugleich die Preisgabe deutscher Menschen und alter Stätten deutscher Kultur und Arbeit an fremde Staaten einschließen sollte . . .«

Der Aufruf trägt sicher nicht nur Helene Langes und Gertrud Bäumers Handschrift, er bringt das Nationalgefühl zum Ausdruck, das im Bund deutscher Frauenvereine unangetastet geblieben war und das sich in der Weimarer Verfassung durchaus niederschlagen sollte. Für Gertrud Bäumers Arbeit als Abgeordnete der Deutschen Demokratischen (linksliberalen) Partei in der Weimarer Nationalversammlung und im Reichstag, in ihrer Arbeit beim Reichsminister des Innern in den Ressorts Schule und Jugendwohlfahrt bis zur Amtsenthebung 1933, aber auch in der internationalen Arbeit in der Frauenbewegung der zwanziger Jahre bleibt das verbindlich.

Die Frauen haben durch die Weimarer Verfassung endlich das Wahlrecht erhalten. Gertrud Bäumer versucht in Rede und Schrift nicht nur die Rechte und Pflichten zu benennen, sondern die Frauen auch zum politischen Urteil zu befähigen. Sie stimmt Rathenaus These von der Notwendigkeit der Planwirtschaft zu, äußert sich für die Siedlungspolitik und gegen den Großgrundbesitz, tritt für die Trennung von Staat und Kirche ein, setzt sich mit industrieller Arbeitsteilung auseinander und verteidigt die Legitimität der Betriebsräte, reflektiert die Möglichkeit, gesellschaftsschädigende Industrien auszuschalten, wehrt sich mit aller Schärfe gegen Chauvinismus und den faschistischen Anspruch auf Macht. Sie ist Politikerin aus Leidenschaft und Sachverstand (und ungewöhnlich modern, ja aktuell, von heute aus gesehen und gelesen!). Wer die *Grundlagen demokratischer Politik,* 1928 erschienen, nachliest, erlebt mit Vergnügen ihr historisches Wissen, den Bezug, den sie zu 1848 herstellt, die Informiertheit über die Geschichte der Sozialdemokratie und die Gewerkschaftsgeschichte. Aber sie bleibt immer den Frauen verbunden, die ja nun, so scheint es, die Früchte der langen Emanzipationsarbeit ernten. Sie veröffentlicht Essays über *Die Frauengestalten der deutschen Frühe:* die Plastiken des Naumburger und Bamberger Doms, des Straßburger Münsters und andere und die

Studien über Frauen, die auf ihre späteren biographischen Sammelwerke hinweisen. Sie hat schon 1926 im Aufsatz über *Die Frau in der Krise der Kultur* das Fazit gezogen, daß die Frau, eben zu sich selbst gekommen, dem Werte-Zerfall in der modernen Gesellschaft entgegentreten könnte. Und wenn auch in diesem Aufsatz Begriffe wie »Rasse« und »Führertum« auftauchen, die uns eher ärgerlich sind, ja wehe tun, so besticht doch die Forderung, die Sensibilität für das nachwachsende Leben nicht verkümmern zu lassen. (Immer wieder im Briefwechsel die Freude, wenn eine aus der Frauenbewegung Mutter wird; nie aber wird von ihr die Reduzierung des Frauenlebens auf Mutterschaft gefordert!)

Helene Lange stirbt 1930. Die Trauerfeierlichkeiten sind ein Fest der Rühmung für sie und für die Arbeit der Frauen. Da fehlt kaum ein großer Name aus Kultur und Politik. Wer von den Frauen denkt da schon an das Abdriften der Wählerinnenstimmen nach rechts, dessen Beschleunigung die Wahlanalysen seit dem Schwarzen Freitag 1929 und schon früher, schon in der Mitte der zwanziger Jahre, also im »goldenen Zeitalter« der Weimarer Republik, feststellen müssen? Und wie still wird es drei Jahre später zu Gertrud Bäumers sechzigstem Geburtstag im September 1933 nach ihrer Entlassung aus der politischen Pflicht sein!

Sie beendet ihren *Lebensweg durch eine Zeitenwende,* den sie zu diesem September 1933 vorlegt, mit einer Erinnerung an die letzten Krankheitsmonate von Helene Lange, in denen sie beide ihr Leben ausgemessen haben: »Alles Bunte, Leichte, Schöne unseres Lebens erstand, um bittere Stunden zu vergolden – aber unser Weg führte uns auch immer wieder vor das Angesicht der letzten Verantwortung.« Und: »In dieser Krise geht es immer noch um dasselbe, was mich bewegte, als ich um die Jahrhundertwende zu dir kam: die drei Motive: Einen *Glauben,* der für uns Menschen des 20. Jahrhunderts unsere Aufgabe sinnvoll mit unserem Gott zu verbinden und gestaltend in das Chaos der Zeit einzugreifen vermag. Eine auf lebendigen, innerlich freien Menschen aufgebaute Volksordnung, deren Gemeinschaftskraft alle schöpferischen Lebensenergien des Blutes und der Seele zugleich bindet und trägt und dadurch sinnvoll wird – Verkörperung der nationalsozialen Idee, deren Werden wir erhoffen; den organischen Einbau der Formkräfte der Frau in das Gemeinschaftsleben, der nur von ihr selbst vollzogen werden kann in dem Grade, in dem sie sich ihrer Arbeit bewußt wird ...« Das ist das Pathos, das es uns so schwermacht, mit Gertrud Bäumer umzugehen, auch wenn oder weil es das Pathos ihrer Generation ist. (Den Begriff »nationalsozial« hat Friedrich Naumann schon vor 1914 geprägt, um seine politische Vorstellung vom internationalen Sozialismusbegriff abzugrenzen, die seit Herder artikulierte nationale Komponente der Geschichte zu betonen.)

In der zum sechzigsten Geburtstag Gertrud Bäumers erschienenen Freundesgabe mit dem Zeichen der Frauenbewegung – dem Zeichen der Freia (Frigga) – und dem Septemberzeichen der Waage auf dem Einband schreiben die Frauen, mit denen sie zusammengearbeitet hat, mit denen sie Freundschaft gehalten hat: Marianne Weber, Else Ulrich-Beil, Dorothee von Velsen, Leonore Kühn, Elisabeth Meyn von Westenholz, Hilde Lion, Emmy Beckmann, die Schriftstellerin Ina Seidel und Helene Voigt-Diederichs, sind unter anderen aber auch Martin Buber und Theodor Heuss mit Aufsätzen vertreten. Doch wenn in dieser Festschrift der Religionswissenschaftler Otto Piper den Weg von Adolf Harnack bis zu den deutschen Christen entwirft (ein Jahr vor der Barmer Erklärung der Barthianer, der Bekennenden Christen), wenn Freiherr von Feilitzsch den Weg von der Jugendbewegung bis zu Adolf Hitler beschreibt, dann empfinden wir heute Unbehagen, weil wir die Konsequenzen dieser bürgerlichen Emotionalität in der Weimarer Republik nach 1933 zu genau kennen und weil es uns irritiert, daß im Umfeld der bürgerlichen Frauenbewegung solche Überlegungen auftauchen konnten.

Gewiß, das trifft für Gertrud Bäumer nicht zu, das trifft für die aktiven Frauen der Bewegung nicht zu. Sie bleiben (wie wir an den Jahrgängen der *Frau* bis 1944 ablesen können) zwar national gesinnt, dem Nazi-Faschismus gegenüber aber distanziert. Sicher, der Begriff »Führerin«, der sowohl in den Hitlerjugendorganisationen für Mädchen als auch in den Arbeitsdienstlagern verwendet worden ist, stammt aus dem Wortschatz der bürgerlichen Frauenbewegung. Und es wäre gewiß ungenau, wenn nicht unwahrhaftig, die jungen Frauen, die als Arbeitsdienstführerinnen jeweils Verantwortung für ein paar hundert Mädchen aus allen sozialen Schichten trugen, die ihnen in Barackenlagern anvertraut waren, samt und sonders als faschistisch zu verurteilen. Viele von ihnen sind aus der Frauenbewegung gekommen und als geschulte Pädagoginnen überzeugt gewesen, daß der Sozialdienst der Mädchen ein Stück nationale und soziale Arbeit war. Es wäre aber ebenso ungenau, die Adaption der in der Frauenbewegung vorgefundenen Ideen durch die nationalsozialistischen Frauenorganisationen nicht anzumerken, den Mißbrauch des nationalen Engagements, zu dem die Frauen in der Bewegung fast drei Generationen lang erzogen worden waren, zu verschweigen. Keinesfalls aber hat die Bejahung der mütterlichen Aufgaben der Frau die Mutterkreuz-Ideologie der Nazis vorbereitet.

Gertrud Bäumer hat sich zum Mißbrauch der Ideen der Frauenbewegung nicht mehr geäußert. Sie hat sich 1934 nach Obergießmannsdorf in Schlesien zurückgezogen und dort in enger Verbindung zur Familie von Sanden gelebt, immer wieder von Freunden besucht, immer wieder auch zu Vorträgen und Lesungen im Kreis ihrer Anhängerinnen und in Kirchengemeinden unterwegs. Sie hat jüdischen Freunden zur Emigration oder Flucht helfen können, obwohl sie beobachtet wurde, und hat konsequent mit ihren beiden halbjüdischen Sekretärinnen zusammengearbeitet. Denn nun hatte ja ihr drittes oder viertes Leben begonnen: die Arbeit als Schriftstellerin. Natürlich nicht unvorbereitet. Sie veröffentlichte Romane (sie selber bevorzugt die Bezeichnung Historie) über *Adelheid, die Mutter der Königreiche,* ein Porträt der Mutter Ottos II., der Frau Kaiser Lothars aus der hohen Zeit der Karolinger, und *Der Jüngling im Sternenmantel,* der Tragik Ottos III. gewidmet. Sie schreibt über Dante und Goethe. Was Friedrich Naumann einmal vorm ersten Weltkrieg mit Mitteleuropa umschrieben hatte, ist für sie wegweisend geblieben. Sie sucht die Erscheinungsformen des Christlichen in der Geschichte der deutschen Kaiserfamilien, in der Kulturgeschichte.

Aber was für sie keine Flucht in die Vergangenheit gewesen ist, stellt sie denn doch in ihre Zeit. Überblättern wir die Publikationen der zwölf Nazijahre, so haben Stoffe des Früh- und Hochmittelalters erheblichen Anteil an den Titeln. Das ist zum einen in der nationalen Identitätssuche begründet, zum andern jedoch das bildungsbürgerliche

Ausweichen vor der unmittelbaren Auseinandersetzung mit der Gegenwart. Gertrud Bäumers Romane sind jedenfalls nicht einfach abzuhaken. In ihren Reisebriefen aus Italien zur Vorbereitung der Bücher ist die Betroffenheit von Geschichte (wie sie sich in Bauten und Kunstwerken manifestiert) spürbar. Die psychologische und historische Genauigkeit ihrer »Historien« überzeugt. Mit ihrer Sprache haben wir's schwerer. Das ist noch die gehobene, am klassischen Vorbild orientierte Literatursprache, die ja bis in die frühen fünfziger Jahre gebraucht wird, gegen die sich die Sprache der Kriegsgeneration erst durchsetzen mußte.

Zu nennen ist hier nun aber auch Gertrud Bäumers große Leistung als Biographin, zwei Bände mit dem Obertitel *Gestalt und Wandel: Bildnis der Liebenden,* Frauenporträts von Heloïse bis Eleonore Duse. Ob sie Vittoria Colonna, Bettina von Arnim, Lou Andreas-Salomé, Caroline Schelling, Caroline von Humboldt oder Marie von Clausewitz nachzeichnet, immer ist die Zartheit ihres Einfühlungsvermögens auch in das historische Umfeld bewundernswert. Im zweiten Band, den sie *Frauen der Tat* nennt, zu denen sie durchaus auch die Schriftstellerinnen Marie von Ebner-Eschenbach, Isolde Kurz und Ricarda Huch zählt, besticht die Gerechtigkeit und Liebe, mit der sie sich jeder der Frauen zuwendet, ob sie nun Maria Theresia oder Louise Otto-Peters, Helene Lange oder Selma von der Gröben heißen. Diese zwei Bände sind ein erster Versuch, die Bedeutung der Frau in Kultur und Geschichte und den Einsatz der Frauen für die Emanzipation aufzuarbeiten.

In den Briefen, bis kurz vor dem Verdämmern, bleibt Gertrud Bäumer ganz unmittelbar. Da nimmt sie die alltäglichen und doch so schweren Erfahrungen des Krieges auf: den Kriegstod von Vätern und Söhnen in Gießmannsdorf; da nimmt sie Teil am Schmerz der Freundinnen über den Tod von Söhnen, bangt mit ihnen um schwerverwundete Söhne, bietet Hilfe bei Ausbombungen an und muß dann schließlich selber im Treck aufbrechen. Aber kein Wort der Klage über Unbequemlichkeiten, eher Dankbarkeit, nach vielen Stationen endlich auch anzukommen, wieder zu wohnen, anfangs in Bamberg, später in Bad Godesberg. Und zu arbeiten. Der schöne Abschiedsessay nach Ricarda Huchs Tod 1947 entsteht. Die Bücher werden für Neuauflagen durchgesehen. Und als letztes, ehe die Altersnacht über sie kommt, ein Gedicht, *Abschied,* fast rührend altmodisch in Diktion und Form, rührend unsicher auch: »Waren's Träume oder war's Geschehen,/Das uns bannte überm Strom der Zeit? . . .« Und der Nachsatz: »Das Gedicht hat noch niemand gesehen, aber Du kannst es behalten.«

Eine Frau, die sich leergeschöpft hat, um für die Frauen das beteiligte Leben zu sichern. Am Ende müde und sicher auch erschrocken, wie wenig geblieben ist. Wer dachte denn nach 1945 an eine neue Frauenbewegung? Da machten die Frauen die Drecksarbeit und hungerten und hofften. Und Frauenbewegung? Die war zu Gertrud Scholtz-Klink und Mutterkreuz und Gretchenzopf heruntergekommen. Mit all dem hatte Gertrud Bäumer so wenig zu tun. Aber die paar, die sich anders erinnerten, waren zu wenige und waren auch alt geworden.

Ich sehe, daß die Ausleihstempel in ihren Büchern selten geworden sind. Daß sie sich nicht wehren kann gegen falsches Verschweigen.

Ich möchte sie verteidigen, diese klardenkende, gütige Frau mit dem immer ein wenig verwehten Haar. Sie hat viel vorangebracht für die Frauen, ohne Polemik, ohne Haß. Das mag ihre Schwäche sein, aber eine heile Welt hat sie sich auch nicht vorgemacht. Sie hat nicht an eine radikale strukturelle Veränderung des öffentlichen Lebens glauben können, sondern an eine durch Nachdenken, Arbeiten und Stetigkeit erreichbare Gleichberechtigung der Frauen, die nicht mit Gleichheit zu verwechseln ist. Sie hat in die Ideen ihrer Generation eingebunden gelebt und gedacht, Ideen, die noch immer nicht zu Ende gedacht sind, weil wir den Mut nicht haben, auch Irrwege zu bejahen.

Elisabeth Langgässer

1899–1950
Versuch einer Annäherung

Sie war schon tot, als ich zum erstenmal ein Buch von ihr las: *Märkische Argonautenfahrt.* Es war Herbst oder Winter 1950. Ich saß in dem engen Zimmer zwischen meinen zwei kleinen Töchtern an dem einen Tisch, der als Eßtisch, Bügeltisch, Schreibtisch und Wickeltisch diente. Die Bilder der zerstörten Berliner Stadtlandschaft und der Mark Brandenburg im Sommer 1945 kurz nach den letzten Panzerschlachten des zweiten Weltkrieges, wie sie Elisabeth Langgässer festgehalten hatte, blieben, bestätigt durch die eigenen Erfahrungen, stehen, die sieben Menschen, die sie im Roman zusammenführte, die Gespräche, Rückblicke und Erwartungen auf ihrer Pilgerfahrt zum Auferstehungskloster Anastasiendorf in der südlichen Mark Brandenburg (der Name ist erfunden) prägten sich dem Gedächtnis ein, waren es doch Gespräche, wie wir sie damals in den Jahren des Nachkriegs geführt hatten und führten, Gespräche, die den einzelnen bloßlegten, schonungslos und zart zugleich. Ich weiß noch, daß ich die offene Struktur des Romans bewunderte, daß mich jedoch die Einfügung der Geschichte der Flüchtlings- und Waisenkinder Hellmuth und Helga irritierte, die die Langgässer mit dem Titel *Die Kinder der Medea* als den »zeitlosen Innenraum« des Berichts einführte, eine Geschichte wie von Wolfgang Borchert oder dem jungen Böll erfunden; mir erschien sie funktional eingesetzt, um einen Handlungsstrang über die Reise hinaus sichtbar zu machen. Und erst als ich wenig später Elisabeth Langgässers Erzählungen las, erkannte ich, daß das aus Katastrophen und Zusammenbrüchen gerettete Kind ein von ihr bevorzugtes Motiv war. Ich erinnere mich aber auch, vor allem als ich *Das unauslöschliche Siegel* las, an mein Widerstreben ihrer rigorosen Ablehnung der Aufklärung gegenüber und an mein Zurückweichen vor ihrer Erlösungsmetaphorik.

Beim Wiederlesen, mehr als dreißig Jahre später, habe ich, zur Unbefangenheit entschlossen, die gleichen Vorbehalte und die gleiche Bewunderung wieder erlebt, und es sind mir, deutlicher als damals, Zweifel an dem vielfachen Verweisungssystem entstanden, in dem Antike, Altes und Neues Testament und Gegenwart, dazu Querverbindungen zur Orthodoxie und zur Spätantike, gezogen werden; denn ich wehre mich, entschiedener noch als damals, gegen die *eine* Deutung der Menschheitsgeschichte, gegen die eurozentralistische Dialektik von Gut und Böse und damit gegen den missionarischen Anspruch des Christentums. Ich wehre mich, je mehr ich Elisabeth Langgässers erzählerische Kraft und die Strenge ihrer Posie bewundere, gegen die nachklassische, aber auch nachromantische untragische Weltdeutung, die den Freiheits- und Verantwortungsspielraum des Einzelnen im Zirkelschlag zwischen Gott und Satan, in der Balance zwischen Gnade und Schuld gefangen hält, anders als in Nelly Sachs' gleichzeitig aufbrechender Dichtung, in der Schuld überwunden, nicht aber aufgehoben werden kann, anders auch als in der gleichzeitigen existentialistischen Dichtung Sartres und Camus', die die Tragik des Menschen bloßstellen, ihn ungeborgen in die volle Verantwortung für sein eigenes Tun und Unterlassen stellen.

Ich habe versucht, Elisabeth Langgässer in ihrem Werk nahezukommen, um meine Abgrenzung genauer zu begreifen.

Faszinierend ist die atmosphärische Dichte ihrer Lyrik und ihrer Prosa, die Fähigkeit, den bacchantischen Taumel darzustellen, bis zum Exzeß hochzutreiben und die Dumpfheit, die zurückbleibt, festzuhalten. Und wie makellos ihre klassisch gereimten Gedichte sind! Die Verschränkung der Kulturen, die sich in ihrer rheinhessischen Heimat überlagern und aufeinander wirken, macht die Gedichte zwar schwierig und der Deutung bedürftig, um sie zu entschlüsseln, doch sie lassen sich auch vom Bild her erfahren dank der sehr genauen Naturbeobachung. Der Briefwechsel mit Wilhelm Lehmann ist ja nicht nur das Zeugnis einer Freundschaft, sondern auch einer Gleichgestimmtheit. Ich möchte hier aus den *Tierkreisgedichten*, die 1935 bei Jakob Hegner erschienen, zitieren.

Schütze

Die von dem Starenvolke,
dem wandernden, eben noch rauschten:
die wölbigen, schweren
ermatteten Sphären
gerannen wie Molke
am Samengewolke,
das sie für Vögel tauschten.

Es bebt auf Ätherbänken
von abgeschossenen Bogen –
geflügelte Schützen
mit flatternden Mützen
entleerten und senken
mit leichten Gelenken
den Köcher wie Fische den Rogen.

Schon kerbt sich, gestachelt, vom Stiele
die Graufrucht der großen Platane,
die Nuß ward getroffen,
es klappen, weit offen,
die hölzernen Siele,
in kreisendem Spiele
erhebt sich der Staub zur Pavane.

So pfeilen im Weinberg am Boden
die Schnecken einander und spleißen
die schleimenden Lenden,
damit sie nicht enden,
wie nun die Eroten
des Jahres den Schoten
und Schalen die Nähte zerreißen!

Eingebunden in den Zyklus, dennoch ein in sich geschlossenes Gedicht, abgelöst vom Schreibenden, die Emotion einzig in die beobachteten Bilder eingesenkt. Sicher, Gedichte werden heute anders geschrieben, der Autor, auch wenn er von sich abhebt, bleibt erkennbarer beteiligt, doch das zupackende Sehen beweist sich in jeder Zeile. Da ist nichts von Blut-und-Boden-Trauma, keine Programmatik spürbar. Doch auch die Polemik fehlt. Die Fähigkeit, zu reagieren oder gar zu agieren, hat Elisabeth Langgässer nie entwickeln wollen. Auf die Kritik eines Freundes, dem sie das Manuskript gegeben hatte, schreibt sie am 29. Juli 1926:

»Ich war erschlagen, antwortete ihm, daß es doch überhaupt keine ›mythische Welt‹ an sich gäbe (ebensowenig wie eine naturalistische, spießige, romantische usw.), sondern daß, wenn ich überhaupt Mythiker bin, ich eben alle Dinge in mythischen Zusammenhängen sähe, daß mir dann überall der dionysische Untergrund der Welt entgegensteige. () Tu ich den Dingen und den Menschen Gewalt an? (Marianne sagt ja auch, ich könne kein Buch angreifen, kein Blatt richtig umschlagen, keinen Nagel in die Wand treiben! – weil ich kein ›Verhältnis zur Materie‹ habe.) () Und dabei empfinde ich die Welt doch so ungeheuer sinnlich, prägnant. Jede Frucht, jeden Pfirsich, den ich anschaue – alles schmecke, fühle, rieche, taste und sehe ich zugleich, und ich glaube, daß ich sogar eine besondere Fähigkeit dazu habe, einen Menschen, eine Situation ganz wesentlich, anschaulich, zu beschreiben. Dazu gehört aber doch die Beziehung zu dem ›Anderen‹, sag! . . .« Und vier Jahre später in einem Brief vom 3. 2. 1930: »Ich glaube weder an einen Fortschritt der Erziehung durch bessere Methoden, noch an das Heil *irgendeiner* Methode überhaupt. Nur noch an Entfaltung – nicht an Fortschritt. Entfaltung aus einem naturelementaren Kern – wozu natürlich auch das geistige und seelische Leben gehört. Die *namenlose* Kraft, die Substanz an *Liebe* vermehren in der Welt, *das* ist es, was man sollte und was die heutigen Frauen verlernt haben . . .«

Genauer als in den beiden Selbstzeugnissen läßt sich ihr Schreibantrieb nicht benennen, genauer nicht sagen, warum sie sich nicht anders einmischen will und kann als durch Hinhören, In-sich-Hineinhorchen, von einem Urvertrauen getragen, das in Lazarus Belfontaine im *Unauslöschlichen Siegel*, in der Geschichte vom *Sichelchen* in der *Märkischen Argonautenfahrt*, in den wunderbaren und doch nur – ? – mitmenschlichen Rettungen der Kinder Gestalt wird, ja, das im kompositorischen Bezugssystem der Romane zum Netz für die Drahtseilakte der Selbsterforschung und Verzweiflung wird. Das ihr auch in der fast unerträglichen Spannung, in der sie in den Nazijahren als Halbjüdin und Mutter ihrer ältesten, außerehelichen Tochter Cordelia, deren Vater Jude war, hat leben und trotz Veröffentlichungsverbot hat schreiben helfen, auch noch, als Cordelia 1944 über Theresienstadt nach Auschwitz transportiert wurde und sie Jahre ohne Nachricht blieb.

Geboren wurde Elisabeth Langgässer 1899 in Alzey in Rheinhessen, wo ihr Vater Großherzoglicher Baurat war. Sie verlor ihn schon mit zehn Jahren. Die Familie zog nach Darmstadt um. Aber das Weinland am Rhein und der Vater, den der frühe Tod in eine respektierte und noble Ferne rückte, bleiben unvergessen, anders hätte die frühe Erzählung, die Kindheitsmythe *Proserpina*, kaum die Wärme und Tod-Vertrautheit, die der mythologischen Proserpina in dem Mädchenkind der Erzählung eine so selbstverständliche Identität gibt. In Darmstadt macht Elisabeth Langgässer Abitur. Nach einer einjährigen pädagogischen Ausbildung ist sie in Hessen im Schuldienst tätig, übersiedelt 1929 als Dozentin der Pädagogik und Methodik an der Sozialen Frauenschule nach Berlin, kommt dort in Kontakt mit dem Autorenkreis um die Zeitschrift *Kolonne*, wird von Ina Seidel gefördert und kann schließlich ihre Lehrtätigkeit aufgeben und die kleine Tochter zu sich nehmen. Erste öffentliche Anerkennung ist der Literaturpreis des Deutschen Staatsbürgerinnenverbandes für *Proserpina*. Nach vielen Ablehnungen – ». . . kein Mensch in Deutschland liest eben etwas, was nicht ›aktuell‹ ist. Und die Verlage stehen so schlecht, daß sie es sich nicht leisten können, Bücher zu drucken, deren Verfasser oder Inhalt nicht Reklame macht« (Brief vom 3. 2. 1930) – wird die *Proserpina* bei Hesse und Becker, wenn auch mit etlichen Konzessionen der Autorin, verlegt und erscheint 1933. ». . . (Merkwürdig bleibt es natürlich doch, daß dieses Werk in den ersten Tagen des ›Dritten Reiches‹ verlegt wird – um so merkwürdiger, als alles, was geschieht, einen realen Zusammenhang auf der symbolischen Ebene hat, einerlei, ob es die Akteure der Weltgeschichte wissen oder nicht! Allerdings gibt es ja wohl auch nichts *deutscheres* als ›Proserpina‹ – und nichts, was so wenig ›Volk‹ hinter sich haben wird.) . . .« (März 1933)

1935 heiraten Elisabeth Langgässer und Wilhelm Hoffmann, der bei Heidegger über Augustin promoviert hatte. Sie können im Herbst in ein Häuschen in Berlin-Eichkamp ziehen, wo auch ihre drei Töchter geboren werden, denn beide halten trotz des Veröffentlichungsverbotes, das Elisabeth Langgässer 1936 als Halbjüdin von der »Reichsschrifttumskammer« erhält, zusammen, in gemeinsamer Sorge um Cordelia, in den Kriegsjahren unter den Bombardements, in der Angst um die beiden älteren Hoffmannschen Kinder, die evakuiert wurden, und auch nach der Zerstörung des Hauses. Und Elisabeth schreibt, dem quälenden und oft ausweglosen Alltag zum Trotz, an ihrem Roman *Das unauslöschliche Siegel*, unterbrochen nur durch die Zwangsdienstverpflichtung vom 27. Dezember 1944 an. Zehn Jahre nach der Veröffentlichung des letzten Buches in Deutschland, dem Roman *Gang durch das Ried* bei Jakob Hegner, acht Jahre, nachdem der Otto Müller Verlag in Salzburg die *Rettung am Rhein* gerade noch hat veröffentlichen können, erscheint 1946 »*Das unauslöschliche Siegel*« bei Claassen in Hamburg, erregt Aufsehen und Mißverständnisse, wird aber als großer Roman begriffen. Unermüdliche Jahre, in denen Veröffentlichung auf Veröffentlichung folgt, und die große Freude darüber, daß Cordelia, die älteste Tochter, Auschwitz überlebt hat. 1948 siedelt die Familie nach Rheinzabern über. Im Nachkriegs-Berlin hat sich Elisabeth Langgässer so recht nicht mehr wohlgefühlt, die hochpolitische Atmosphäre der Stadt hat ihr zugesetzt. Ihre Kräfte sind fast verbraucht. Sie zwingt sich, den Roman, den sie *Märkische Argonautenfahrt* nennt, zu Ende zu schreiben. Auf der Höhe des Ruhmes – sie ist in die Mainzer Akademie der Wissenschaften und der Literatur gewählt und der Georg-Büchner-Preis der Deutschen Akademie für Sprache und Dichtung ist ihr zuerkannt worden – stirbt sie am 25. Juli 1950 nach schwerer Erkrankung.

Ein Leben voller Licht und Dunkelheit. Ihr Ruhm wirkt bis Mitte der 50er Jahre nach. Dann gerät ihr Name in die Vergessenheit der Lexika. Werden die Taschenbuchausgaben ab 1979, die neue geplante und begonnene Werkausgabe bei Claassen die Wiederentdeckung, die neue Auseinandersetzung vorbereiten?

Warum war sie denn vergessen worden?

Sicher, es ließe sich auf den Literaturbetrieb verweisen, der ab Mitte der 50er Jahre und durchaus als eine der Wirkungen der Gruppe 47 die Leseinteressen bestimmte. Es ließe sich aber auch die Aversion gegen christliche Dichtung festschreiben, die auf allzu gut gemeintes christliches Schreiben zurückzuführen ist. Es ließe sich, all zu kurz geschlossen, an die wachsende Kritik am C der christlichen Parteien und der Adenauerschen Politik erinnern, es ließe sich an den Verschleiß der traditionellen Bildung denken, an die Abwendung vom humanistischen Bildungsideal und die Hinwendung zu den Naturwissenschaften, es wäre an die Nachkriegsauseinandersetzung zwischen den beiden deutschen Staaten zu erinnern, obgleich der missionarische Antikommunismus der 50er und frühen 60er Jahre der Adaption des Langgässerschen Werkes hätte entgegenkommen können. »Berlin ist tot – nicht nur äußerlich. Geistiges Leben gibt es nur noch in der Form alter, verbeulter Konservendosen: Toller, Brecht, Tucholsky usw. sind die Götter dieser traurigen Stadt«, hatte sie 1945 (Brief vom 29. 10. 1945) geschrieben und damit zum Ausdruck gebracht, was über mehr als ein Nachkriegsjahrzehnt hinweg in der Bundesrepublik das Anknüpfen und die Auseinandersetzung mit der sozialkritischen, politisch engagierten Literatur der Emigration blockiert hat. Doch die Ursache des schwindenden Verständnisses liegt tiefer, und sie hat sie selbst im *Rechenschaftsbericht an meinen Leser* im August 1949 benannt: »Für dich, mein Leser, kommt es zuerst und zuletzt darauf an, eine Rangordnung geistiger Werte zu haben – ama et fac, quod vis! Denn zu dieser Welt der Künste, des Ästhetischen oder der Literatur *liegt das Christentum* quer; es liegt quer zu ihnen und transzendiert sie; es überschreitet jeden Bezirk, der nicht sein eigener ist. Es ist sein Mittelpunkt, wie die Bibel der Bücher eigentliches und der Bücher wichtigstes ist; das Buch an sich und kat'exochen; . . .«

Der Glaube an die Freiheit der Kunst, der die junge Autorengeneration mit aller Heftigkeit durchdrang und bestimmte, steht solcher Aussage entgegen. Und gerade dieser Glaube befähigte doch die jungen Autoren, die programmatische Dienstbarmachung der Kunst im sozialistischen Deutschland in Frage zu stellen *und* die zensierte Literatur ihrer Schüler- und Soldatenzeit hinter sich zu lassen. Das Erbe der Aufklärung war so wenig wegzuinterpretieren wie die Einsicht in die Mitschuld der Christen und ihrer Kirchen an den Verbrechen der Nazis und dem bis dahin unvorstellbaren Zynismus der Menschenvernichtung. Überformuliert: Hochhuths *Stellvertreter*, gewiß nicht von gleicher künstlerischer Durchformung, wenn auch vom gleichen moralischen Anspruch wie Elisabeth Langgässers Werk, hob ihre Wirkung auch innerhalb der katholischen Leserschaft vollends auf. Reiner Kabel stellt 1962 in der

Deutschen Rundschau Nr. 88 fest, daß ihr Werk »innerhalb der deutschen Gegenwartsliteratur immer noch eine kaum erforschte Enklave« sei. Und wenn Horst Krüger im Nachwort zu den *Ausgewählten Erzählungen* 1980 auf die Schwierigkeiten der beiden großen Romane der Langgässer hinweist und auf den Selbstwiderspruch in ihrer Person zu sprechen kommt – »Sie versuchte, ihrer elementaren lyrischen Begabung durch eine umfassende Theorie, ja Theologie der Literatur Herr zu werden. Eros und Ratio lagen in einem unaufhörlichen Kampf« – und er die Zugänglichkeit und Meisterlichkeit der Erzählungen hervorhebt, so nimmt er die Erfahrungen, die die heutigen Leser mit dem Werk Elisabeth Langgässers machen werden, vorweg. Die Frage nach der Wirkung der Romane in der kurzen Phase ihrer Adaption stellt sich auch Ursula Krechel in ihrem Nachwort zur Taschenbuchausgabe des Romans *Das unauslöschliche Siegel*, auch wenn sie sich eingestehen muß, daß es für die plötzlich aufflackernde Gläubigkeit am Ende des Faschismus in den ersten Jahren der Bundesrepublik nur Mutmaßungen gibt, und sie zitiert Adornos Aufsatz von 1949, *Auferstehung der Kultur*, der die Schutzsuche beim Herkömmlichen und Gewesenen erkannte und auf die existentiellen Interessen der Deutschen zurückführte. Heute, wo wir wissen, daß die Deutschen mit dem Schock von 1945 weniger fertiggeworden sind als mit dem Hunger und der nackten Not in den Ruinenstädten, ist es jedoch an der Zeit, den Anlaß dieser Flucht differenzierter zu deuten. Die Antwort gibt Elisabeth Langgässer selbst im ersten Kapitel des zweiten Buches des *Unauslöschlichen Siegels*, dem sogenannten *Turmkapitel*, und nimmt sie im dritten Buch im Gebet und der Vision des fieberkranken Missionars Lucien Benoît noch einmal auf. Ihre und die damalige katholische Faschismus-Theorie führt tiefer in die Kriegs- und Nachkriegszeit hinein, als sich Nachgeborene vorzustellen vermögen. Und gerade weil ihr antiaufklärerischer Aspekt heute wieder verstanden und – vulgarisiert – ungenau wird, ist es notwendig, sich mit ihm zu beschäftigen.

Die beiden großen Romane nachzuerzählen, fällt schwer, weil Elisabeth Langgässer auf eine durchgehende Handlung verzichtet, um die Menschen als Spielfiguren im Welttheater vorzuführen; von den unsichtbaren Drähten des Satans bewegt, treiben sie auf die Katastrophe zu, wenn sie sich nicht losreißen, heilig werden und das Fortleben Christi verwirklichen. So verschwindet Lazarus Belfontaine, ein getaufter Jude und Bürger von einigem Wohlstand, aus der rheinischen Kleinstadt, in der er gelebt hat und durch seinen Handel zu Ansehen gekommen ist, in der er seine Familie hat, im Mai 1914 durch die Gartenpforte. Dort hatte sich regelmäßig einmal im Jahr der blinde Bettler eingefunden, der in diesem Mai ausgeblieben ist. Hat Belfontaine ihn suchen wollen? Hat er sein Ausbleiben als einen Ruf verstanden? Wir begegnen Lazarus Belfontaine erst 1917 in Senlis in Frankreich wieder, unter ähnlichen Lebensumständen wie im Rheinland, aber ohne Erinnerung an diese seine frühere Existenz. Erst im Epilog erfahren wir dann von seiner nochmaligen Wiederauferstehung als Bettler und Helfer der Todgeweihten in den polnischen Vernichtungslagern im zweiten Weltkrieg und schließlich als einer der Flüchtlinge im Winter 1945. Keine psychologische Entwicklung, sondern als Kontext die Legenden der Bernadette von Soubirous, der Therese von Lisieux und die Geschichte des Wandermönchs Josef Benedikt Labre, die das Bezugssystem des Romans herstellen. In der Chronik, die Elisabeth Langgässer den drei Büchern des Romans voranstellt, spricht sie von »fernen, aber gegenwärtig wirksamen Personen«.

Die theologisch-historische Deutung der satanischen Dramaturgie, die auf den Faschismus zutreibt, wird im Turmkapitel (2,1) entworfen, in dem der deutsche Hauptmann Falkenberg und der jüngere Offizier Freiherr von E. im September 1914 den Turm der berühmten Kathedrale von Senlis besteigen, der bei der Eroberung durch die deutschen Truppen beschädigt worden ist. Bürgermeister und Bürger der Stadt sind füsiliert worden, die Stimmung ist aufs äußerste gespannt, als der Küster die beiden Herren die Turmtreppe hinaufführt. Freiherr von E. bleibt auf der zweiten Balustrade zurück, um ein Manuskriptkonvolut des spanischen Diplomaten Juan Donoso Cortés, Marqués de Valdegamas (gest. 1852), durchzulesen, das beim Brand der Stadtbücherei angekohlt auf den Bücherhaufen auf dem Marktplatz geraten war, während der Hauptmann dem Küster folgt, der ihm die Geschichte der Isle de France entwirft, die ihm Vorspiel und Kontrast zu den Katastrophen der Moderne zu sein scheint. Das Gespräch zwischen dem

Hauptmann und dem Küster sowie die Lektüre und Reflexion des Freiherrn sind so ineinander verschränkt, daß Donoso Cortés' katholisch-konservative Geschichtsdeutung, die die Entwicklung der Weltgeschichte auf die Despotie zu beschreibt, ganz unmittelbar auf die Handlung (nicht nur dieses Kapitels) einwirkt und als Schlüssel-Reflexion erkennbar wird, die denn auch in den Fiebervisionen des Missionars Lucien Benoît noch einmal aufscheint und die im Epilog, im szenischen Gespräch der Honoratioren, des Pfarrers und eines Kaplans, der von der Front hinzukommt, in eben der rheinischen Kleinstadt, aus der Lazarus Belfontaine 1914 weggegangen ist, während eines Bombenangriffs 1943 zu Ende gedacht wird. Die Erinnerung an den Wandermönch Josef Benedikt Labre und an Belfontaine weist auf den Entwicklungssprung hin, durch den Gott im Kampf mit dem mächtigen Satan allein siegreich sein kann. »Was dürfen wir tragen außer der Habe, die zuerst *uns* getragen hat – außer der Liebe Gottes und dem Kreuz, mit dem das Geheimnis der Liebe untrennbar verbunden ist?« fragt der Kaplan. Der Massenrausch endet in der Besitzlosigkeit, wird durch die Besitzlosigkeit ausgeheilt.

Nur hier, in diesem Epilog, wird die Katastrophe, das Endspiel der europäischen und insbesondere der deutschen Geschichte ganz unmittelbar dargestellt. Der Bericht über die auf den Transport wartenden Juden im jüdischen Krankenhaus an der Iranischen Straße in Berlin-Wedding ist für mich die ergreifendste, ganz ungekünstelte Textstelle des Romans, während schon die Beschreibung eines Bombenangriffs durch den Auftritt der drei Jünglinge aus dem Feuerofen (aus dem Buch Daniel des Alten Testaments) wieder durch Symbolik abgeschwächt ist, jedoch in der biblischen Parallelhandlung den Vergleich Hitlers mit Nebukadnezar enthält, die Faschismustheorie des Donoso Cortés also spiegelt oder bestätigt. Elisabeth Langgässer hat ja die Geschichte des Lazarus Belfontaine nicht um ihrer selbst willen erzählen wollen, sondern darzustellen versucht, daß die Heiligen die Widersacher der Geschichte und allein fähig sind, sie aufzuheben, den historischen Gott-Entfremdungsprozeß, den Donoso Cortés beschrieben hat und den Elisabeth Langgässer durch die Gestalt Luthers ausgelöst sieht, umzukehren. So ist es allein das unauslöschliche Siegel, das Signum der Taufe, das die Identität des Lazarus

Belfontaine sichert und ihn, nunmehr den Pilger und Bettler an den Straßen des Krieges nach Preußen, nach Wittenberg in das »Ursprungsland der Empörung« zurückführt.

Geduldige Demut statt Protest und Verantwortung: die Antwort Elisabeth Langgässers, um die sie in langen Jahren gerungen hat; als sie das Manuskript 1945 abschließt, wird die Antwort noch einmal zur Frage umgewendet, die sie im nächsten Roman erneut aufnimmt und als Auseinandersetzung mit der »Gesamtschuld des europäischen Menschen«, von der der Pfarrer im Epilog des *Unauslöschlichen Siegels* gesprochen hatte, in der *Märkischen Argonautenfahrt* nach der Katastrophe neu stellt. Im Sommer 1945 machen sich sieben Menschen aus dem zerstörten Berlin auf den Weg, um im Auferstehungskloster Anastasiendorf, in dem das katholisch getaufte jüdische Ehepaar Levi-Jeschover die Verfolgung überlebt hatte, das Wunder zu suchen, das die Argonauten der Sage mit dem Goldenen Vlies heimzubringen gehofft hatten. Das Wunder, das sich für jeden anders darstellt, Vergebung für den Architekten Ewald, der seine junge Verwandte vor dem Gastod hätte retten können, Trost für seine Schwester, deren Mann noch vermißt ist, Klarheit für den Schauspieler Albrecht Beifuß, der sich in seiner Skepsis eingeigelt hat, Entsühnung für den Soldaten Friedrich am Ende, der in Rußland an einer Kirchenplünderung teilgenommen hat, die Ahnung von Freiheit für Irene von Dörfer, die im Widerstand gearbeitet hat, in Haft war und nicht vergessen kann, was sie gesehen hat, und Trost und innere Ruhe für die Eheleute Levi-Jeschower, die immer von ihren erwachsenen Kindern im fernen Amerika sprechen und doch ahnen, daß sie umgekommen sind, nicht haben emigrieren können. Nachkriegsschicksale am Wege, das Elend der Hinterlassenschaft der Schlachten, Ratlosigkeit und Größe, Kümmerlichkeit und Verzweiflung, schließlich der Opfertod von Albrecht Beifuß, der Ewalds Schwester Charlotte vor der Vergewaltigung durch einen russischen Deserteur rettet, den er ersticht und der, selbst schwerverletzt, mit dem Toten in den See sackt; und zwischen die prallen Erzählungen, die bohrenden Gespräche eingewoben: die Mariologie. Das Goldene Vlies bringt niemand heim, die Äbtissin wird auch mit keinem der Gäste sprechen können. Doch erfahren Friedrich am Ende und die Levi-Jeschowers die Gewißheit der Gnade; in der Erinnerung an ihre umgekommene Jugendfreundin Sichelchen wird sie zur Gestalt. Und jäh, ehe der Bericht abgeschlossen wird, die eingeschobene harte Nachkriegsgeschichte *Die Kinder der Medea*: Hellmuth und Helga, Flüchtlingswaisen, die nach dem Tod der Großmutter, deren Leichnam Hellmuth in dem Eisenbahnwohnwagen verbrennen läßt, zu den Schiebern und Schwarzhändlern stoßen, durch einen heimlichen Schacht mit Charlottes kleinem Sohn zusammentreffen und erfahren, daß dessen Vater aus dem Krieg zurück und Musikdirektor geworden ist und seine Mutter ein Kind erwartet. Dank der Aufmerksamkeit eines Kaplans sollen Hellmuth und Helga aus dem Schiebernest gerettet werden, doch bei der Razzia kommt das Mädchen um, und nur der Junge kann wenig später zu dem Schmied in Anastasiendorf gegeben werden. Hoffnungen, Auswege, Geschichte, verdoppelt in der Mythologie und überwölbt von der christlichen Deutung. Eine Ikone nennt Mamertus, der für die Wirtschaft in Anastasiendorf verantwortliche Mönch, die Geschichte der *Märkischen Argonautenfahrt*, deren Ausgang er auf die Rückseiten alter Rechnungen schreibt.

Wieder hat Elisabeth Langgässer versucht, Realität mythisch zu überhöhen. Das Kapitel *Die Kinder der Medea*, funktional eingeführt, um den Fortgang des Lebens von Charlotte und Ewald zu erzählen (von der Seite her), gibt der Wanderung der Sieben im Sommer 1945 den Akzent der symbolischen Stellvertretung für die deutsche Erfahrung. ». . . um so merkwürdiger, als alles, was geschieht, einen realen Zusammenhang auf der symbolischen Ebene hat, einerlei, ob es die Akteure der Weltgeschichte wissen oder nicht!«, hatte sie im März 1933, als es um das Erscheinen der *Proserpina* in *diesem* Jahr ging, geschrieben. Sie hat sich aus der Vorstellung des Welttheaters, in dem die Menschen Akteure an den unsichtbaren Drähten des Satans sind und Gott nur siegen kann, wenn einer von ihnen den Draht durchschneidet, seine sozialen Bindungen kappt, Bettler, Pilger, Heiliger wird, nicht herausgelöst, nicht herauslösen wollen oder können.

Für mich sind hier die Grenzen der Annäherung gezogen, obwohl ich sie überspringen möchte, überspringen kann, wenn ich Elisabeth Langgässers Erzählungen lese, in denen sie Eindrücke, Personen, Szenerien aus ihrer Lebensgegenwart einfängt, in denen der Nachkrieg der Weimarer Republik im besetzten Rheinland lebendig wird, auch Inflation und Not zum Ende der zwanziger Jahre; in denen brutale Sexualität und Zartheit, das Atmen des Rieds und der Rausch der Dome, die Verkommenheit der Soldatencamps und die kleinen Träume der Armen überdauern. Oder in den Erzählungen der letzten Jahre, in denen sie selbst erkennbar wird und in Szenenbeschreibungen sich zuweilen ein dunkler warmer Humor Bahn bricht.

Sicher, die Symbolik, das fast undurchschaubare Gewebe, auf das die Fabeln der Romane aufgetragen sind, ist der Hintergrund ihres Lebens, ohne den sie weniger hätte ertragen können, denn der Ehrgeiz zu schreiben macht niemanden zum Autor von Bedeutung; das Gewebe, dieser Hintergrund, gibt ihr auch die Kraft, die Romanform aufzubrechen, wie es Joyce, wie es Broch, wie es Musil, wie es Virginia Woolf versucht haben (um nur Namen ihrer Generation zu nennen).

Und doch lese ich wieder: »Preußens Größe – der Preis für den Abfall von Gott – das Profil des schrecklichen Fridericus von der Fratze Voltaires überschattet . . . Chimäre der Vernunft. Die Freiheitskriege: Freiheit wofür: Ist Freiheit an sich, ist Größe an sich ein wünschenswertes Gut? Gedankenfreiheit des Protestantismus: Freiheit des Pöbels, das Falsche zu denken . . . die Diktatur der Massenhirne . . . Zuletzt die Erhebung der rohen Masse über Staat und Autorität. Dann frißt die Freiheit am Ende wie eine Schlange sich selber auf.« – »Doch es handelt sich um die schwierige Wahl zwischen Diktatur der Empörung und der Diktatur der Autorität – um nichts weniger und nichts mehr. Es handelt sich weiterhin um die Wahl zwischen der Diktatur aus der Höhe und jener aus der Tiefe, um Säbel oder Dolch. Nur deshalb () habe ich zwischen Säbel und Dolch den ersten gewählt, denn er scheint mir charaktervoller.« (Zitiert nach Donoso Cortés im zweiten Buch des *Unauslöschlichen Siegels*.)

Und ich lese: »Erbarme dich Luthers, der mit der Freiheit des Urteils begonnen hat und sein Volk in alle vier Winde hinausblies; der Europa wie ein Schlächter zerbeilte und ihm mit dem Vater das Vaterhaus nahm . . .« (Aus dem Gebet und den Visionen des Missionars Lucien Benoît im *Unauslöschlichen Siegel*.)

Und ich lese vom »Babelkönig« Hitler, Antichrist in Person, und verstehe, was damals so anrührte, weil es in den späten Kriegsjahren und den ersten Nachkriegsjahren fast Jargon war, Hitler als Satan, Höllenfürst auszugrenzen, anstatt die vielfältigen Ursachen des Nazi-Faschismus zu ergründen, ohne den er nicht denkbar gewesen, ohne den der Nazi-Faschismus nicht so religionsähnlich hätte wirken können.

Noch einmal: Ich war ja hingerissen und bin es wieder, wenn ich die frühen und die späten Erzählungen lese oder den *Gang durch das Ried*, den Roman, den sie noch 1936 bei Jakob Hegner hatte veröffentlichen können – hingerissen, weil der Sog der Atmosphäre, die Kraft, mit der sie Menschen entwarf, die, von der Landschaft geprägt, in Dumpfheit gefangen blieben, bannen konnte; weil sie die Verwirrung nicht ausließ, nein, zum Thema machte, die die französischen Besetzer des Rheinlandes ausgelöst hatten – im *Gang durch das Ried* ist sie das zentrale Thema, in den Erzählungen kehrt es immer wieder. Die sozialen Schocks verbinden sich mit dem ökonomischen Niedergang des Bürgertums nach der Inflation. Das Lager der Besetzer wird – wie die Besatzungslager überall auf der Welt – zum Ort der sozialen Randexistenzen, die dort ihre Geschäfte machen, und, nach seiner Auflösung, zum unheimlichen Ort des Gelichters, das bisher jeder Krieg, jedes Scheitern von Macht und Herrschaft hinterlassen haben. Erstaunlich, mit welcher Offenheit Elisabeth Langgässer davon schreibt und darauf hinweist, daß hier eine Brutstätte nationalistisch-chauvinistischer Geheimbündlerei zu entdecken ist. Ja, und wenn sie im *Gang durch das Ried* zeigt, wie der Großgrundbesitzer und die verschuldeten Bauern zusammenkommen, von der gleichen Emotion mehr als von den gleichen Schlagwörtern getrieben, wird die Dumpfheit, ohne die der Nationalsozialismus nicht vorstellbar ist, spürbar. Eine große Erzählerin!

Und doch: Gerade in den Romanen, die sie so berühmt machten, die Grenze, die ich nicht überspringen konnte und kann. Denn ich habe mich damals und auch heute nicht der Dramaturgie fügen können, die ihre, der katholischen Faschismustheorie so nahe Deutung des Nationalsozialismus entwarf. Dabei war ich als junge Autorin gar nicht so weit weg von ihr, verstand wie sie das Scheitern der Industriegesellschaft im nationalsozialistischen Personenkult angezeigt, ja zementiert; nur suchte ich die Ursachen, die zum Nazi-Faschismus geführt hatten, nicht in der Abkehr von Rom, die für Elisabeth Langgässer im Thesenanschlag Luthers so entscheidend ist. Ich bejahte den Emanzipationsprozeß vor und nach der Aufklärung, der dem einzelnen die Freiheit vor Gott gab, ja, ihn ermutigte, Gott wie eine Taube in der Hand zu halten, und der ihm damit eine Verantwortung auflud, wie sie die Denker der Aufklärung, die Denker der Revolution, die Aufbegehrenden von 1848 und 1918/19, die Denker und Dichter des Existentialismus bejahten und jedem einzelnen abforderten. Für mich, für meine Generation, deren Mütter und Väter im Alter der Langgässer standen, war das die Chance, uns aus der Verfügbarkeit zu lösen, die unsere Kinder- und Jugendzeit geprägt hatte.

Elisabeth Langgässer lehnte den emanzipatorischen Prozeß ab, der uns, der mich ermutigte, die Kindheit und Jugend in Nazi-Deutschland wegzuarbeiten. Sie sah die Entwurzelung und Vorbereitung zum Faschismus mit Luthers Thesenanschlag datiert, ohne seine und die Kritik der anderen, viel radikaleren Reformatoren an der Verweltlichung der Kirche, der päpstlichen Machtpolitik zu reflektieren. Sie sah Rousseau und die Französische Revolution in seiner Folge und, unscharf, die preußische Staatsideologie nahebei (ohne etwa im selten Atemzug Ludwig den XIV. zu kritisieren). Sie griff nur die Wertverluste auf, ohne die Gewinne zu buchen, die doch etwa für die durchweg getauften Juden ihrer Romane für zwei Generationen nicht ohne Bedeutung waren und die deutsche Kulturszene ungemein bereichert hatten; sie übersah die sozialen und ökonomischen Prozesse des 19., des Industrialisierungsjahrhunderts in Europa, folgte fast blindlings der Geschichtsanalyse des Revolutionsgegners Juan Donoso Cortés, der die Wiederherstellung der spanischen Monarchie, die keiner genauer als Goya gegeißelt hatte, feierte und mit Eleganz und partiell präzisen Analysen das Massenzeitalter und seine Götter – und damit auch den Hitlerfaschismus – vorausgesehen hatte. Sie, Elisabeth Langgässer, war unpräziser geworden als noch im *Gang durch das Ried*, in dem sie das dumpfe nationalistische und präfaschistische Brodeln, die Verbindung von Freikorps-Pathos und primitivster sozialer Hilflosigkeit erspürt hatte.

Wie damals beim ersten Lesen denke ich im rechten Winkel zu ihrem Denken, der Aufklärung verschworen, die sie ablehnte, der Freiheit zur freien Entscheidung zugetan (die sie nicht einforderte), dem Existentialismus näher als der katholischen Faschismusdeutung, obgleich deren Logik für geistesgeschichtliche Phänomene des 19. Jahrhunderts taugt, die soziale Zerstörung, die Anonymisierung der Zuwanderer in den großen Städten aber ausläßt und den Zusammenhang zwischen sozialer Realität und Emotion in der Politik verschweigt.

Wie damals applaudiere ich Elisabeth Langgässers präziser Psychologie und schrecke vor der Sorglosigkeit zurück, mit der sie damit umgeht. Wie damals stört mich die Überladenheit der Sprache in den beiden großen Romanen, die sie sich sonst nicht leistet. Wie damals fasziniert mich die Kraft, mit der sie Natur darstellt, das Emotionsgeröll beiseiteschiebt und damit der Naturerfahrung der Namenlosen nahekommt, deren Erfahrungen und Regungen sie behutsam und liebevoll aufdeckt. Wie damals halte ich das sparsame Pathos, mit dem sie Kriegselend und Zerstörung beschreibt, für beispielhaft und von gleichem Rang wie das Pathos Wolfgang Borcherts. Wie damals wehre ich mich gegen das Deutungsgeflecht, nicht weil es Vorgänge, Handlungsabläufe unklar macht (dazu ist sie eine viel zu präzise Erzählerin!), sondern weil sie die einzelnen dadurch aus der Verantwortung nimmt, Schulderfahrung entschärft, entwuchtet. Ich erinnere mich noch zu gut der emotionalen Bereitschaft der Deutschen nach 1945, den Nationalsozialismus unpolitisch zu deuten, den Gottesverlust, am erregendsten von Friedrich Nietzsche formuliert, als die Ursache der Vergottung Hitlers zu interpretieren und den Weg zurück zur Kirche zu suchen, obgleich Katholiken wie Protestanten 1945 nicht mit reinen Händen dastanden; und ich erinnere mich auch der allzu bequemen und den Besatzungsmächten gar nicht unliebsamen Beschimpfung und Abwertung Preußens, die historisch nicht haltbar war; jedoch hatten die Nationalsozialisten durch ihre plakative Geschichtsfälschung, die Friedrich II., Bismarck und Hitler in eine Reihe stellte, schon 1933 zu dieser Fehldeutung beigetragen.

Die grundlegende Schwäche der humanistischen Bildung des Bürgertums, die ökonomische und politische Zusammenhänge ausgelassen und die Anfälligkeit der Bürger für Hitler vorbereitet hatte, wirkte bis in die 50er Jahre hinein. Wir alle, die wir damals zu schreiben anfingen, waren nicht frei davon, wehrten uns aber durch Schärfe, Ironie und Skepsis. Lazarus Belfontaine war schon eine Figur, die uns erregte, aber wir wollten aus der Passivität des Dulders ausbrechen, wir wollten kein Pardon, sondern Verantwortung. Lazarus Belfontaine konnte nicht zum Beispiel für uns werden. Vielleicht deshalb das rasche Vergessenwerden Elisabeth Langgässers, als die Kriegsgeneration in der Literatur zu Wort kam, als die amerikanische und englische Lyrik in die klassisch strenge Form der Lyrik einbrach, die noch die Lyrik in Hitlerdeutschland gekennzeichnet hatte.

Für mich sind Elisabeth Langgässers Erzählungen der Anlaß gewesen, mich wieder mit ihren Romanen auseinanderzusetzen und zu versuchen, mich ihnen anzunähern, ihre Confessio zu verstehen, mich den Zweifeln der eigenen Anfangsjahre noch einmal zu stellen. Für mich hat die Warmherzigkeit und Bestimmtheit ihrer Briefe (von denen ja bisher nur eine schmale Auswahl veröffentlicht worden ist) Nähe vermittelt, die es vorstellbar macht, daß wir zusammen sind in dem engen Zimmer, das abgenutzte Wachstuch auf dem Tisch, die Kinder auf dem Fußboden. Hätte sie mir damals gegenübergesessen oder säße sie mir heute gegenüber, ich hätte sie wohl kaum gefragt und würde sie kaum fragen, warum sie den Menschen im Kampf zwischen Gott und Satan keine Verantwortung läßt außer der des Verzichts auf sich selbst und dem radikalen Sprung in die Heiligkeit, die die Ratio aufhebt. Denn ich hätte und würde damit an die schöpferische Geduld rühren, die sie die furchtbaren Jahre des Ausgeschaltetseins und der Sorge um ihre Tochter hat durchleben und bestehen lassen. Ich denke im rechten Winkel zu ihrem Denken, aber ich fühle mit ihrer Einfühlungskraft, erlebe mit ihr die hilflosen, ratlosen liebens- und hassenswerten Menschen, die sie darstellt – und ohne Haß. Ich kann ihr nicht zustimmen, aber ich respektiere – ja – liebe sie, weil sie hat schreiben und mit den Menschen leben und leiden können.

Wolfdietrich Schnurre

Rede zum 60. Geburtstag

Kann man ihn einkreisen, ihn beim Wort nehmen? Den »Auszug aus dem Elfenbeinturm« hat er 1949 der Gruppe 47 als Slogan oder vielleicht doch als Programm formuliert, das – wir wissen es, weil wir die Geschichte der Gruppe 47 kennen – als Programm nicht vollends durchgeschlagen hat, als Slogan immer wieder mal in der Geschichte der Literatur unserer Republik in Mißkredit gerät (und ich sage nicht: geraten ist, weil wir uns gerade in einer Phase der Diskreditierung jenes »Auszugs aus dem Elfenbeinturm« befinden).

Was bedeutet dieser Satz für Schnurre?

Damals, als er auf der zweiten Tagung der Gruppe 47 die Erzählung *Das Begräbnis* las (begraben wird Gott), ist das mehr als nur ein Programm, ist Kampfansage gegen das Pathos der leer gewordenen Werte, ist Bekenntnis zur Nüchternheit. Wenn wir die Werkliste Schnurres abwandern, die Erzählungen nachlesen, uns der Fernsehfilme erinnern, seine außergewöhnliche handwerkliche Sicherheit entdecken, seinen dunklen Humor, seine selbstverständliche Einfühlsamkeit, wenn er für Kinder schreibt, seinen Erfindungsreichtum, seine Fähigkeit (Phantasie), in Rollen zu schlüpfen, mit der Rollensprache zu spielen, seine lapidaren Gedichte auswendig lernen – und es sind Gedichte, die dazu verführen –, uns an seinen Zeichnungen freuen und ihn im *Schattenfotograf,* den Aufzeichnungen, die 1978 erschienen sind, beinahe zu fassen kriegen, wird uns deutlich, daß das Programm für ihn verpflichtend geblieben ist.

»Dreimal wird so ein Arbeitstag über der Schreibtischkante gebrochen. Die ersten fünf Stunden gehören der Literatur. Die folgenden anderthalb Nenad, der täglich seine abends erzählte Geschichte erhält, die schriftlich fixiert werden muß, um Nachfragen beantworten und Figuren entwickeln zu können. Nachmittags, abends und nachts wird schreibend Geld verdient, um schreiben zu können. Die Zäsuren dazwischen sind mit Essen, Zweifel, Lektüre, Liebe und Schuldkomplexen gefüllt.«

»Und täglich als erstes diese Notizen, die mir wichtiger

als alles andere sind. Denn hier finde ich, was ich bisher vergeblich gesucht habe: mich.«

Eine Feststellung, die jeden verblüffen wird, der die Werkliste durchsieht, sich der immer neuen Auseinandersetzung mit den Kriegserfahrungen, Erfahrungen von Demütigungen, Schuld, Grauen, vom Menschen ohne Heldenpose und Ambition erinnert; der Vater Schnurre kennen und lieben gelernt und begriffen hat, wie sehr Wolfdietrich Schnurre von diesem kauzigen, klugen, vorurteilslosen Wissenschaftler, der ihn wie Vater und Mutter erzogen hat (einschließlich der politischen Einstimmung links), geprägt worden ist. Dem er seine genaue Naturbeobachtung (ohne Sentimentalität), seine unbürgerliche Lebenszugewandtheit verdankt, seine liebende Aufmerksamkeit für die Randfiguren der sozialen Szene – und schließlich auch seine Verbundenheit mit Berlin, mit der Mark, trotz der frühen Kinderjahre in Frankfurt am Main. Schülerjahre in Weißensee, sonntägliche Wanderungen mit dem Vater, Jugendlager in Eichhorst, die jüdische Gemeinde, der jüdische Friedhof in Berlin-Weißensee, die Kommunistenfreunde, der Zigeunerfreund, die kleinen Leute, die nackte Not.

Durch den Vater, durch dessen wechselnde Freundinnen – jeder hat der Vater den Sohn vorgezogen, anvertraut hat er ihn mancher – wird der Junge frühzeitig frei von Vorurteilen, frühzeitig vorbereitet, in der Nazizeit kein Mitläufer zu werden. Und so hat er denn die Augen offen für die Opfer und für die falsche Anpassung auch.

Eine Mitgift, die dem Erzähler zugute kommt.

Ich halte Schnurre für einen der wenigen Erzähler seiner Generation, die aus einer großen Zuneigung zu den Menschen schreiben, die eine genaue Beobachtung der Gestik, der Sprache dessen, dem die Erzählung gilt, entwickelt haben, die sich immer auch sachkundig gemacht haben, d. h. das soziale Umfeld, das mitspielt, nicht nur theoretisch kennen. Er liebt keinen Theaterdonner, kann ihn auch gar nicht erfinden, er beherrscht die Technik des Aussparens. Der Wunsch, an seinem Grab möge das *Unverhoffte Wiedersehen* von Johann Peter Hebel gelesen werden anstelle einer Predigt, ist das Bekenntnis zu einer Autorschaft, die sich nicht in der Selbstbeobachtung genügt. Schnurre weiß besser als alle Literaturkritiker, daß der Auszug aus dem Elfenbeinturm nicht Verzicht auf Kunst: auf Formung, auf

Entwicklung der Fabel, auf Ertasten der Sprache heißt. Und daß das nur ganz ohne Selbstmitleid, ganz un-eitel gelingen kann, obgleich sich die Erfindungskraft, die Phantasie aus der eignen Erfahrung nährt. So ist es vielleicht das Schwerste für jeden Autor, auf Eitelkeit zu verzichten, denn er muß sich ja doch selbst wichtig nehmen, um empfindlich, verletzlich und also glaubwürdig zu bleiben, auch wenn er sich jenseits des Schreibtischs für eine Sache engagiert. Für Schnurre war es die Sache Berlins, sein Engagement gegen die Teilung der Stadt. Vom Verdacht, ein kalter Krieger zu sein, ist er frei – hat es von Erzählung zu Erzählung immer wieder bewiesen. Aber der Schmerz, das Grauen vor der inhumanen Mauer – gleich welche politisch definierbaren Ursachen hier zum Beweis herhalten müssen – ist legitim und gehört zur deutschen Nachkriegsliteratur und -geschichte.

Schnurre, der Erzähler, der pausenlos Erfindende – nein, das stimmt nicht, er kombiniert, beobachtet, sammelt ein, reflektiert. Mit den Lebensjahren wächst die Reflexionsfähigkeit. Oder nein, wächst der Mut, die Reflexion unverhüllt neben die erzählte Episode zu setzen. Das macht den Reiz des *Schattenfotograf* aus, daß hier Erzählungen von den Sintis, Arbeitsentwürfe, Lektüre-Notizen, Aphorismen, zufällige Beobachtungen, Einfälle, Erinnerungssplitter, die Gespräche der Hunde Atma und Ali, Notizen über den Adoptivsohn Nenad, die Ängste um seine an Krebs erkrankte Frau Marina, aber auch die Nachreflexion über den Selbstmord Eva Schnurres 1965 wie zufällig nebeneinander stehen und doch von Kapitel zu Kapitel um ein Hauptthema geordnet sind.

Ich will ein paar persönliche Erinnerungen notieren, weil sie mir Schnurre nahe gebracht haben und es mir doch schwer machen, mir ein Bild von ihm zu entwerfen. Tagung der Gruppe 47 in Berlin, Vormittagstreff in der Schoellerschen Buchhandlung am Kurfürstendamm. Spiegelaffäre, Kuba-Krise. Die östlichen Düsenjäger durchbrechen immer wieder die Schallmauer. Alle Nicht-Berliner zucken zusammen. Kriegsangst. Ich sehe Eva an Schnurre gelehnt, begreife jäh, daß sie ihr Ich aufgegeben hat. Für einen Augenblick beneide ich sie um ihre Hingabe und fürchte doch für sie. – Spätherbst 1965. Ich habe Schnurre für den Schriftstellerverband zur ersten Lesung nach der Polyneuritis eingeladen. Seine Bewegungen sind noch hilflos hölzern, die Hände ohne Kraft. Aber das Wunder, er ist wieder aufgestanden vom langen Krankenlager. Er liest leise, mit einer Intensität, die die Zuhörer bannt. Der große Erzähler, der die fast unmerkliche Spannung einer Liebe nachzeichnet. Im Anschluß an die Lesung Heimbringen der Schnurres. Weil unsere kleine Tochter gerade heute den Arm gebrochen hat (Krankenhausschock, die mühsame Beweglichkeit im Gips), sagen wir den Nachtrunk in der Goethestraße ab, um nach dem Kind zu sehen. Winken noch, als beide Schnurres im hellen Türviereck aneinandergelehnt stehen. Wenige Tage später ist Eva verschwunden. Lange Ungewißheit. Die Suchaktion der Berliner Autorenkollegen im Grunewald. Mein Besuch bei Schnurre mit Pfefferkuchenpäckchen, das Bedürfnis, ihm Liebes anzutun, es ist Vorweihnachtszeit. Er zeigt mir die Wohnung, die vielen Steifftierchen Evas. Ich ahne, was zwischen beiden erfroren sein muß. Die Unfähigkeit, Tröstliches gegen das Entsetzen anzusagen.

Ich hätte davon nicht gesprochen, wenn Schnurre nicht im *Schattenfotograf* selbst von der Katastrophe dieser Liebe gesprochen hätte. Wenn daraus nicht ablesbar wäre, wie ihn diese Erfahrung getroffen, sein Ich versehrt, ihn auf dieSuche nach sich selbst gebracht hat. »Und täglich als erstes diese Notizen, die mir wichtiger als alles andere sind. Denn hier finde ich, was ich bisher vergeblich gesucht habe: mich.« Ein Bekenntnis und Eingeständnis zugleich. Bekenntnis zur uneingeschränkten Selbsterforschung und Eingeständnis der Grenzen des Erzählens, das aus Gründen künstlerischer Ökonomie so viele eigene Erfahrungen unabgerufen läßt –: die Urangst beim Schreiben, sich aus den Augen zu verlieren, die für den Nicht-Autor fast unvorstellbare Gefährdung des Schreibenden und derer, die um ihn leben. Immer wieder setzt sich Schnurre mit dem Schuldigwerden durch Schreiben auseinander, weil Schreiben absorbiert, die Nächsten mit ihren Sorgen, ihrer Zuneigung draußen läßt und den Autor doch auslaugen, sein Schreiben zum bloßen Handwerk verdorren ließe, wenn er nicht immer von neuem die Gefährdung wagen, das Schuldigwerden auf sich nehmen würde.

Daß Schnurre sich der härtesten Selbstbefragung gestellt hat, macht ihn zum bedeutenden Autor. Er ist ja keiner, der, von der sexuellen Potenz umgetrieben, ungestüm schreibt, keiner, der rücksichtslos satte Farben setzt, pralle Szenen entwirft. Er entwickelt seine Präzision aus dem Gesehenen, Erhorchten, Gespürten, aus dem Einatmen, dem Annehmen von Welt. Das heißt natürlich, daß er kühl bleibt, zurückhaltend, nicht die Unterwerfung des Lesers fordert, aber aufmerksam, nachdenklich macht und sensibel.

Das entzieht ihn der Aktualität, aber die hat in Schnurres erzählerischem Werk beinahe nie eine Rolle gespielt, nimmt man sein Berlin-Engagement einmal aus. Insofern scheint da ein Widerspruch zu seinem Programm-Slogan für die 47er uneingelöst. Scheint. Denn wenn er auch in der Unruhe der endsechziger und der frühen siebziger Jahre nicht Stellung genommen hat, er hat doch immer von denen geschrieben, die keine Geborgenheit kennen, von den Betroffenen, nicht von denen, die ungeborgen machen, Betroffenheit schaffen.

»Daß man trotz seines Einhorncharakters als Autor den Leser benötigt, hat damit zu tun: Auf die Dauer ist man in seinem Schädel eben doch ziemlich allein.«

Nein, Schnurre soll hier nicht festgelegt, nicht zitierbar gemacht werden. Das hieße ihn in die Literaturgeschichte abschieben, wo er zwar seinen Platz, aber nicht schon seine Ruhe hat. Denn wer lebt, schreibt, entdeckt, erfährt, leidet, schreckt zurück. Daß das einer ein Leben lang gewagt hat, daß er das Verquere und Faszinierende heutigen, heutiggestrigen Lebens festgemacht hat, daß er die vibrierenden Unsicherheiten zwischen den Geschlechtern, die kahle Trauer der Out-casts, aufgeschrieben hat, daß er List und Witz nicht ausspart und in seinen frühen Autorenjahren ohne Scheu den Nicht-Helden des Krieges vorgestellt, die Grausamkeit des Krieges dargestellt hat – das macht ihn zum Freund seiner Leser, obwohl – oder weil? – ihm zur Hingabe, zum Sich-Weggeben über das geschriebene Wort hinaus wenig Kraft bleibt.

Ich weiß noch immer nicht, ob er sich einkreisen läßt. Beim Wort zu nehmen ist er.

»Über andere schreiben, um nicht an sich selber verstummen zu müssen. Darauf läuft es ganz zuletzt wohl hinaus.«

Und:

»Allgemeinverständlich schreiben heißt, seiner Sprache nicht anmerken lassen, daß auch in ihr gedacht worden ist.«

Gefangen in Freiheit
Zu Alfred Anderschs späteren Erzählungen

»Warum erfand ich mir für fünf Geschichten, – die hier vorliegende ist die sechste –, in denen ich Zustände und Ereignisse meines Lebens beschreibe und erzähle, einen Menschen Namens Franz Kien als Figur, die erlebt, was in ihnen beschrieben und erzählt wird? (. . .) Warum berichte ich von mir in der dritten Person, nicht in der ersten?«

Andersch hat auf diese Frage, mit der er den Kommentar zu seiner letzten großen Erzählung *Der Vater eines Mörders* einleitet, keine Antwort (»Eine Antwort darauf weiß ich nicht«), kann wohl auch – und so wenige Wochen vor dem Tod, dem er die Erzählung abgerungen hat, keine Antwort geben, ohne der eigenen Schaffenspraxis abzusagen; gibt stattdessen die Auskunft des Erzählers, der erfahren hat, daß die Präzision des Erzählens nicht an die erste Person Singular gebunden ist.

Alfred Andersch hat sich immer als Erzähler begriffen, hat über das Erzählen nachgedacht, hat Hörspiel und Film als epische Literaturformen begriffen, hat z. B. *Russisches Roulette* als Filmentwurf geschrieben, ein »ganz bewußt unternommene(r) Versuch (. . .), gleichzeitig Film, Hörspiel und Erzählung sein zu wollen«. Er hat sich die für die elektronischen Medien entworfenen und entwickelten Literatur-Strukturen angeeignet, als Spielformen in die Romane eingebracht, hat die Rolle des Erzählens nicht geleugnet, ja, gern übernommen, hat montiert, gecuttet, um dem linearen Erzählen zu entgehen, um die »Arbeit des Verschmelzens der verschiedenen Zeit-Ebenen in eine einzige Zeit, die Zeit des Romans« zu erreichen. Hat im Roman *Winterspelt* die Rolle des allwissenden Erzählers, des Planers, des Regisseurs hinter der Szene übernommen und die erfundene, die denkbare Fabel durchgespielt, um die Absurdität der Ardennenschlacht im Winter 1944 auf 45 zu beweisen, die Zwänge, Zwangslagen aufzuzeigen, die dem einzelnen die Entscheidungfreiheit (die er zu haben glaubt) nehmen, die mögliche vernünftige Konfliktlösungen also ausschließen – und hat so den allwissenden Erzähler, Planer, Regisseur, der die Sache des *Lebens* vertritt, in seiner

Ohnmacht überführt, der Ohnmacht der Menschlichkeit: Ausdruck einer Skepsis, die Anderschs Werk durchzieht, keineswegs jedoch seine Kapitulation vor dem *Schicksal.*

Diese Ambivalenz der Erfahrung wird nur in den sechs Geschichten des Franz Kien ausgespart (»Warum berichte ich von mir in der dritten Person?«), weil hier die Spannung zwischen der Erfahrung und dem, der sie aufschreibt, die Deutung überflüssig macht, der Erzähler nicht *mehr* weiß als das, was er aufschreibt, die Unmittelbarkeit also nicht geplant, sondern gegeben ist. Ähnlich verfährt Andersch in seinen Reisebüchern.

Es ist also nicht falsch, der Kunstabsicht Alfred Anderschs nachzugehen. Der Konfession hat er mißtraut, so wie und weil er dem Ich mißtraut hat. Nie und nirgends im Werk die rauschhafte Selbstfeier! Immer bleibt er Analytiker und Dialektiker zugleich, immer des Wechselspiels von Ursache und Wirkung gewiß, daher beobachtend, reflektierend, wenn er auch mit wachsender Schreibsicherheit die Reflexion in Sprachbilder, in Handlungsabläufe umwandelt und zuweilen fast Makellosigkeit erreicht, die sich in seinen Beschreibungen von Landschaften, von Pflanzen, Tieren, Städten, Kunstwerken, von Haut, vom Geruch von Stoffen findet; die sich in seinen Frauengestalten manifestiert, die sich alle im Typus ähneln, spröde und lasziv, damenhaft unerreichbar, dabei jungenhaft unternehmend, anziehend und kühl sind. Fast mörikesch mutet es an, wenn Käthe im Roman *Winterspelt* in Hainstocks Höhle Paul Klees *Polyphon umgrenztes Weiß* (1930) aus der Verpackung löst, das Bild, das Schefold (im Roman) aus dem Städelschen Institut in Frankfurt entwendet hat, um es vor der Vernichtung durch die Nazis zu retten, und das doch (wie Andersch in den Nachbemerkungen bekannt gibt) sich nie im Städelschen Institut befunden hat. Ein Kunstgriff des Autors, um der Erregung all derer, die die Ardennenschlacht verhindern, die Kapitulation eines deutschen Bataillons vorbereiten wollen, ein helles, ein Gegenbild zu schenken, eine Zauberformel zur Ermutigung: die Chance der Kunst und der planenden Phantasie gegenüber den Verwirrungen der Realität. Anderschs Antrieb, mehr noch, vielleicht seine Hoffnung.

Denn schließlich hat er ja wichtige Lebensjahre hindurch als politischer Journalist, als Redakteur, als Herausgeber gearbeitet. (Sein *Abendstudio von Radio Frankfurt,* die von ihm herausgegebene Zeitschrift *Texte und Zeichen* sind so berühmt gewesen wie der *Ruf.)* Und doch schreibt er in *Böse Träume:* »Warum habe ich, aus dem Krieg, aus dem Leben in einer Diktatur entlassen, nicht sofort ›geschrieben‹? (Jeder versteht, was ich mit ›schreiben‹ meine.) Anstatt mit Schreiben, habe ich meine Zeit mit Journalismus vergeudet. Artikel, Reportagen, Redaktionen. Ach du meine Güte – ich habe das alles einmal für wichtig gehalten.« Sein *Schade!* zum Lebensende ausgesprochen. War es nur Ausflucht in die vorstellbare unmittelbare Wirksamkeit, daß er nach den *Kirschen der Freiheit* noch immer der journalistischen Arbeit treu blieb? Auch im Roman *Efraim,* mehr als zehn Jahre später, findet Andersch ja die Antwort darauf, die er Efraim suchen läßt, nicht. Doch selbst wenn Andersch rückblickend die Jahre seiner intensiven journalistischen und redaktionellen Arbeit als Verlust bewertet, steht es uns nicht an, zu fragen, was er versäumt hat zu schreiben, sondern nachzudenken, was er mit seinem Vermitteln, Fördern hat bewirken wollen in der Bundesrepublik des Nachkriegsjahrzehnts und was er dann doch nur mit der eigenen literarischen Arbeit verdeutlichen zu können glaubte: den Entwurf der Gegen-Wirklichkeit, das Aufstören der immer-so-weiter und schon-wieder sich reaktionär beruhigenden Gesellschaft in der Bundesrepublik Deutschland durch die Helligkeit einer möglichen Wirklichkeit: die Entdeckung der Phantasie und des Mutes zur Verweigerung; die im Kunstwerk exemplarische Durchleuchtung und Überwindung der dumpfen Gegenwart. Darum seine Suche nach der Verschmelzung der verschiedenen Zeit-Ebenen in eine einzige Zeit. Darum die Ambivalenz zwischen Skepsis und Hoffnung. Darum das Umspielen des Ich, das Ausmessen der vorgefundenen oder zu schaffenden Bezugssysteme des Ich.

Darum auch kommt dem »Vielleicht ein Roman-Entwurf« *Mein Verschwinden in Providence* besondere Bedeutung zu, in dem T., Autor und Gast der Brown-University in Providence, Rhode-Island, jäh entführt und unauffindbar in einem Haus.im Zentrum von Providence gefangengehalten wird von einem begüterten Ehepaar, das ihm die absolute Unabhängigkeit zum und beim Schreiben gewähren will. Aus allen Bindungen herausgerissen, von allen

Nachrichten abgeschnitten, der täglichen Sorge enthoben – also die absolute Freiheit für T., die absolute Konfrontation mit sich selbst, die Erfahrung des Vakuums, das sich, noch zögernd, mit eigener Erinnerung füllt, mit Beobachtungen der unmittelbaren Umgebung, mit Zuneigung zu der Frau, mit freundschaftlicher Hinwendung zu dem Mann, mit der Neugier nach ihren Leben, ihren Erinnerungen. Allmählich umranken die Erinnerungen die gegebene Dreierstruktur, entsteht der Entwurf zum »Roman als Kassiber« als notwendige Nachricht nach draußen, weil die Zeit- und fast Ortlosigkeit trotz aller angebotenen Annehmlichkeiten nicht zu ertragen ist. Aber T.'s Identität ist fast schon verloren, er kann jetzt durch die Oberstadt von Providence spazierengehen, ohne erkannt zu werden. (Gekannt haben ihn ja auch vorher allenfalls die Dozenten vom German Department.) Wer war er? Ist er ein anderer? Der Romanentwurf wird T. zum Kassiber, zur Nachricht, zum Ruf nach draußen, über die verlorene, die unterschlagene Zeit hinweg.

So nüchtern, fast wie auf dem Reißbrett nach- (oder vor-) entworfen, stellt Andersch die Frage nach der Wechselbeziehung zwischen dem Ich und dem Kunstwerk (Kunstprodukt), nach der gegenseitigen Bedingtheit zwischen Leben und Schreiben, nirgends sonst in seinen drei Erzählbänden – in den Panoramen der Romane gönnt er sie sich ohnehin nicht –, erreicht aber in allen Erzählungen eine gleichsam schwebende, mit unmittelbaren Zeitzeichen gesprenkelte Zeitbestimmung, so als habe ihm ausschließlicher als in den Romanen an der absoluten Kunst gelegen.

Wenn er in der Erzählung *Tochter,* 1970 erstveröffentlicht, beinahe karg beschreibt, wie ein Schweizer Arzt seine 16jährige Tochter nach England bringt, wo sie für ein paar Monate in einem Internat in Oxford ihr Englisch aufbessern soll, und sich fast nichts ereignet außer Reise, Überfahrt, Spaziergang in London, in Oxford, nur der sparsame Dialog zwischen Vater und Tochter (wie genau abgehört die abwehrende Sprache des jungen Mädchens!), und sich doch der Abschied von Vater und Tochter ereignet, leise schmerzlich für den Vater, während das junge Mädchen, anfangs sentimental heimweh-wütend, bald schon kühl und selbstverständlich selbstsicher ihre neue Umwelt annimmt, keinen Gedanken mehr auf den Vater verwendet, so ist das, obgleich linear erzählt, ein kleines Meisterwerk der Verschmelzung verschiedener Zeit- und Erfahrungsebenen. Wie schwer wird es dem Vater, der sich auf Mitteilung und Weitergeben hat einlassen wollen, sich zu verschweigen. Wie selbstverständlich ist es dem jungen Mädchen, ihn gar nicht mehr wahrzunehmen. Gehobene bürgerliche Atmosphäre, nichts von Jugendrevolte (trotz des Entstehungsjahres), normaler Generationsriß.

Hier mag einer aufbegehrend fragen: Hat er (Andersch), so politisch wach wie er in den ersten Jahren der Bundesrepublik war, nichts vom Aufbegehren und der Hoffnung der Nachkriegsgeneration wahrgenommen? Und wird zweifelnd auf die Erzählung *Jesuskingdutschke* hinweisen, die in Berlin spielt, nach den aufgeregten endsechziger Jahren, aber doch nach einem Zusammenstoß von Studenten und Polizei. Die Szene Berlin ist Andersch nicht sonderlich vertraut, sogar die Ortsbestimmung der Straßen ist ungenau. Ihm liegt auch nichts an den Auseinandersetzungen, geschweige ihren Anlässen. Ihn interessiert, wie sich die drei, Marcel, Leo und Carla verhalten. Marcel ist durch einen Polizeiknüppel verletzt, Leo, Marxist wie sein Vater, hätte den Schlag verhindern können (und quält sich mit seinem Versagen), Carla, Jungmedizinerin, handelt traditionell fraulich praktisch, sie dringt auf die rasche Behandlung der Wunde im Moabiter Krankenhaus. Eine Platzwunde, mehr nicht, eine normale Demonstrationsverletzung. Anderschs Beteiligung ist im Titel ausgedrückt, nach einer Mauerinschrift, die Leo entdeckt hat: *Jesuskingdutschke.* Es ist also die Zeit nach dem Attentat auf Dutschke. Der Konflikt zwischen Realität und Utopie, den Leo in seinem Nachdenken austrägt, ist zum Konflikt zwischen den Generationen geworden, von Leo und Leos Vater, der in die Erzählung eingeführt wird (1933 Mitglied der Stadtteilleitung der KPD, heute Rentner und Zuschauer der aufgeregten, leidenschaftlichen Jugend), stellvertretend für den Autor der Erzählung, Andersch, mit Skepsis beobachtet, angesichts der Ablehnung der Jugend durch die Berliner Bevölkerung.

So mehrdimensional angelegt ist die Erzählung *Die erste Stunde* nicht, auch wenn sie die Situation des entlassenen Häftlings beklemmend genau beschreibt, seine Verlorenheit in der Gegenwart und in der Zeit. Wer einer ist – Ehlers, der Mann aus dem Knast, erfährt nur, daß er nichts ist (anders aus der Zeit geraten als der Autor T., unfähig, einen Kassiber hinauszuschicken). Eine einfache, Anderschs einfachste Erzählung, vorstellbar sein Mitleiden, das er hinter kühler Beobachtung verbirgt.

Ähnlich einfach *Ein Vormittag am Meer,* die Geschichte eines ordentlichen Mittelstandsdeutschen, der auch im Urlaub nicht versäumt, die Rechnungen zu bezahlen, stolz auf sein erreichtes, kleines Wirtschaftswunder, dennoch tief gelangweilt. Trotz Sturmwarnung schwimmt er in den Atlantik hinaus, einfach so, ohne Plan oder bedachten Lebensüberdruß, während sich Frau und Kinder am Strand sonnen. Andersch gönnt dem Mann nicht einmal während des Ertrinkens seine Visionen. Der nimmt die Welle, die ihn in die Tiefe drückt, zur Kenntnis, wie er wahrscheinlich alles in seinem Leben zur Kenntnis genommen hat. Eine eher matte, wie halbbeteiligt geschriebene Erzählung. Nichts von Betroffenheit, nichts von Irritation durch die deutsche Nachkriegswirklichkeit, die Andersch in der Erzählung *Ein Liebhaber des Halbschattens* so behutsam hatte einfangen können. Eine oder zwei Nebenarbeiten? Oder Zeugnisse der Ermüdung, sich noch mit bundesbürgerlicher Lebensweise auseinanderzusetzen? Sicher, auch diese Erzählungen sind sorgfältig geschrieben, ohne Makel, aber leer, so als sei Andersch an einen Punkt gekommen, wo ihn die machbaren, die erzählbaren Geschichten jedermanns nicht mehr interessieren. Entstehen darum im gleichen Zeitraum gleich drei der Franz-Kien-Geschichten?

Doch beschäftigen wir uns noch mit der viel gerühmten Erzählung *Noch schöner wohnen* im dritten und letzten Band Andersch'scher Erzählungen, die schon allein durch ihre Abschnittüberschriften Signale setzt, die Theoriekomponente in seinen Erzählungen damit unterstreicht. Albert Lins, Mitinhaber einer florierenden schwäbischen Fabrik (Wirtschaftswunderaufstieg und Glanz), entdeckt in Irland einen Landsitz »for sale«, der ihn fasziniert. Er erwirbt ihn, träumt von der Umgestaltung, Renovierung, auch wenn er, ohne Familie, schon in Stuttgart ein ungewöhnlich reizvolles Haus bewohnt. Sich zurückziehen, auch aus der Firma ausscheiden, seine teuren, wahllos kostbaren Bilder plazieren, verschwunden sein – seine Träume sind konturlos. Er gesteht sich nicht ein, daß ihn das Schaffen, Anschaffen langweilt, daß ihn die Leere seines Reichtums irritiert. Andersch läßt uns, die Leser, Albert Lins auf der Rückreise nach Deutschland aus den Augen verlieren, weiter nichts. Das ist schon gekonnt. Konfrontiert den Leser mit den Signalsätzen, stellt das käuflich schöne Leben in Frage. Dennoch ist die Erzählung nicht böse, spießt den Neureichtum nicht auf, gräbt auch nicht politischem oder menschlichem Versagen nach, sondern legt ohne Ironie und ohne Anklage die Armut der Reichen bloß. Nicht ausgesprochen, aber gegenwärtig bleibt die Frage: Wohin habt ihr euch in euren bundesdeutschen Reichtumsträumen verirrt? Nicht präzisiert wird die Brutalität des gleichgültigen Reichtums. Böll greift da härter zu, nimmt entschiedener Partei.

Aber vielleicht hat Andersch nie die Faszination der Schaufenster in der Brienner Straße vergessen können, die er in den Franz-Kien-Geschichten beschrieben hat. Vielleicht hat er, anders als Böll, Luxus, absolute Kunst, absolute Schönheit, das denkbare absolute Schöne niemals auch kritisch sehen können, eher doch ein Liebhaber des Halbschattens, unfähig, das Kleinbürgerliche (und das Großbürgerliche) indigniert abzulehnen. Die Scheu läßt sich aus Anderschs Vita schwerlich erklären.

Helfen uns denn die Franz-Kien-Geschichten, ihn zu verstehen? Sehen wir uns die letzte, die bedeutendste an (im Wettlauf mit dem Tod geschrieben). *Der Vater eines Mörders,* die Geschichte, in der der Untertertianer Franz Kien am Rex Himmler scheitert (Rex ist die schulübliche Abkürzung für den Schulleiter), läßt sich kurz zusammenfassen. Geschildert wird eine Griechisch-Stunde am Wittelsbacher Gymnasium in München im Mai 1928 in der Untertertia B, die Visite des Oberstudiendirektors Himmler in Dr. Kandlbinders Unterrichtsstunde, erlebt aus der Perspektive des vierzehnjährigen Franz Kien – eine Unterrichtsstunde, die die Relegation des Schülers Konrad von Greiff und die Verweisung Franz Kiens vom Gymnasium auslöst, ganz ohne dramatische Rhetorik. Die Dramatik ist in den knappen Dialogen und der Konstellation der Spielpartner eingefangen, die Handlung fast auf den Spielort beschränkt. Nur zwei Erinnerungen von Franz – an eine Äußerung Vater Kiens über die Gefährlichkeit des alten Himmler und an eine Szene in der Schultoilette, die Oberstudiendirektor Himmler in der Pause inspiziert hat – sowie das Nachspiel zuhause bei Kiens brechen die Einheit von Ort und Zeit auf. Und doch stellen die Hauptfiguren, der Rex, der Lehrer Dr. Kandlbinder, die Schüler Kien und Greiff und wenige Schüler in Nebenrollen sich deutlich dar, gesehen von dem unerbittlich beobachtenden und reflektierenden Franz Kien, der sich in der Selbstbeobachtung so wenig schont wie die anderen.

Erkennbar wird der sich jovial gebende, redselige, seiner Macht bewußte Schulleiter, werden seine verdeckten Bosheiten, seine Verletzlichkeiten, seine Fähigkeit zu herrschen und zu verletzen, sein konservativ-nationalistisches Pathos; erkennbar wird der schlaksig snobistische, geistreich provozierende junge Baron, der sachkundige, langweilig untertänige Fach- und Klassenlehrer Kandlbinder, der hilflos aufbockende Franz Kien. Alle haben ihre Triumphe und Niederlagen in dieser Stunde, in der die hermetisch ausgesperrte und ausgesparte politische Wirklichkeit des Scheinwohlstandsjahres 1928 schon mit dem Signum der Reaktion denn doch gegenwärtig ist: im ausgeschnittenen Hakenkreuz des einen Mitschülers – der Rex nötigt ihn, es abzulegen, und läßt sich dabei über andere Abzeichen wie den Sowjetstern mißbilligend aus –, im Sozialgefälle, das dem Rex ermöglicht, den Freischüler Kien zu demütigen, in der deutschnationalen Bürgerlichkeit der meisten Schüler, in der täuschenden Wohlanständigkeit des humanistischen Gymnasiums. Kein Vorgriff auf die »Karriere« des Sohnes Himmler, der zum zweiten Mann in Hitlerdeutschland und zum größten Menschenmörder der Geschichte werden wird. Zu der Zeit ist der junge Himmler einer, der zu den Hitlerleuten gehört, mit denen auch Vater Kien, im Krieg ausgezeichnet, aber an den Folgen der Verwundung dahinsiechend, sympathisiert, während Vater Himmler, der Bayrischen Volkspartei zugehörig, mit dem Sohn gebrochen hat. Ein davongelaufener Sohn, ein Vater, der seine Verärgerung – oder ist es mehr? – mit propperem Bildungshumanismus, mit Stolz auf die Familiengeschichte überspielt. Auch der Untertertianer Franz Kien ist noch ohne politisches Urteil – woher sollte er es anders wissen? Aber wie er den Vater Himmler erlebt hat und das fünfzig Jahre später beschreibt, wird die Perversion des Bürgerlichen im 1928 noch gar nicht voraussehbaren SS-Staat schon erkennbar.

Andersch auf der Höhe der Meisterschaft – wer mit seinem *understatement* vertraut ist, wird das Feingefühl für die Poesie der kontrollierten Sprache herauslesen, wird begreifen, daß er damit einen Schlüssel zu Anderschs Werk in der Hand hat. Nein, auch in dieser, seiner letzten Arbeit hat er sich nicht ins Privat-Biographische zurückgezogen, sondern hat das feine, so überdehnbare Geflecht aus Macht und Ohnmacht, das Menschen zwischen sich ausspannen, wahrgenommen; spürbar gemacht, wie schmerzhaft es schneidet. Hat vom Thema seiner Generation nicht abgelassen: der Spurensuche nach den Ursachen des Faschismus, die er im hohltönenden Pathos der Wertvorstellungen, die wir humanistisch, christlich, sozial und individualistisch nennen, erkannt hat.

Mit einemmal fügen sich die Franz-Kien-Geschichten zur fragmentarischen Biographie. »Warum berichte ich von mir in der dritten Person, nicht in der ersten?«

In der Kien-Erzählung *Alte Peripherie* (1963), auch in *Lin aus den Baracken* (1979) wird deutlich, daß Andersch die autobiographischen Momentaufnahmen wichtiger sind als die psychologisch definierte Biographie. Münchener Klima, Schleißheimer Straße, Familienenge, Sorge, Not, Ver- und Zerstörung nach dem ersten, vor dem zweiten Weltkrieg, der beklemmende Sommertag des Kriegsbeginns *(Brüder);* die spannungsgeladene Fremdheit des *prisoner of war* im *camp (Festschrift für Captain Fleischer).* Nicht verstehen können, wie ein Mitgefangener die deutsche Uniform nicht ablegt, das bewundernd liebende Erstaunen, als ein jüdischer Lagerarzt, Fleischer, sich gerade des störrischen Uniformträgers annimmt. Wieder in die frühe Jugend zurückweisend die Erzählung *Die Inseln unter dem Winde.* Der junge arbeitslose Franz Kien führt einen sehr alten, und wie es heißt, berühmten Engländer durch München, begreift nicht, daß den seine, Franz Kiens, Wut gegen Hitler so gar nicht berührt. Großartig dargestellt die Verwirrung des Jungen, dem der alte Herr doch sympathisch ist, als der vor der Feldherrnhalle die Hand zum Gruß hebt.

Anderschs Lebens- und Schreibnot – das zeigen die Franz-Kien-Geschichten – ist seine Unfähigkeit, das Böse im Menschen einfach anzunehmen. Er bleibt der Aufklärung verpflichtet, erklärt Bosheit dialektisch. Selbst der widerwärtige Obergefreite Reidel in *Winterspelt* ist nicht von Grund auf böse, sondern ist so geprägt, so verbogen worden. Der Sadismus ist Andersch nicht darstellbar, auch nicht der Sadismus des geplanten Mordes, auch nicht der zwischenmenschliche Sadismus. (Der gelingt ihm nur einmal, fast erschrocken, fast zu spät, im Rex Himmler.) Ein Unvermögen? Oder das unbeirrbare Menschenvertrauen des Sozialisten? Ihn hat die Erfahrung irritiert und immer wieder beschäftigt, ohne daß er sie hat begreifen können: daß Menschen andere Menschen lustvoll unterdrücken, zerstören. Der politische Mensch Andersch sucht die Ursache solchen Sadismus' in Machtstrukturen, in Sinnverhärtungen, mischt sich darum ein, versucht es, will als Künstler Demokrat bleiben. Also gerecht.

So kann er fast unbefangen die Auseinandersetzung mit Ernst Jüngers Werk wagen, so begreift er zugleich aber auch Peter Weiß' *Ästhetik des Widerstands*, so kann er im Gedicht *Artikel 3 (3)* das Grundrecht einfordern, so kann er sich im Brief an Konstantin Simonow *Das Überholte betreffend* kritisch und zustimmend offen mit der russischen Literatur nach dem zweiten Weltkrieg auseinandersetzen, er, der Kenner der amerikanischen Literatur des 20. Jahrhunderts, der liebevolle Entdecker Blumenfelds, der Freund und Gleichgestimmte Wolfgang Koeppens, der Freund und Verehrer Arno Schmidts. Und natürlich der Freund Hans Werner Richters, mit dem ihn die lebendigsten Jahre der Gruppe 47 verbinden.

Wie also doch der Erzähler, der sich so gern verschweigt, der sich noch in den Franz-Kien-Geschichten fast neugierig zusieht?

Anderschs Romane, auf dem Meßtischblatt geplant, geben kaum Auskunft. Hier hat er – vielleicht am artifiziellsten in *Winterspelt,* am populärsten in *Die Rote,* am moralisch determiniertesten in *Sansibar oder der letzte Grund,* am unmittelbarsten in *Kirschen der Freiheit* seine Einsicht von der politischen Realität und der Verantwortung des einzelnen in der Zeit dargestellt, für die tradierte Werte verschlissen sind, obwohl sie noch gelten. In den Franz-Kien-Geschichten sind die Momentaufnahmen des eigenen Lebens gelungen, ohne daß Andersch versucht hat, sie zueinander zu fügen. Immer ist er der Autor T. in Providence, der einen Kassiber hinausschickt, ein Lebenszeichen, weil er seiner eigenen Identität nicht ganz sicher ist. In den Hörspielen montiert er heterogene Ich-Erfahrungen, fast immer, um die Ich-Verstörung (nicht Zerstörung) in erfundenen oder gefundenen Geschichten nachzuweisen. In den Erzählungen – und das gilt für die in den drei Bänden *Geister und Leute, Ein Liebhaber des Halbschattens* und *Mein Verschwinden in Providence* – tastet er sich an die Risse im einzelnen vor, versucht er das Ich als objektive Größe zu bestimmen, zu entdecken. Es gelingt ihm nicht, ja, er beweist liebevoll behutsam, daß es ihm nicht gelingen kann, weil die Lebensräume all der einzelnen, der kleinen Angestellten und der Superreichen, der Ausgestoßenen und der Wohlbefindlichen, austauschbar sind und die alten Utopien nicht mehr greifen.

Das ist der Widerspruch, mit der der aufgeklärte Humanist und Sozialist Andersch nicht fertig werden kann: der Erfahrungsbruch mitten im 20. Jahrhundert, die Zerstörung und Verschleifung des Individuums, obwohl unsere europäisch determinierten Gesellschaften (d. h. auch die in den USA und der UdSSR) auf das Individuum ausgerichtet sind.

Der Skeptiker Andersch – der sich denn doch nicht hat einrichten wollen in der Skepsis, der es nicht geschafft hat, sich nackt zu sehen mit aufgerissener Brust (bis auf Augenblicke im *Vater eines Mörders),* der Wollust und Wut nicht darstellt, weil er verschweigen kann und will – ringt um den existentiellen Grundwiderspruch. Darum immer wieder die politischen Äußerungen. Darum aber auch die Abgehobenheit und Besonderheit des Kunstwerks (in allen seinen Romanen ein Hauptthema).

Das Phänomen Andersch ist sein Zurückschrecken vor der eigenen Betroffenheit, der verhaltene Schmerz, die wie Geäder durch die dünne Haut der Texte hindurchscheinen.

Hat er, in der kühlen Erzählweise des 19. Jahrhunderts, mitten im 20. Jahrhundert anders als die Spätexpressionisten, die neuen Realisten, die Surrealisten, die nach 1945 geschrieben haben, denn doch sehr viel genauer den Menschen des 20. Jahrhunderts gesehen, der nicht mehr unbefangen *Ich* sagen kann und doch wie ein Ich zu leben versucht? Und hat er darum die Konfession nicht gesucht, eher bewußt vermieden? Sind seine Erzählungen darum so unverletzbar in ihrer Ambivalenz zwischen Skepsis und Hoffnung? Hat Andersch das Vakuum *Ich* wahrnehmen, diese grausam ungelöste Erfahrung des 20. Jahrhunderts benennen können, weil ihm die Wut, die alle Form zerschlägt, die blindwütige Lust fremd geblieben sind?

Viel subtiler als Günter Grass, viel leiser als er, viel heutiger aber auch, wird Andersch wohl vergessen werden, weil niemand wahrhaben will, daß das brutal kraftvolle Ich nur noch als Klischee überlebt, weil niemand die Tragödie des Erfahrungsbruchs im 20. Jahrhundert eingestehen will, der er sich ausgesetzt hat.

Vertrauen in die Poesie

Für Hilde Domin

Hilde Domin zum 70. Geburtstag zu gratulieren ist eine Freundschaftsfreude für mich, denn wir sind uns nahe, seitdem wir uns 1959 zum ersten Mal begegnet sind; es ließen sich Seiten füllen mit unseren Begegnungen, Gesprächen, auch Meinungsdifferenzen, die wir in Nächten irgendwo in Hotelzimmern ausgetragen haben, weil es wichtig war, gegeneinander und aufeinander zu denken. Es ließen sich Seiten füllen mit unserer gemeinsamen Zuneigung und Verehrung für Nelly Sachs, für Paul Celan, für Pablo Neruda. Wichtiger ist heute, anläßlich ihres Siebzigsten, ihr Werk, die Faszination ihrer Lyrik, die Genauigkeit ihrer Lyrik, dank der sie sich gefunden hat, durch die sie ihren Lesern, und es sind viele, das Erlebnis der Sprache, die Kraft, die ein Wort hat, schenken konnte.

Sie ist schon 1932 aus Deutschland weggegangen, um ihre Studien in Italien zu beenden. Sie hat Jura, politische Wissenschaften, Soziologie und Philosophie studiert, der Beginn einer Privilegierten, ihr Vater war Rechtsanwalt in Köln. Und Köln ist ihre Heimat geblieben, auch auf den langen Reisen der Emigration. 1935 hat sie in Florenz promoviert. 1939 kam sie nach England, schon verheiratet mit Erwin Walter Palm, eine Ehe und lebenslange Zuneigung. Beide fanden später in der Dominikanischen Republik Aufnahme, einem Land mit einer schlechten Regierung. Aber wählerisch durften Emigranten nicht sein. Ihre Eltern sind in New York gestorben, auch Emigranten. Sie spricht von der Traurigkeit der letzten Jahre der Eltern, denn Emigration heißt ja: ausgestoßen sein. Hilde, damals noch Dr. Hilde Palm, hat als Lehrerin, als Dozentin an der Universität und als Fotografin gearbeitet, hat zu ihrem Mann gehalten, dem wir die vollendetsten Übersetzungen moderner spanischer Lyrik verdanken. Dort, in St. Domingo, hat sie Gedichte zu schreiben begonnen, gegen die Verlorenheit in einer fremden Welt an. Viele Verse, Bilder dieser Jahre sind im Gedichtband *Nur eine Rose als Stütze* gesammelt, mit dem sie nach ihrer beider Rückkehr aus der Dominikanischen Republik in die Bundesrepublik debütierte.

Sie begriff das als ihre zweite Geburt: schreiben, sich aussprechen dürfen.

Dem ersten, sehr gelobten, viel gelesenen Band folgten die Lyriksammlungen *Rückkehr der Schiffe* (1962), *Hier* (1964), *Ich will dich* (1970). Zögernd löst sie sich von dem Einfluß der romanischen Lyrik, wird härter in den Sprachbildern, betroffener von der bundesdeutschen Wirklichkeit. Und bleibt so sprachsicher wie schon im ersten Gedicht, keine Neuerin, keine Traditionalistin. Das Wortspiel bleibt ihr so fremd wie die konkrete Poesie, wie die aufrührerische Lyrik eines Brinkmann. Und doch sind die Gedichte nicht populär, sondern fordern zum Nachvollzug heraus.

Ihr Roman *Das zweite Paradies* (1968), mit autobiographischen Elementen, wurde unfreundlich aufgenommen, ich meine zu Unrecht, selbst wenn er bewies, daß sie keine Erzählerin ist. Als Struktur-Experiment hat er seine Bedeutung, als Zeitdokument gleichfalls, spiegelte er doch ihre Enttäuschung über einige böse Erfahrungen in der Bundesrepublik wider. Reifer ist ihre autobiographische Prosa *Von der Natur nicht vorgesehen* (1974), die von der Trauer durchzogen ist, Jüdin zu sein in einem Land, das den Holocaust nicht bewältigt, die historische Schuld nicht bestanden hat. Gerühmt werden muß die Essayistin, die sich immer wieder mit der Frage nach der Bedeutung, Wirkung, Dauer der Lyrik beschäftigt. 1968 gab sie mit *Wozu Lyrik heute* Antwort auf die Für-tot-Erklärung der Literatur im *Kursbuch 15;* ein pochendes Erinnern an Erfahrungsregionen, die des gestaltenden Wortes bedürfen. Kühn ist auch die Herausgabe der *Doppelinterpretationen,* Autoren und Interpreten zum Gedicht befragt. Zu ihrem Geburtstag legt der Fischer-Verlag verstreute Arbeiten vor unter dem Titel *Aber die Hoffnung . . .,* ein Titel, der für Hilde Domin spricht, die ermutigen will, nicht mit Parolen, sondern weil sie auf die Kreativität der Demut baut.

Sie hat keine Revolution gemacht. Sie hat die Sprache nicht auf den Kopf gestellt. Sie hat den vernichtenden Rhythmus der Gegenwart nicht in Verse gebracht, aber sie hat über die Vernichtungen, die auch die Sprache versehren, nachgedacht, hat darunter gelitten. Sie hat, eine andere Generation, und privilegiert noch als heimgekehrte Emigrantin, weil nicht mit der deutschen Schuld belastet, die

Resignation eines Nicolas Born, den Trotz eines Volker von Törne, die Wut und Trauer von Jandl und Mayröcker nicht mitvollzogen. Ihr Leben war anders, ihr Schmerz war ein anderer. Ihr Versuch zur Versöhnung war *ihr* Antrieb.

Der Gruß gilt der Poetin, die sich dem Zweifel an der Kraft der Poesie, der Wirkung des Wortes immer gestellt hat und stellt.

Zweifeln an der Identität
Über die Dramatikerin Gerlind Reinshagen

Sie gehört zu den Autorinnen, die sich verschweigen, weil sie sich in die Leben einbringen, die sie darstellen. Selbst ihre Gedichte sind durch die Zurücknahme der eigenen, durch die Hinwendung zu der Erfahrung des anderen charakterisiert. »Jetzt/ Jetzt aber mal/ Zusammenreißen/ Jetzt dem alten Schlendrian/ Entgegenkommen/ Jetzt aber jetzt/ Freunde/ Werde ich auch/ Mit diesen meinen angegriffenen/ Und verbrauchten Lungen/ Jetzt mit meinem angebufften Herzen/ Meinen Freunden/ meinen Feinden/ Will ich hier und jetzt/ Mit gesprungenem Mund/ Alle diese strapazierten und verbrauchten/ Müden und gebrochenen Leute/ Alle die verramschten Leben/ Um mich her beschreiben/ In den müden wundgelaufenen/ Und erschöpften Sätzen/ Mit den alten abgewetzten/ WUNDERVOLLEN/Worten/ Punkt« *(Spectaculum* 27, Frankfurt 1977).

Die müden und gebrochenen Leute, das Wahrnehmen ihrer Alltäglichkeit, ihrer alltäglichen Sorgen, auch ihres alltäglichen Glücks – damit umschreibt Gerlind Reinshagen die Thematik ihrer Hörspiele und Dramen. In einem neueren Gedicht wird die Zurücknahme des Ich im Entdecken des anderen noch weiter getrieben: »Wenn ich ihn treffe/ Früh/ Im Paternoster/ Auf dem Weg zur Abteilung vier/ Und wir reden über das Wetter/ Denk ich/ Das/ Haben wir nicht in der Schule gelernt ... Langsam lern ich jetzt mit Mühe/ Wie man übers Wetter redet/ Lern beim Reden übers Wetter/ Alle Schwankungen des Wetters/ Die Veränderungen in den Reden über Wetter/ Wahrzunehmen/ Lern beim Reden über die verschneiten Straßen heute/ Schüchtern seine Hand zu fassen/ Beim Zurückschaun/ Sehn wir unsre Spur« (Aus der Anthologie *Hoffnungsgeschichten,* hg. von Ingeborg Drewitz, Gütersloh 1979).

Gerlind Reinshagen hat sich fürs szenische Schreiben entschieden, hat seit 1954 Hörspiele veröffentlicht und sich zehn Jahre später dem Schauspiel zugewandt, denn das Theater kann: »1. genaue Metaphern finden für eine Zeit, eine Person, eine Situation; 2. durch überdeutliche Beschreibung des Details – in der Art der neuen Realisten – die Konzentration des Betrachters derart in eine Richtung zwingen, daß er automatisch extrapoliert. Genauer: wenn die Malerin Maina-Miriam Munsky die Zangen, die Schläuche, das technische Instrumentarium über dem Leib einer gebärenden Frau in aller Kälte und Schärfe malt, kann ich nicht anders, als mich mit den Bedingungen einer modernen Geburt, des weiteren mit dem Schicksal dieser Mutter, dieses Kindes zu beschäftigen. Ich habe versucht, mit beiden Mitteln zu arbeiten, genau zu zeigen: 1. ein Kind, das beinahe wahnsinnig wird; 2. die Technik des Stachelbeereinmachens« *(Theater heute,* Juli 1976).

Eine Forderung an sich selbst, der sie sich unterwirft, die sie sich zum Gesetz macht, die sie aber auch – reflektierend – an der Publikumsreaktion zu messen versucht im fiktiven Gespräch zwischen dem Dramaturgen Franz, dem Schauspieler Karl und der Zuschauerin Mariann *(Kann das Theater noch aus seiner Rolle fallen? oder die halbwegs emanzipierte Mariann,* in: Drewitz [Hg.]). *Die Literatur und ihre Medien.* Düsseldorf 1972 sowie *Spielplatz. 1. Jahrbuch für das Theater 71/72,* hg. von Karlheinz Braun und Klaus Völker (Berlin 1972).

MARIANN: Eigentlich habe ich ja nur einen Kaffee trinken wollen. Aber dann sind wir ins Reden gekommen und haben gemerkt, daß wir nicht zusammen reden können, weil wir einer vom andern nichts wissen. Wir haben dann übers Theater geredet und haben gemerkt, daß wir alle zusammen auch davon nichts wissen.
Darüber aber haben wir reden können.
Vom Theater sind wir dann wieder auf uns gekommen und zwar automatisch . . . später von uns auf die anderen. Wir haben begonnen, Einsicht in eine Struktur zu bekommen . . . in die des Theaters. Alles ist langsam vorangegangen. Manchmal sind wir verkehrt gelaufen – öfters auf einen Holzweg geraten. Aber wenn ichs genau überlege . . . haben wir uns doch noch jedes Mal . . . immer wieder heraushauen können . . . Was ich auch eigentlich sagen wollte, Franz . . . *(beredtes Schweigen)*
FRANZ: Wann sehen wir uns wieder, Mariann?
MARIANN: Wenn wir alle aus der Rolle fallen!

Dieser Satz – kurz vorm Ende des Dreiergesprächs –

addiert mit den Aussagen über die Möglichkeiten des Theaters, addiert auch mit den Aussagen, die das Sich-im-andern-Finden formulieren, umreißt die Position Gerlind Reinshagens deutlich, beinahe übergenau: ihren Versuch, die banale, die Rollensituation des heutigen Menschen mit Hilfe des Theaters erfahrbar zu machen. Den Schauspieler also nicht mehr in der Ausnahmeposition zu sehen, die ihm die Bühnen-Rolle gibt, nicht mehr verklärt als Künstler, Gestalter, der Realität enthobenen einzelnen, sondern in einer der Sozial-Rollen, die in der hochindustrialisierten Gesellschaft jedermann spielt, einer Rolle, die er überzuformulieren und schließlich zu entlarven hat – um dem einzelnen, dem anderen, dem Mann im Paternoster, der Eisverkäuferin, der Sekretärin, der Arbeiterin, dem Halbnochkind Elsie Wöllner oder dem ehrgeizigen Heinrich Hoffmann das Aus-der-Rolle-Fallen nicht anzukreiden, im Gegenteil, an ihnen sichtbar zu machen, wie tief die Fesseln der Rolle einschneiden.

Das soziale Rollenspiel hat sie in *Doppelkopf* (1967) ausprobiert. Das Betriebsfest, durch dessen Arrangement Heinrich Hoffmann, Aufsteiger im Betrieb durch Intelligenz und Ehrgeiz, sich profilieren will, gibt den dramaturgischen Rahmen ab. Hoffmanns Jonglieren zwischen denen oben und denen unten, zwischen den Kumpels von gestern und den Kollegen von morgen schafft die Unruhe in diesem Stück. Als Charakter bleibt Hoffmann farblos. Mensch ohne Persönlichkeit, bedacht, allen zu gefallen, während in Wahrheit seine Wut gegen alle wächst – anders als die künftigen Kollegen aus der Chefetage, anders als die gestrigen Kollegen aus der Werkhalle, die sich längst in ihre Rollen eingepaßt haben und sich darum das Aus-der-Rolle-Fallen leisten können: sexuelle Prahlerei, zuschlagende Wut, Zynismus und Sentimentalität, Gerlind Reinshagen stellt ihre Frage nach der Rolle hier zum ersten Mal mit aller Rigorosität und zugleich auch Nüchternheit und beantwortet sie mit bösem Gelächter, für das sie den Zwerg, den Hauspostboten erfunden hat, der den Auf- und Abstieg Hoffmanns in dieser Nacht kommentiert: »Meine Damen und Herren, es hat ein Mann sich mitten durchgerissen«, dazu das rumpelstilzchenhafte Tanzen und Lachen.

Kühner noch ist sie im *Leben und Tod der Marilyn Monroe* (1971) vorgegangen, einem Versuch, an der tragischen Biographie dieses Stars exemplarisch die Mechanismen bloßzulegen, die ein Mädchen aus der sozialen Unterschicht zu Ruhm und Reichtum aufsteigen, aber die eigene Identität nicht finden lassen. Die Scheinidentitäten der Rollen im Film dehnen sich zu Lebensrollen und verkümmern in der Realitätsferne. Denn weder die Soldaten im Dschungel, die Busen und Blondheit und Zärtlichkeit vergöttern, aber den Menschen Marilyn nicht kennen können und wollen noch die reichen und berühmten Liebhaber, die ihre Schönheit und Reize kaufen, um sich damit zu schmücken, aber die Anspannung des gekonnten, des Rollenlächelns nicht ahnen, sind fähig oder bereit, das unausgefüllte, doch gehetzte Leben des Superstars anzunehmen. Das Mädchen, die Frau, die Liebende wird dem Glanz, dem Ruhm, der Hollywoodkarriere geopfert. Ein Mensch ohne Ich, dem Glück fremd (aber als glücklich gepriesen), dem Schmerz nicht gewachsen, bricht zusammen. Nicht einmal der Hilferuf Selbstmord wird – oder jedenfalls zu spät – gehört. Und noch der Tod ist zu vermarkten. Marilyn Monroe wird zum Hollywood-Symbol. Die fetischgierigen Frauen berauben die Tote, eine grausige Szene, die das Umschlagen der Vergötterung in Vergötzung demonstriert. Die Ewigkeit des Filmlächelns läßt das nicht gelebte Leben vergessen. Ein klug konstruiertes Stück, in dem Gerlind Reinshagen mit den Mitteln der Revue arbeitet. Mag sein, daß sie dadurch verstellt, was sie als Tragik-Verschleiß hat aufzeigen wollen. Das Leiden und die hastige Euphorie der von ihrem Aufstieg gejagten Marilyn Monroe teilt sich zu verspielt mit. Das Zerstörerische des Starrummels wird in der Schau (in der Nutzung zu vieler Bühneneffekte) nicht mehr erfahrbar. Die dramaturgische Kunstfertigkeit hat hier der begabten Dramatikerin ein Schnippchen geschlagen. Das Feuerwerk der szenischen Einfälle hat die Story ausgebrannt.

Aber in dem Augenblick, in dem Gerlind Reinshagen die nur intellektuell entwickelte Programmatik aufbricht und zur subjektiven Erfahrung Mut hat, wird sie frei zur Menschengestaltung. So ist *Himmel und Erde* (1974) zwar weniger experimentell als *Doppelkopf* und *Leben und Tod der Marilyn Monroe,* formal den frühen Hörspielen viel näher (wenn auch sicherer im Dialog), in denen sie am Experiment vorbei zwischenmenschliche Situationen entwickelt hat, oft genug soziale Randsituationen, aber die mitmenschliche Wärme schlägt wieder durch, Leidensfähigkeit und Lust am Leben werden wieder spürbar, und die eigene Geschichtserfahrung wird nicht ausgelassen. Eine Spur, die Gerlind Reinshagen dann in den *Sonntagskindern* (1976) weiter verfolgt.

Sicher, auch hier geht sie von der Einsicht aus, daß wir alle in Rollen stecken, aber sie deckt die sozialen Ursachen auf und stellt die Spannung zwischen Ich-Anspruch und Rolle dar. Die innere Dramatik wird wichtiger als die dramaturgische Planung. Das Spiel ist in der Mittelschicht vornehmlich unter Heranwachsenden in einer mittelgroßen Stadt in Hitlerdeutschland und während des Krieges angesiedelt. Mit sensibler Neugier legt die Autorin bloß, was unter der Anpassungsideologie des Faschismus, von der in diesem Stück kaum einer ganz verschont ist, an Jugendsehnsucht und Trauer lebendig ist (und weggekappt wird), wie Klischeegefühl sich mit echter Empfindung mischt, wie Pathos den Schmerz erwürgt und wie in der unwirklichen Nachkriegslandschaft der zerbombten Städte und der zerfetzten Ideologie die alten Sozialrollen wieder taugen, wie die Banalität des So-weiter-Machens Grauen und Schmerz nivellieren.

Gerlind Reinshagens Betroffensein von verlogenen Gefühlen sitzt wohl zu tief, ist ihr Schreibantrieb, gibt ihr den Mut aufzuzeigen, wie der Alltag die Entwicklung des einzelnen umbiegt und die Tragik, das Grauen mit einem Fotolächeln zugedeckt wird.

Wieder läßt sie im Schlußbild die Realität der Szene ins Surreale übergehen in der grauenhaften Hochzeitsszene der Alternden, der Kriegerwitwe mit dem Schuldirektor, dessen Sohn, als Kriegsverletzter an den Rollstuhl gefesselt und erblindet, nun auch noch als Liebhaber für ein Mädchen herhalten muß. Das Haus ist zerstört, der Bombenangriff hat den Tod gesät, der Untergang ist kein Mythos, sondern nackte Erfahrung. Und da tritt der General auf, jetzt brav in Tracht, und alle finden das ganz normal. Nur Elsie nicht, das inzwischen neunzehnjährige Mädchen, Tochter der Witwenbraut. Sie wird fast wahnsinnig, geht mit der Schere auf den General los, wird aber zur Ruhe gebracht. Und das Stück endet mit der Frage, ob die Hochzeitsgäste Kaffee oder Tee trinken wollen. Die Wirklichkeit hat die Wahrheit, die banale Gemütlichkeit den Wahnsinn, nicht nur den Wahnsinn des Mädchens Elsie, wieder überholt.

»Wenn wir alle aus der Rolle fallen!« Dieser programmatische Satz der Reinshagenschen Reflexion über das Theater benennt ihre Dramaturgie, benennt ihr Thema auch in der Lyrik. Sie weicht dem Psychogramm aus, weil es distanziert, einen Menschen festschreibt, anders als die Rolle, die ihn verbirgt. Sie selbst legt sich nicht fest. »Nicht zu zerstören/ Möchte ich kommen/ Und niemals/ Entlarven/ Was so/ Unter Schmerzen/ Gewachsen ist/ Lieber auf leisen Sohlen/ Schnell/ Durch die Vorhallen/ Flure/ Den Nachbarn suchen/ In seinem Haus/ Nachgehn/ Der Wärme/ Dem Duft/ Dem verhallenden Schritt/ Und nicht anhalten/ Auch wenn es enger wird/ In den Wandelgängen/ Ohne Angst vor den toten Winkeln/ Den Spinnenbecken/ Mit Geduld auf der Spur bleiben/ Bis einmal/ Vielleicht/ Oder nie/ Vor dem letzten Gelaß/ In der innersten Kammer/ Plötzlich/ Hör ich dich atmen/ Leise/ Im Dunkeln/ Hinter verschlossener Tür« *(Annäherung an eine Person.* In: *Spectaculum* 25 II, Frankfurt 1976).

Diesem leisen Sich-Annähern in den Stücken nachzugehen, ist Gerlind Reinshagen in den *Sonntagskindern* bisher am genauesten gelungen: wenn da der Trauerschleier auf den Hut gesteckt wird (ein Sohn ist gefallen) und in der bloßen Gebärde mit einem Mal der Abgrund spürbar ist, der sich hinter dem Pathos auftut. – Aber auch schon zuvor in *Doppelkopf,* wenn der Schmied und Schweißer Hacks die Betriebsfestnacht lang den wahnwitzig ehrgeizigen Heinrich Hoffmann attackiert hat, in dem Augenblick, als Hoffmann vollends durchdreht und die Direktion beschimpft, sich um Kopf und Kragen, nicht bloß um die Karriere redet, mit einemmal behutsam sagt: »So nicht, also das . . . das darf keiner ernst nehmen jetzt!« –, so ist das mehr als eine kumpelhafte Geste, ist das die Sprache eines Mannes, der begriffen hat, die Rolle vergißt, nur noch den versehrten anderen sieht, ihm seine Hand geben will. Oder im *Monroe*-Stück, wenn Marilyn im Rausch ihres Ruhmes plötzlich abbricht und sagt: »Oh, mir steht schon das Wasser am Hals«, so ist das ein Atemzug, der beinahe stockt und doch kaum hörbar ist im Lärm des Ruhmes: die Ambivalenz des Ich, ohne die die Flucht in den Schutz der Rolle nicht zu thematisieren wäre.

Das heißt aber, daß das Drama, die Konfliktstruktur des

Dramas nicht mehr taugt, daß Gerlind Reinshagen die Augenblicke, die jähe Szenerie, die für etwas steht, verwenden muß, die Zeichensprache der Bilder; daß der Dialog zur Nebenaufgabe für sie wird und darum schwieriger zu schreiben.

Daß sie sich dem Wagnis immer wieder stellt, immer neu anfängt – ohne Routine –, immer wieder die Rollenverkrustungen zerstört, um das ungewisse Ich aufzudecken, macht die Besonderheit ihrer Begabung aus. Wenn wir alle aus der Rolle fallen, das meint doch: Wenn wir alle ungeschützt zu leben wagen, uns verwunden lassen. Um vielleicht menschlicher, vielleicht auch weniger anfällig zu werden für banales Pathos.

Gerlind Reinshagen hat das Wissen von Anfälligkeiten und die Toleranz über Aversion und Schauder hinweg auf die Bühne gebracht. Sie ist sicher keine Dramatikerin, die Konflikte auf die Spitze treibt, mit Hochhuths klassisch strukturierter Dramaturgie hat sie nichts im Sinn, weil die ja von einem Idealbild der Welt ausgeht, an dem sich die Realität messen läßt. Sie ist – und das scheint doch sehr weiblich – der Realität gegenüber viel unbefangener. Sie weiß, daß die großen und kleinen Rollen längst in jedem Kaufhaus als Konfektionsware erhältlich sind. Sie verachtet den Menschen in der Rolle nicht, sie stellt nur bloß, wie nackt er ist, wie verwechselbar nackt.

Volker von Törne

1934–1980

Nein, ein Tod ist keine Nachricht. Ein Tod ist noch immer ein Schock. Ein Tod auf der Höhe des Wirkens und Lebens ist ein Schock, gegen den wir uns mit dummen Sätzen wehren. »Das kann doch nicht sein!« »Das ist doch unvorstellbar!« und –: »Das ist doch ungerecht!«

Ausgerechnet er, den so viele noch gebraucht hätten! Den so viele gern gehabt haben! Der für so viele Vorbild war! Der so viel noch hätte tun müssen! Ausgerechnet er!

Als ich die Nachricht bekam, daß er bewußtlos lag und nicht mehr werde erwachen können, dachte ich so. Und denke es noch jetzt. Das macht es mir schwer, ihn, der sich so gern zurückhielt, der sich so gern lax gab, unbefangen, der es so beherrschte, hinter sich selbst zurückzutreten, schon in die Erinnerung zu holen.

Und doch: Ich höre seine Stimme, und wie er das abmachte, das Vorlesen, einfach so: Naja, Freunde, Ihr wißt schon, und es ist ja auch gedruckt. Ich sehe ihn bei seiner ersten Lesung, schmal, das junge Gesicht von Röte überflogen. Die Scheu. Und das Gedicht, das ihn bekannt gemacht hat, das so endet: wo sterbe ich?

Nein, er ist auf keinem Kriegsschauplatz gestorben. Und doch auf einem: auf dem immer unübersehbarer werdenden Kriegsschauplatz der funktionierenden Gleichgültigkeit aller gegen alle. Er hat sie nicht wahrhaben wollen. Er hat sich dagegen aufgelehnt, daß Schuld nicht Schuld ist, Mord nicht Mord ist, Massenvernichtung nicht Massenvernichtung. Er hat sich dagegen aufgelehnt, daß Vergessen Vergessen ist.

Davon sprechen seine Gedichte.

Dafür hat er gelebt und gearbeitet, über die Kräfte hinaus, die einer hat.

Er hat sich immer beim Wort genommen.

Das ist nicht nur liebenswert. Das ist groß. Aber wir erfahren immer wieder, daß diese Größe nicht zählt. Meingott, ein engagierter Autor, naja, gut für eine Paar-Zeilen-Notiz, blaß-freundlich, man kennt das. Denn derzeit, und das ist schon eine kleine Weile, »trägt« man nicht Engagement. Ich will hier nicht die Nachrufe der Freunde schmälern. Sie zu lesen hat gutgetan in dieser öffentlichen Verdammnis durch Klein-klein-Schweigen.

Aber lebt und schreibt ein Autor denn für die Nachrufe? Ganz sicher nicht. Und Volker von Törne schon gar nicht. Er hat von Gedicht zu Gedicht, von Buch zu Buch teilgenommen, wie er von Tag zu Tag teilgenommen hat, um das, was nicht wieder gut zu machen ist, doch wenigstens anzunehmen und annehmen zu üben für eine Generation, die nur nachgeboren ist, die aber zu begreifen hat, daß das nicht genügt. *Das auch nicht.* Denn was genügt schon gegen den perfektionierten, den »sauberen« Völkermord? Und was hält ihn beim nächsten Mal auf?

Das ist doch die Frage, die jedes seiner Gedichte stellt. Wenn er die falschen Idyllen beschreibt, die von damals, die von heute. Auch wenn er die Sehnsucht nach Stille, die nach unverstörter Liebe beschreibt. Wenn er geben will. Immer wieder geben. Auch im Gedicht. Auf das DU zu.

Er hatte so offene Augen, eine so verletzliche Haut, eine spröde, eine strenge, eine schöne Sprache. Er hätte seine Haut aufreißen, seine Gedärme durchwühlen, die Klangfarben des heiser geflüsterten Du benennen, das Pathos der Sprache genießen können. Das wollte er nicht.

Das lehnte er ab. Stand ja nicht mit dem Rücken zur Wand. Ließ die Vier-Wände-Gefangenschaft nicht zu. Riß Türen, Fenster auf. Rannte davon, riß andere im Rennen mit, Junge, die froh waren, daß er voraus rannte, ihnen Aufgabe – kein Ziel – gab. Rannte. Rannte. Lebte. Und wenn er innehielt, Atem schöpfte, war er nicht vergebens gerannt, hatte er nicht vergebens andere begeistert, anderen auch eine Aufgabe vermittelt. Konnte er ganz ruhig sein. Dann wieder die leise Stimme, Menschlaßtdochdashörtbloßzu! Und dann las er Sätze voller Zorn und Zartheit. Las von der Wunde Schuld. Die in ihm nicht heilte. Die nicht heilen darf.

Volker von Törne – daß er das *Von* stehen ließ, weil es den Makel auch noch beschriebe, daß er sich aussetzte, auch *dem* noch, Geschichte also annahm, um sich zu widersetzen, daß – – – nein, der Satz läßt sich nicht vollenden. Sein Leben läßt sich nur im Weiter-Leben denken. Welch eine Hoffnung in dieser Trauer!

Rückfragen
Über Elisabeth Plessen

»1944 in Holstein geboren, begann nach dem Studium von Geschichte, Philosophie und Germanistik, nach Reisen, die nach Westindien, Südamerika und in die Sowjetunion führten, zu schreiben: Gedichte, Essays, Erzählungen. Bekannt wurde sie als Herausgeberin des Buches *Katia Mann. Meine ungeschriebenen Memoiren.* Elisabeth Plessen lebt als freie Schriftstellerin in Berlin.« Soweit der Waschzettel zu Elisabeth Plessens erstem Roman *Mitteilung an den Adel* (1976). Ein privilegierter Lebenslauf also, das läßt sich daraus ablesen. Die ökonomischen Startbedingungen sind gegeben, kein Kampf um Stipendien, um abzuzahlende Darlehen, Bafög ein Fremdwort. Jahre ruhigen Wachsens. Ein Glückskind?

Mit dem Roman *Mitteilung an den Adel* wehrt sie sich gegen das Vorgegebene. Mit dem Roman schreibt sie sich von den ererbten Privilegien frei, ja mehr, beschreibt sie die Last solcher Privilegien, die durch Vorurteile ungenaue Eigenbestimmung, die Rollenzwänge, die Vereinsamungen, die sie entstehen lassen.

Augusta, in München in einer Redaktion tätig, ist von der Mutter telefonisch benachrichtigt worden, daß der Vater, Herr auf Einhaus, sechsundfünfzig Jahre alt, plötzlich gestorben ist. »Er hatte ruhig auf dem Rücken gelegen. Die Vorhänge waren noch zugezogen. Mit der Teetasse war sie (die Mutter) an sein Bett getreten und hatte ihn gerufen.« Das Einmalige, das Unwiderrufliche. Der Tod. Aber die Schwester hat am Telefon zu Augusta gesagt, daß sie den Vater auf dem Gewissen habe. Der Stachel bohrt sich ein. – Augusta tut das Übliche: Trauerkleidung anschaffen, schwarze Strümpfe. Sie will ihrem Freund in Schwabing Bescheid sagen, erreicht ihn nicht. Sagt in der Redaktion durch, daß sie bis Montag nicht da sein wird. Ein Mitstudent klopft bei ihr an, will sich Geld pumpen. Sie sagt nichts von der Nachricht. Die Mutter ruft noch einmal an, um den Textentwurf für die Traueranzeige vorzulesen. Kurze sachliche Korrektur. Protokollarisch genau der Zustand zwischen alltäglicher Realität und Leere. Elisabeth Plessen versucht die Frage nach dem Ereignis Tod des Vaters auszulassen, vielmehr das Leben des Vaters zu entdecken, auch zu verstehen?

Mit dramaturgischer Sicherheit nutzt sie die Stationen der Autoreise von München nach Holstein, um die Erinnerungen, die ja ohne Kontinuität zusammenschießen, zur Biographie des Vaters zusammenzuzwingen. Da stehen Impressionen beim Fahren neben Begegnungen, die Anlaß sind, Lebensstationen des Vaters auszuforschen. Beiläufiges wird sorglos (oder bewußt?) vermerkt, die Ungleichzeitigkeit von Erfahrungen und Empfindungen registriert. Das Gefühl der Trauer stellt sich nicht ein, eher die Intensität vergangener Tage, Stunden, Augenblicke, in denen der Vater nahe gewesen war und oft genug erschreckend fern dabei – einer, der sich nicht preisgeben wollte oder konnte, befangen in der Rolle, in die er hineingeboren war, die anzuzweifeln er selbst nicht gewagt hatte. Wie aus Splittern fügt sich sein Bild zusammen, wenn auch große Flächen leer bleiben müssen, von Erinnerung nicht gedeckt, nicht mitgeteilt, vielleicht nicht mitteilbar. Denn auch das Tagebuch, das der Vater, aus der Kriegsgefangenschaft zurück, seinerzeit geschrieben und der Tochter einmal zum Lesen gegeben hatte, gibt wenig von ihm preis, verharrt im Beschreiben der allerletzten Kriegstage in Oberitalien, bleibt in der vorformulierten Sprache der Zeit befangen. Nur einmal schlägt existentielles Erschrecken durch: die Todesangst in der Schlacht. Der Tochter will scheinen, als sei das die einzige Erfahrung, die den Vater ungeschützt von der Rolle und ihrem bis ins Alltägliche vorgeprägten Ritual getroffen hat. Augusta weiß nicht, ob der Vater je begriffen hat, daß er nur eine Rolle spielt, ob er das so gewollt hat und gar nicht anders konnte, da ihn die Rolle ja auch schützte. Sie hat die Kälte in der Ehe der Eltern gespürt, die nebensächlichen Rücksichtslosigkeiten gegen das Personal. Und sie hat als Kind (und später) darunter gelitten, in der Dorfjugend nicht dazuzugehören, von Fremden erzogen zu werden, nicht mit den Eltern zusammen speisen zu dürfen und später von den Mitstudenten distanziert zu sein durch den Namen. Hat der Vater davon gewußt? Sie hat sich mit ihm über Fragen, die in der Studentenbewegung diskutiert worden sind, auseinandergesetzt, auseinandergestritten. Ist das eine, ist das ihre Schuld?

Eine Antwort findet sie nicht. Hilfreich für ihr unvollständiges Porträt ist ihr die Auskunft der uralten Tante Harriet, die den Vater bereits als Kind gekannt hat (und die nun, schon recht krank, nicht mitfahren kann zum Begräbnis). Die Bestätigung, daß der Vater wohl nur einmal, in den letzten Kriegstagen, die Hohlheit seines Lebens erfahren hat, und der Hinweis auf seine Etappenjahre in Wiesbaden sind Information genug für Augusta.

Ihr Entschluß, kurz vor Erreichen des Reiseziels umzukehren – schon sind Schloß und Park in der Ferne zu sehen – kommt dennoch unerwartet, ist aber gerade in seiner Spontaneität überzeugend. Hat sie doch soeben in Göttingen beim Besuch einer Freundin aus der Berliner Studentenzeit von einem anderen Tod erfahren: Tod in der Haft durch eine Explosion bei der Herstellung von Zelluloidspielzeug. Der Bruder der Freundin hatte zu den Jugendlichen gehört, die dem falschen Glanz des Elternhauses ausgewichen und in den Untergrund gegangen, die dabei in die Irre geraten waren. Ein Tod, der sie die Frage nach dem Leben, nach Verständigung und ihren Grenzen, nach Veränderung und ihren Chancen viel radikaler stellen läßt als der des Vaters.

Mit diesemBuch hat sich Elisabeth Plessen von der Herkunft freischreiben wollen, um das eigene Ich zu entdecken. Ist es ihr gelungen? Sie hat nicht die Faust geballt, nicht den Klassenkampf proklamiert, sondern behutsam zu begreifen versucht, warum die Umwelt, aus der sie stammt, nicht mehr ihre Umwelt sein kann. Unsere Literaturgeschichte ist voll von Absagen an den Adel; Elisabeth Plessen hat die Absage auf die Gegenwart übertragen, aus dem Demokratieverständnis der Studentenbewegung entwickelt, sich der Zuwendung zu den Unterprivilegierten erinnert, sie kaum schon vollzogen – kaum schon die eigene Position umrissen.

Ihr zweiter Roman *Kohlhaas* (1979) bleibt auf derSpur der Absage, der *Mitteilung an den Adel,* nimmt sich des vom Adel in seinem Bürgerrecht zutiefst verletzten Kohlhaas an, der zum Rebellen nicht geboren war, der erst durch die Nichtachtung seines Rechtes ins Rebellentum getrieben wurde. Sie hat den kursächsischen Originalakt durchgesehen, den Heinrich von Kleist noch nicht hat kennen können, weil er erst 1864 von dem großherzoglich sächsischen Archivar C. A. H. Burkhardt in Weimar entdeckt und bekannt gemacht worden ist. Der Akt ist zwischen 1534 und 1539 verfaßt worden.

Ist es ihr gelungen, einen eigenständigen Roman zu schreiben, Hans Kohlhaases Biographie aus den Akten heraus neu zu deuten? Sie setzt mit einem kühnen Auftakt ein: dem Tod des Kohlhaas und seiner Gefährten Georg Nagelschmidt und Thomas Meißner – alle drei aufs Rad geflochten, mit gebrochenen Gliedern, auf dem Galgenberg vor der Stadt Berlin; das Schausterben, Marktstände ringsum, nachts Tagelöhner, die im Abfall herumstochern. Die Kurfürsten von Brandenburg und Sachsen, gegen die Kohlhaas aufbegehrt hat, sagen sich an, die Wachen ziehen auf, aber die Herren erscheinen nicht. Das Geflüster zwischen den Sterbenden, die Sorge um den entkommenen Gefährten Herse. Auch das im Ansatz: Der Versuch, die Zeiten aufeinander zu beziehen – Masten, Fahnenmasten, die an Fernsehantennen erinnern. Und doch die Zurücknahme des Vergleichs, weil es ja nicht gelingen kann, Heute und Damals austauschbar zu machen. Die Schwierigkeiten der Konzeption sind hier schon erkennbar. Elisabeth Plessen will nicht nur den überlieferten Vorgang erzählerisch anreichern, sondern derzeitige Gegenwart miteinbeziehen, nur andeutungsweise, eher zufällig assoziativ. So ist der Roman dort am stärksten, wo sie die Geschichte des Kohlhaas erzählt, der einen kleinen Handel in Cölln an der Spree betreibt und dem auf dem Weg zur Leipziger Michaelis-Messe 1532 zu Wellaune und Schnaditz auf Veranlassung des sächsischen Landadeligen Günter von Zaschwitz zwei Pferde widerrechtlich einbehalten worden sind, ein Übergriff, der Kohlhaas geschäftlich ruiniert und gegen den er sich wehrt – wehren muß um seiner Selbstachtung und seines Bürgerrechts willen. Die Dokumente bezeugen den sich hinschleppenden Rechtsstreit und wie Kohlhaas, nur scheinbar ungeduldig, aber durchaus planvoll, die Fehde aufnimmt, wie er Gesinnungsgenossen findet, wie die Unruhe, die ja nach den gescheiterten Bauernkriegen noch schwelt, wieder aufflammt. In Wittenberg werden Brände gelegt. Kohlhaas wird verdächtigt. Die Angst vor ihm und seinen vielen Freunden beschleunigt den Prozeß. Gerichtstag in Jüterbog. Er gewinnt gegen die Familie von Zaschwitz. Die Entschädigung wird ausgehandelt, aber der Kurfürst von Sachsen enthebt die Familie von Zaschwitz der

Verpflichtungen. Und weil der Kurfürst von Brandenburg seinem Bürger Kohlhaas nicht zur Wiederherstellung seines Rechts verhilft, entschließt sich Kohlhaas, sein cöllnisches Bürgerrecht aufzugeben und hat nun beide Kurfürsten, die von Brandenburg und Sachsen, zu Feinden. Der Kampf um sein Recht weitet sich aus. Von Dorf zu Dorf und Stadt zu Stadt hat er Freunde, die ihn unterstützten. Geiselnahmen, Überfälle finden statt. Immer läßt Kohlhaas bekanntgeben, daß niemand an Leib und Leben geschädigt werde und daß er die durch die Kampfmaßnahmen gewonnenen Vermögen am Tag, wo ihm Recht werde, zurückzugeben gedenke.

Elisabeth Plessen erzählt die Geschichte nach, gibt Personen Leibhaftigkeit, die in den Dokumenten Namen geblieben sind, erfindet Kohlhaas Frau und Familie hinzu, wodurch sie Wärme und Sinnlichkeit in die spröde Fabel einbringt, breitet die soziale Wirklichkeit jener Jahre aus: die ungedeckten Vorrechte des Adels, die Fron und Armut der Bauern, die Rechtlosigkeit der herumstreunenden Nachzügler der Bauernkriege. Sie bleibt an den Fakten, erfindet sparsam Szenisches, beläßt das soziale Panorama im Hintergrund, farbig genug, um das Drama des Kohlhaas davor auszuspielen. Der Bezug zur Gegenwart, etwa im Hinweis auf das *Stern*-Interview mit Astrid Proll vom November 1978, ist zu hingetupft, als daß er überzeugen könnte. Die Kohlhaas-Fabel allein hätte Überzeugungskraft genug, das Entstehen von Gewalt aus verletztem Rechtsbewußtsein erkennbar zu machen. Da hat sie sich durch die Einarbeitung der Erzählperspektive eine Chance gegeben und nicht recht genutzt. Eine geringfügige Abschwächung des großartigen Stoffes, und jedenfalls nicht aus Mangel an Gestaltungsfähigkeit, sondern immer noch aus der Unsicherheit der eigenen Position, die sie gedrängt hat, den Stoff in die Distanz zu zwingen, um Raum für das erzählende Ich auszusparen. Raum, den sie aber nicht recht zu füllen vermag, so daß Lyrismen stehengeblieben sind, die zuweilen noch in die Erzählung hineinwuchern.

Dennoch ist an Elisabeth Plessens großer erzählerischer Begabung nicht zu zweifeln; sie wird nur, wenn sie sich künftig mit historischen Fabeln einläßt, noch sorgfältiger auf die eigene Position achten müssen, um die historische Wahrheit auf ihre Gegenwärtigkeit hin zu untersuchen.

Eine Autorin jedenfalls, an der der trotzige Wille auffällt, sich einem Gegenüber zu stellen, die Distanz und das Einander-nicht-Verstehen auszumessen, die aber auch die Übereinstimmung, die Solidarität sucht, und die am Nicht-Erreichen des anderen, am Nicht-eindringen-Können in die fremde Identität leidet und doch – dafür ist der *Kohlhaas* das Beispiel – vor der Solidarisierung schließlich zurückschreckt. Also doch eine Scheu, sich preiszugeben, sich zu erkennen zu geben: im Ablösungsprozeß von der Familie dennoch nicht der unbedingte Anschluß an die Wohngemeinschaft der Freunde: in der Absage an die Privilegien der Geburt dennoch nicht der Verzicht auf die Distanz zu den weniger Privilegierten.

Noch ist die Ambivalenz zwischen der anachronistischen sozialen Distanz ihrer Kindheit und Jugend und ihrer hinzugewonnenen politischen Einsicht erkennbar. Doch versucht sie, sie durch die Entschlüsselung der Gegen-Geschichte der Nicht-Privilegierten aufzuarbeiten: Kohlhaas ist eine Kontrastfigur zum Vater, ist kein Zauderer, kein in der Rolle Gefangener. Er spricht, er denkt, er handelt als Ich, er setzt, seiner Epoche vorgreifend, auf das Recht des einzelnen, er kennt keine anerzogene Meinung, er bildet sich seine. Vielleicht ist diese Polarität für Elisabeth Plessens künftiges Werk prägend: dort der Spätling einer Epoche, dessen Ich-Unsicherheit von der ererbten Rolle, die er zu spielen hat, verdeckt wird – hier der Mann »geringer« Herkunft, der mit dem Mut der Verzweiflung auf das Recht, ein Ich zu sein, pocht. Eine Polarität, der sie schreibend standzuhalten versucht. Deshalb wohl ihre Scheu, sich preiszugeben, das Sichverstecken hinter unzureichenden Lyrismen, die eigenes Fühlen verbergen: deshalb aber auch die Verhaltenheit beider Romane im Ansatz, im Annähern und Einkreisen der Fabel, im Aussparen der Antworten: ob sie schuld sei am Tod des Vaters, ob es ein anderes als das Recht auf das Recht gibt, und die Hineinnahme des Todes in die Fragen nach dem Leben, die Unfähigkeit zur Ungeduld und die Unfähigkeit zum Erdulden – Symptome des Zögerns einer Beobachterin, die sich selbst noch in der Reserve hat?

Stil und Existenz gehören zusammen

Erzählmuster bei Christa Wolf

Christa Wolfs lange erwarteter Versuch, sich mit der eigenen Kindheit und Jugend in der Nazizeit auseinanderzusetzen, erschien Anfang Dezember 1976 im Aufbau-Verlag mitten in der Phase der heftigsten Attacken, Verleumdungen, Parteiausschlüsse, dem DDR-offiziellen Kulturkrieg gegen die Schriftsteller, die die Ausweisung Wolf Biermanns nicht hatten hinnehmen wollen. Das Buch war rasch vergriffen. Das ist jedoch kaum mehr ein neues Symptom für die Adaption von eigenwilliger Literatur in der DDR, wo Leumund und ideologietreue Literaturkritik das leisten, was die Verlage in der Bundesrepublik mit immensen Werbeetats voranzubringen versuchen: die Neugier der Leser zu wecken.

Christa Wolf hat ihrem Buch die Anmerkung vorausgestellt, daß alle Figuren Erfindungen der Erzählerin seien und keine Episode sich mit tatsächlichen Vorgängen decke, ein Schutzbrief, mehr nicht, und doch die Absicherung der gestalterischen Freiheit, die die sowohl vom Staat als auch die vom Markt reglementierte lesende Öffentlichkeit immer weniger anerkennen will. So kann sie über die Grenzen des zu sagen Üblichen hinausgelangen, die verschiedenen Helligkeitsgrade einer Kindheit und Jugend in Nazi-Deutschland sichtbar machen und muß sie Parallelerfahrungen der Nachkriegsjahre nicht völlig aussparen. »Heute weißt du, daß es im Zeitalter des Argwohns das aufrichtige Wort nicht gibt, weil der aufrichtige Sprecher auf den angewiesen ist, der aufrichtig zuhören wollte, und weil dem, dem lange das verzerrte Echo seiner Worte zurückschlägt, die Aufrichtigkeit vergeht. Dagegen kann er nichts machen. Das Echo, auf das er rechnen muß, schwingt dann als Vorhall in seinem aufrichtigen Wort. So können wir nicht mehr genau sagen, was wir erfahren haben.«

Nelly statt Christa, das läßt genauer hinsehen, das fordert Kontinuität heraus, das läßt der Erzählerin die Chance, sich einzumischen, eine Technik, die Christa Wolf schon im *Nachdenken über Christa T.* erprobt hat, die sich im *Kind-*

heitsmuster fast verselbständigt und so das Erzählbare und Erzählte ins Konjunktivische wegrückt, dem Leser und sich selbst zur Frage und Anfrage, und zugleich Ausdruck der Ich-Unsicherheit, die die Literatur dieser Jahre (vornehmlich die deutschsprachige Literatur) durchspielt.

Eine Reise nach Polen, in die Stadt der Herkunft, G., früher L., die Christa Wolf anders als die übrigen Städte nicht beim Namen nennt, obwohl die Stadt an der Warthe deutlich erkennbar wird, schafft den erzählerischen Rahmen für die Erinnerungen, die über die Flucht 1945 hinausreichen und durch Notizen über die Arbeit am Manuskript, durch Gespräche und Szenen während der kurzen Reise, durch Assoziationen und Erinnerungen an Einzelheiten aus dem Vierteljahrhundert seit dem Ende der Kindheit und Jugend mit der Gegenwart des Aufschreibens, den frühen siebziger Jahren, verbunden werden. Ein Geflecht also, das sogar die Kontinuität der erzählten Kindheitsepisoden in Frage stellt. »Von der Einsicht getroffen, daß die Notwendigkeit, sich auszuliefern, und die Unmöglichkeit, es zu tun, einander die Waage halten.«

Die frühe Kindheit wird durch ein Foto, das die Erzählerin, nicht Nelly, deutlich vor Augen hat, obwohl es verloren ist, erschlossen. Da wird die Familie vorgestellt, die Eltern, die beiden Großelternpaare, die Tanten und Onkel. Da wird der Lebensmittelladen sichtbar, hinter dem das Wohnschlafzimmer der kleinen Familie sich befindet. Da taucht der Augenblick aus der Erinnerung, als der Vater Geld auf den Tisch zählt, die Finger in Handschuhen mit abgeschnittenen Fingern. Später weiß sie – Nelly oder Christa? – der Vater hat einen zweiten, größeren Laden eröffnet und zählt die ersten Einkünfte aus. Der langsame Aufstieg der Familie beginnt. Ein Brüderchen wird geboren. Die Nazizeit mit Kasernenbauten und der wirtschaftlichen Scheinblüte läßt die Eltern Jordan profitieren, wenn auch beide kaum Zeit haben, sich mit der Tagespolitik auseinanderzusetzen.

Christa Wolf hat im Archiv der Staatsbibliothek die alten Zeitungen aus dem Warthestädtchen nachgelesen, um zu erfahren, wie weit denn Orientierung hätte stattfinden können, hat zwischen den Anzeigen und Lokalnachrichten in den frühen Nazijahren noch Hinweise gefunden, die hätten aufmerken lassen können; und schon das pharisäerhafte

Gerede, das die, die sich mühsam durchs Leben zu schlagen hatten, betäuben sollte, auch wenn es noch immer ein großer Schritt bis zum Sich-Einlassen mit den Nazis war. Der Vater Jordan wird über seinen Sportverein in die entsprechende NS-Organisation aufgenommen, ohne Begeisterung, aber doch auch ohne Widerstand, fast listig augenzwinkernd, nun dazuzugehören, ohne sich eigens entschieden zu haben. Die Mutter bleibt skeptisch. Natürlich gibt es in der Familie auch andere, die sich für das Neue begeistern oder sich naiv an dem Neuen, vor allem an dem kleinen Wohlstand, der auch sie erreicht, freuen. Die Eltern Jordan können sich ein Haus bauen. Tagaus tagein sind beide hinterm Ladentisch, das Geschäft floriert.

Szenen aus den frühen Lebensjahren. Straßen, Landschaft, Menschen der übersichtlichen Stadt. Der scheinbar (oder etwa doch wirklich?) harmlose Kindheitsalltag in Nazideutschland – und nachforschend und aufschreibend das Erschrecken über das, was das Kind nicht gewußt, worüber die Erwachsenen nicht gesprochen haben. Die Risse in der Kindheitsidylle werden spürbar, Szenen brechen durch, Judenboykott, Kommunistenverachtung; aber auch die Spannung zwischen denen am rechten Flußufer und denen in der Industrievorstadt am linken Flußufer wird erinnernd deutlich ebenso wie die Spannungen in der Familie nachmeßbar werden. Bis zum Kriegsbeginn. Bis der Vater eingezogen wird und nach dem Polenfeldzug zurückkommt, um Etappendienst zu machen. Da ist Nelly zehn Jahre alt. Ein Szenensplitter: Der Vater am Telefon, verbunden mit einem Bekannten, Träger des goldenen Parteiabzeichens, der noch in Polen ist und von Erschießungen berichtet. Des Vaters lakonisches: Damit wolle er nichts zu tun haben. Sein jäh grau gewordenes Gesicht im Spiegel.

Aber die Kinder, auch Nelly, nun schon im Jungmädelalter, lassen sich verführen, tun mit kindlichem Eifer Dienst, plappern nach, was die Lehrer sagen, schmettern die stürmischen Lieder. Erschreckend die Einfalt der Lehrer, der Studienräte! (In den großen Städten gab es doch auch kritische Lehrer!) Nelly lernt, tut Dienst, lebt ihre Kindheit zwischen damals geläufiger Lektüre, Garten und Landschaft aus. Bis die ersten Flüchtlinge kommen. Und die Jugendorganisationen für Hilfsdienste eingesetzt werden.

Und bald und überhaupt nicht erwartet der Aufbruch der Familie auf einem Laster der Firma, bei der der Onkel arbeitet. Aber der Vater fehlt. Hat als Gefangenenbewacher einen Transport zu begleiten und ist – das erfahren sie später – längst schon in Kriegsgefangenschaft geraten. Auch die Mutter fehlt. Sie will, sie kann doch das Haus, das endlich schuldenfrei ist und für die Kinder als Erbe gedacht war, nicht so einfach aufgeben. Erst unterwegs treffen sie mit der Mutter zusammen, die dann doch aus der Stadt aufgebrochen ist, als die Garnison aufgegeben wurde. Und ein Jahr später kommt der Vater, den sie tot geglaubt hatten, aus russischer Gefangenschaft zurück, bis zur Unkenntlichkeit elend. Da ist die Familie schon im Mecklenburgischen auf dem Land untergekommen, Nelly arbeitet in einem ländlichen Bürgermeisteramt, ihr Bruder betreut die Tiere im Stall, die Mutter geht von Hof zu Hof und bettelt um Nahrung. Die Alten sterben. Englische, amerikanische und schließlich russische Besatzungstruppen lösen sich ab. Nazis, kleine und mittelgroße, versuchen sich zu verkrümeln. Russische Soldateska nutzt plündernd die Nächte und die Einsamkeit mecklenburgischer Höfe, kaum von den Kommandanten zu bändigen. Nachkrieg. Und dann wieder Schule. Flüchtlinge aus allen Ostprovinzen vorm Abitur. Krankheit. Hunger. (Wer noch weiß, wie unsere Mütter sich damals sorgten, daß wir nicht am Hunger starben!) Nelly steckt sich bei einer tuberkulösen Mitschülerin an, wird in ein Lungensanatorium verschickt, nicht weit von der Ostsee, nachts die Lichter von Lübeck. Der Nachkriegswinter, die ungeheizten Räume. Das hat nichts mit dem Luxus des *Zauberbergs* zu tun, und das Sich-Behaupten ist ein so anderes als in den *Buddenbrooks.* Die Familie ist fast eine Zufallsgemeinschaft, zusammengeschweißt durch Not. Nelly wird im Sanatorium aufgepäppelt, 150 Pfund schwer entlassen. (So versuchte man damals vor der Anwendung des Penicillins der TB Herr zu werden.)

Das zu erzählende Erinnerungsbild endet hier. Einfach so. Wäre da nicht das Geflecht aus Assoziationen, Reflexionen, Nachrichten und Notizen, das noch das Unsagbare, das für eine DDR-Autorin Unsagbare zwischen Damals und Heute einbringt. Da ist ein Traum von einem Trauerzug am Ostseestrand. Stalin ist gestorben. Wann werden wir davon sprechen können? Fragen, die sich die Eheleute Wolf auf der Reise nach Polen stellen. Da sind auch die Fragen der Tochter, auf der Reise noch Schülerin, während der Arbeit am Roman schon im Fabrikeinsatz, Fragen des zweiten Ichs, Fragen, die das Aufschreiben, das Erinnern anzweifeln und die Nöte (und Erwartungen) der heute jungen Generation in der DDR ansprechen.

Ein schönes und schwieriges Buch, das die Bezüge zwischen privater Erfahrung und geschichtlicher Wirklichkeit nicht ganz ohne Anstrengung erkennbar macht, das – noch deutlicher als im *Nachdenken über Christa T.* – die Schreibhemmung stilisiert, spüren läßt, was die Ideologie-Verpflichtung für den Autor bedeutet, und sie behutsam genau benennt. Und mehr: Ein Buch ehrlicher Auseinandersetzung mit den Verführungen des Jahrhunderts, insbesondere des Nationalsozialismus. Die existenzbedrohende Trauer schlägt durch, an der Realität vorbeigelebt zu haben, aber auch das warmherzige Verstehenwollen für die, die einfach haben leben wollen, die um ihr kleines Dasein haben kämpfen müssen.

So läßt sich das vielleicht umgreifen, was Christa Wolf mit diesem Buch versucht hat, Aufarbeitung von Vergangenheit, kein Roman. Denn der Roman gelingt ja niemand mehr, der genau registriert, was den Menschen des 20. Jahrhunderts widerfahren ist und widerfährt. (Darüber dürfen die falschen Etikettierungen der Verlage für den Markt nicht hinwegtäuschen.) Die Generation der Schriftsteller, die in beiden deutschen Nachkriegsstaaten schreiben, kommt noch nicht von der Vergangenheit los, kann nicht loskommen, weil sie nicht vollends an die Vergangenheit herankommt, weil sie über das Wort Kollektivschuld hinweg muß, das sie nicht überwinden, aber auch nicht blindlings anwenden kann. Die Generation hat erfahren, daß die Entscheidungsfähigkeit des einzelnen überfordert und mißbraucht werden kann, daß die Verführungsmechanismen, blieben sie unreflektiert, neue Verlogenheit fördern müßten.

Christa Wolf behilft sich in dieser Unsicherheit mit der minutiösen Beschreibung des Sich-Annäherns an die Realität, des Studiums der Lokalzeitungen, des Befragens der Einzelheiten, die sich in der kindlichen Erinnerung festgesetzt haben. Sie setzt den Konjunktiv in seiner schillernden Doppeldeutigkeit ein, der, schwächer als die Mutmaßung, dennoch die Distanz zur beschriebenen Erfahrung hält, das Sich-nicht-vollends-Einlassen manifestiert. Sie nutzt die Sprache des Tagebuchs, die ihr immer wieder den Kunstgriff ermöglicht, zwischen dem Heute und der Erinnerung, zwischen einem zufälligen Gedanken und dem Sich-Einpendeln auf das zu Berichtende zu wechseln, die eigene Betroffenheit beliebig einzusetzen oder zurückzunehmen, offen für Beiläufiges, aber auch für Derzeitiges zu bleiben.

Der Prozeß des Schreibens als sein Inhalt. Die Fragwürdigkeit des Schreibens auch, etwa im Gedanken an irgend jemand irgendwo an der Schreibmaschine im Augenblick des Abschieds vom Vater am Tag der Mobilmachung 1939, am Tag des Kriegsausbruchs zwischen Israel und Ägypten Herbst 1973; die Absurdität des Gleichzeitigen, die unmögliche Kontinuität, die Beinahe-Austauschbarkeit der Erfahrungen; eine Sprache, eine Schreibtechnik, die gefährdet ist, weil jeder Satz, jeder Gedanke auswuchern, das zu Erzählende fast aufheben kann, und doch gerade darum eine der Möglichkeiten des Prosa-Schreibens heute:

»Wo sind die Zeiten, da die raunenden Beschwörer des Imperfekts sich und andere glauben machen konnten, sie seien es, die die Gerechtigkeit verteilten. O über diese Zeit, da der Schreibende, ehe er zur Beschreibung fremder Wunden übergehen darf, die Wunde seines eigenen Unrechts vorweisen muß.

Falls es sich bewahrheitet hätte, daß das letzte Manuskript des toten Pablo Neruda geraubt worden wäre, wäre nichts und niemand auf der Welt imstande gewesen, den Verlust zu ersetzen. So daß plötzlich das Recht, auch an einem Tag wie diesem ein leeres weißes Papier mit Schriftzeichen zu füllen, zu einer Pflicht wird, die jeden anderen Imperativ übertrifft.

Auch wenn Gegenstände noch einmal zur Sprache gebracht werden müssen, über die alles gesagt zu sein scheint und über die die Reihen der Buchrücken in den Bibliotheken nicht mehr nach Metern, sondern nach Kilometern zu messen sind. Der Krieg ist trotz allem etwas nicht Aufgeklärtes oder nicht genügend Besprochenes. Wir sind übereingekommen, über ein gewisses Bild des Krieges, in einem gewissen Stil vom Kriege zu schreiben oder ihn zu verdammen, doch fühlt man darin irgendein Verschweigen, ein Vermeiden jener Dinge, die immer wieder eine seelische

Erschütterung verursachen. – Der Pole Kasimierz Brandys, den du ohne Anführungszeichen zitierst, spricht auch von einer wahnsinnigen Veränderung der Verhältnisse durch den Krieg.

Von der Entblößung der Eingeweide.

Doch kann auch das Ausbleiben wahnsinniger Veränderungen enttäuschen. Die immer schneller und lauter wie in einem Wirbel sich wiederholenden Ausrufe: Danzig! Polnischer Korridor! Volksdeutsche! Mord! Lebensraum! steigerten sich für Nelly zwar folgerichtig zu dem Schrei: Sender Gleiwitz! Westernplatte! und zu dem Satz: Von heute morgen an wird zurückgeschossen. Ein Satz, der das Herz anhob und es spürbar wieder zurückfallen ließ, als sei das Herz ein Tennisball, und ein Satz des Führers könnte es springen lassen.

Herr Gaßmann, ihr Geschichtslehrer (Nelly war in die erste Klasse der Oberschule aufgerückt), erschien in brauner Amtswalteruniform und verkündete: Dieser Art seien die Sätze, mit denen der eherne Mund der Geschichte selber spräche.«

Das Tasten nach der Souveränität des Schreibenden, die Manifestation eines Rechts, fast schon hochmütig souverän, und dann doch und ganz bewußt die Beinahe-Bagatelle: das papierne Pathos eines Studienrates September 1939, das die Verantwortung des Erzählers rigoros zurückweist, die Souveränität wieder in Frage stellt, denn er kann ja nicht der Allwissende sein, der Lebensläufe wie Marionetten dirigiert, wo doch seine Allwissenheit (die er zumindest über den Gegenstand seines Erzählens hat) ständig von Wahrnehmungen irritiert wird. Und selbst da noch das Mißtrauen, wo die Kindheitserinnerungen unkommentiert zum Zusehen werden, zum Beobachten des beinahe fremden Mädchens, als habe diese Kindheit keine Splitterwunden hinterlassen, die nie ganz heilen. Dann aber wieder das genaue Einrasten, wenn Unpersönliches, fast schon Austauschbares erinnert wird, Schulszenen, Gespräche mit der Lehrerin vor 1945, nach 1945, Sonntagsausflüge. Deutlich also der Versuch, das Ich an den Rändern unscharf zu lassen. Das Subjekt ins Objekt übergehen zu lassen (obwohl das natürlich nicht gelingen kann).

Denn die Kausalität stellt sich dem Erinnernden nur widerwillig her. Die Bilder, Reflexionen, Animositäten und

Sympathien, die um einen gelebten (und festzuhaltenden) Augenblick zusammenschießen, erdrücken ihn fast. Die Sicherheit des ICH BIN, die Sicherheit des ICH DENKE ist in der Austauschbarkeit des ICH verlorengegangen. Das bedeutet natürlich auch, so radikal durchprobiert, Störung des Erzählens (nicht nur des zu erzählenden Lebensrohstoffs). Das kann zum Manierismus führen, wie er in der neuen, fast zur Porzellanmalerei stilisierten Aufzeichnung (nicht Novelle) *Kein Ort. Nirgends* (1979) erkennbar wird: Der fast schon routinierte Einsatz von Stilmitteln, der sich in der psychologisch ungenauen Nutzung von Zitaten decouvriert, herausgerissen aus Savigny-Briefen an die Günderrode, aus Kleist-Briefen an die Schwester, Zitate, die diese fiktive Begegnung der Günderrode mit Heinrich von Kleist 1804 in Winkel am Rhein in der Unschärfe der Fiktion belassen, ihr Verhältnis zueinander als Möglichkeit ausprobieren, Kleists eigentümlich verwundbare Robustheit vom Werk abgelöst und die fast lebensferne Empfindsamkeit der Günderrode von ihrer Biographie abgehoben sehen. Doch da, wo Christa Wolf sich aus der Routiniertheit ihres Stils wegreißt, gelingt ihr die Annäherung, etwa die Charakterisierung der Personen, der Gruppen dieser Teegesellschaft, wie sie der in dieser Umgebung so fremde Kleist beobachtet. Oder auch im unmittelbar Szenischen, wie in der Entdeckung des Messers, das die Günderrode in ihrem Täschchen bei sich trägt und die Erregung darum. Oder in der Genauigkeit des Beiläufigen, einem Lichteinfall, einer Geste, einem Zucken des Gesichts. Die gestalterische Kraft ist stärker als die Gefährdung durch den Manierismus. Und dieses schmale Buch zwischen Büchern ist ja denn wohl auch ein Spuren-Ausziehen nach rückwärts, nach den ersten Anzeichen von Ich-Gebrochenheit, für die Heinrich von Kleist und Karoline von Günderrode stehen, nicht aber die Dichter der Klassik. Christa Wolf interessiert das Anders-und-doch-von-der-Zeit-geprägt-Sein. Sie interessiert die zitternde Balance, die ein Ich aufrecht hält, wie sie in der deutschen Literatur in jenen Jahren der Früh-Romantik zum ersten Mal erfahren wurde. Sie sieht sich also ganz bewußt und darum auch ganz selbstbewußt in das Procedere der Literaturgeschichte hineingenommen. Sie spielt ihre Zweifel an der Realität aus – um vor der prallen, widerwärtigen Realität zurückzuweichen? Oder aus Angst?

Aus Übersensibilität? Oder um sich nicht ganz preiszugeben?

Schreiben also als ein Sich-Einlassen und Nicht-ganz-Einlassen, weil Schreiben trotz aller Selbstvergewisserung die Kongruenz zur Wirklichkeit nicht erreicht, nicht erreichen kann.

Ist das die Erfahrung ihrer Generation? Oder ist ihre Sprache darüber hinaus vom Unterwandern, vom Abfragen ideologisch aufgeputzter Selbstgewißheit mitgeprägt worden? Denn Stil und Existenz gehören ja zusammen, und Christa Wolfs Werk erscheint immer deutlicher als ein Werk gegen den Strich, keines des offenen Widerstands gegen die Umwelt, in der sie lebt, aber eines, das Zaudern und Verweigerung aufnimmt – und auch die Unsicherheit, ob das rechtens sei.

Ich über mich

Samt meiner Bio-Bibliographie

Vor einem Spiegel stehen und die Umrisse des Kopfes auf ein Blatt zeichnen, die Neigung des Halses, den Winkel zwischen Schultern und Bildfläche bestimmen, schroff oder leicht angeschrägt, die Augen entdecken und doch nicht entdecken können beim Hinsehen, wohl die Höhlungen der Augen, die Farbfasern der Iris, das Faltennetz oder die Schatten an der Nasenwurzel, die Buchtung der Schläfenmulden, die weichen oder schroffen Kanten der Stirn, die Wangenknochen, die Spannung zum Kinn hin, die Linien, die den Mund bestimmen, das Spiel der Lippen deuten, scheint einfach, gemessen an dem Versuch, sich im eigenen, im schriftellerischen Werk zu finden, vor dem beobachtend zu stehen nicht möglich ist, das in Bildern, Handlungsabläufen, Strukturen, in Rhythmen vorbeiwirbelt, strömt, zuweilen stockt, zuweilen rast.

Wo bin ich da, dieses Ich vor dem Spiegel, das zu erkennen ist bis auf die Augen, die betrachtend starr sind, das zu deuten so leicht erscheint, immer wieder, in wechselnder Gestik, in wechselnden Farben, in den verschiedenen Lebensaltern und Stimmungen?

Die Mode der biographischen Deutung von Literatur hat den Blick verstellt für die Schaffensprozesse, für das Sich-im-Text-Verbergen und Immer-neu-Sehen, weil Schreiben eine andere als die visuelle Vergewisserung ist, weil Sprache, anders als das Material Farbe, unmittelbar kommunikativ (auch in der täglichen Kommunikation verschliffen) ist, weil Schreiben aber auch im Spekulativen, im Versuch, Denken noch mitteilbar zu machen, fast an die Grenzen der Mitteilung geraten kann. Weil das weiße Papier nicht nur das Erlebnis der Freiheit schenkt, sondern auch abweist, ja, schockiert.

Vor fünfzehn, sechzehn Jahren notierte ich einmal: Ich kann in alle Leben schlüpfen, nur mein eigenes bleibt mir fremd. Jahre später hätte ich das so nicht mehr ausgesprochen, denn ich war dabei, mir auf die Spur zu kommen, doch ich erfuhr arbeitend, daß die Spur neben mir herlief, sich zuweilen entfernte, zuweilen über mich wegkroch, ja, mich umrundete, dabei auch in die Haut schnitt, daß ich fast meinte, diese Spur habe mich gefangen, festgehalten. Heute weiß ich, daß mich diese Spur nicht mehr hält. Und ich weiß noch immer nicht, wer ich bin.

Ich kann von den Arbeitsantrieben schreiben, von den Verletzungen, die ich schreibend zu ertragen versuchte. Ich kann kaum von den Glücksmomenten schreiben, wenn die Sprache für Vibrationen, für Lichteinfälle, für Schmerz und Schweigen durchlässig wurde. Ich kann kaum von der Bangigkeit schreiben, die die Arbeit an einem Satz, einem Wort zur Qual machen kann. Denn das hieße be-schreiben, was Schreiben ist, und das kann nicht gelingen, ohne sich und andere zu täuschen.

Eine Früherfahrung, die ich nicht vergessen kann: die ersten geschriebenen Wörter, aus der ersten Fibel abgeschrieben: Baum, Haus, Wolke. Der heiße Schrecken, der mich durchfuhr, als bannten die Wörter, was mich beunruhigte: die Bilder, das Schöne (auch Häßliche), das Andere, das Draußen.

Die Empfindlichkeit war also wohl vorgegeben, quälte das Kind, das mutmaßlich ein Kind war, das seine Mutter durch Widerborstigkeit sehr strapazierte. Unerklärlich, warum. Unerklärlich der Lebensrausch, die Wildheit und das Schuldgefühl, die Verzweiflung, wieder wehe getan zu haben.

Empfindlichkeit als Voraussetzung für Betroffensein.

Parallel dazu ein unersättlicher Wissensdurst.

Mit diesem »Handwerkszeug« das Schreiben zum Beruf machen – gegen alle Vernunft und ökonomischen Bedingungen an.

(Die biographischen Gegebenheiten muß ich nicht beschreiben, die sind anderswo nachlesbar.)

Schreiben also von den Erfahrungen der Zeit, der erste Vertrag 1945, 22 Jahre alt. Ja, und jetzt hätte ich Werkanalysen zu geben, was ich nicht kann, denn die eigenen Werke lassen sich nicht analysieren, ohne Teile der eigenen Haut herauszuschneiden.

Die Sinnsuche als Hauptthema, an Künstlerleben nachgezeichnet (Kleist, Beethoven, Annette von Droste-Hülshoff, Robert Schumann), an den vom Krieg und Nachkrieg betroffenen Leben, in einer groß angelegten Science-Fiction-Satire über das Ende der Menschheit *(Prome-*

theus II.), in einem Stationen-Stück, das die Schöpfung anfragt (Unio mystica, ein Spuk?). Die Schreibende ist eben 25 Jahre alt, die Lebensbedingungen sind hart (Nachkrieg in Berlin), das erste Kind ist geboren. Die Währungsreform stoppt den großen Aufflug, die Verlagsverträge werden hinfällig, bleibt die kleine Theatergruppe, bleibt die Sinnsuche, wird das zweite Kind geboren, bleiben die zwei Arbeitsstunden am Tag, wenn die Kinder schlafen. Und lastet von Tag zu Tag mehr das Wissen um das Entsetzen, die Schuld der Deutschen (und sie ist doch Deutsche, hat überlebt). In einem Atem wird das KZ-Drama *Alle Tore waren bewacht* heruntergcschrieben (51), noch ohne verfügbare Dokumente, nur vom Schmerz fast erdrückt. Danach ist der Kopf, das Fühlen freier. Wieder die Sinnsuche, ein Moses-Drama, ein Judas-Drama, auch das unmittelbare Leiden an der deutschen Teilung. Die Dramen werden abstrakter, die Themen kreisen um Tyrannei und Widerstand und Erleiden und Liebe. Erotik und Tod. Die Mutter ist gestorben, immer die nächste in den Krisen der Jugend. Nein, so läßt sich nicht über das Schreiben schreiben. Ich – aber war ich das? Klafften nicht Leben und Schreiben auseinander? Die Mutter, die junge Frau, die ein Kind gebar, das nicht leben sollte, die über Schularbeiten saß, die Haushalt und die Sorgen der zwei Großväter teilte, die Freude hatte, als endlich die Wohnung zu gestalten war, die mit den Kindern bastelte, mit dem Mann rodeln ging abends, wenn die Kinder schliefen, die wie wild tanzte – und schlaflos nachdachte, gejagt von Bildern. Was sind denn die Themen dieser Jahre? Die Einsamkeit des Menschen; die Fremdheit zwischen Mensch und Mensch, und der Schmerz; die Zerstörung der Menschen durch Verführbarkeit und Gewalt; der Verzicht als Opfer der Liebe; immer wieder das Paar und der Freiheitswunsch; und immer wieder die Frage nach der Schuld, dem Schuldigwerden, der Verdrängung und dem Nicht-entkommen-Können in Erzählungen, in Hörspielen.

Die zwei Spuren, Schreiben und Leben, sind äußerlich so weit voneinander, daß die Niederlagen der Autorin und die bescheidenen Erfolge der Autorin überhaupt nicht ins tägliche Leben hineingreifen. Ich stelle mir mein Gesicht vor damals, die Augen müssen immer wie fremd ausgesehen haben. Und doch sind die Fotos anders, das Lächeln vor der Kamera. Weiß ich aber, wie's mich jedesmal durchfuhr, wenn wieder ein Hörspiel angenommen war, also das andere, das schreibende Ich doch existierte. Preise, Uraufführungen, ich hinter der Bühne, das war ich nicht, das war die ganz andere. Das war die Haut, das waren die Fingerspitzen, für die die Lust an den Sprache gewordenen Bildern alles war.

Nur einmal in diesen fünfziger Jahren fielen Leben und Schreiben fast zusammen, als der erste Roman *(Der Anstoß)* erschien und das vierte Kind geboren wurde, fast auf den Tag gleichzeitig. Identität oder Zufall? Es war ja der Roman, in dem die Autorin die Glanzwelt der fünfziger Jahre kritisierte, die Oberflächlichkeit, die Vergeßlichkeit zehn Jahre nach dem Erwachen in der Niemandswelt, die Mitleidlosigkeit. Und in dem sie die Stadt, ihre Stadt Berlin zum ersten Mal mit großer Präzision und poetischer Sprachkraft beschrieb. (Noch heute kann ich zu diesen Kursivtexten nichts hinzufügen, nicht von ihnen wegstreichen, auch wenn sich Faktisches geändert hat.)

Wie nun die sechziger Jahre darstellen, begreifen? Sind Jahrzehnte eigentlich Zäsuren? Hörspielarbeit, Erzählungen fügen sich zueinander, die Fingerspitzengenauigkeit für Menschen, die scheitern, versagen, versagt haben, blieb, wurde für die banale Brutalität noch empfindlicher *(Der Hund,* Erzählung). Immer drängender aber der Wunsch, die nicht geschriebene Nachkriegsgeschichte zu schreiben, zum ersten Mal in Prosa im 1959 beendeten Roman *Das Karussell.* Diese Jahre, in denen Berlin kaputt ging. Als der Roman endlich verlegt wurde (1962), war es für das Jahr, in dem er endete – 1953 – zu spät (oder zu früh) und der Verlag zu ungeschickt; die Schwächen der Struktur des Romans hätten ausgebessert werden können. Beim Wiederlesen erscheint mir das Buch interessant, weil es die Stalin-Diktatur und die Hitler-Diktatur näher zusammenrückt, als wir es heute gewohnt sind, und weil es den Atem der Nachkriegsjahre einfängt, den stockenden Atem nicht ausspart, die deutsche Teilung als Schicksal, als Qual benennt.

Wären nun die historischen Arbeiten über die Berliner Salons, die Bettine von Arnim-Biographie zu nennen, wäre die Arbeit im Schutzverband deutscher Schriftsteller als Vorsitzende zu skizzieren, der Versuch, die weißen Flecken auf der literarischen Landkarte, die die Gruppe 47 übriggelassen hatte, zu erschließen; Emigrationsliteratur, Literatur des Widerstands, Literatur anderswo in Europa. Was bedeuten die angespannten Jahre, was bedeutet mein Protest gegen die bestehenden Schriftstellerorganisationen, die die sozialen Defizite dieses Berufes nicht überwinden konnten? Was bedeutet die Gründung des Verbandes deutscher Schriftsteller, gemeinsam mit Dieter Lattmann vorbereitet?

Wieder waren es zwei auseinanderklaffende Leben. Ich schrieb den Roman *Oktoberlicht,* ich schrieb die Biographie *Bettine von Arnim – Romantik Revolution Utopie,* ich steckte in der Jugend-(Studenten-)Revolte und in der Familie. Ich – aber jetzt sage ich schon ich, so als näherte sich die eine der anderen Identität – ich schrieb auch zum ersten Mal Ich im *Oktoberlicht,* und ich lernte mich wiedererkennen in Bettine von Arnims doppelter, dreifacher Identität.

Wiedererkennen. Wirken. Ich will die Verbandsarbeit hier nicht darstellen. Darüber habe ich mich in Reden und Aufsätzen geäußert, die in *Kurz vor 1984* gesammelt abgedruckt sind. In meiner literarischen Arbeit findet sich davon nichts wieder. Dennoch wäre ich ohne diese Arbeit in der Öffentlichkeit vielleicht nicht so vielfaserig in die Entwicklung der siebziger Jahre eingewurzelt. Oder doch? Waren meine Kinder nicht erwachsen geworden? Wer war ich? Die Mutter, der die Kinder wie selbstverständlich wehetaten oder sie doch wie selbstverständlich hinnahmen – auch annahmen? Die Freundin und (wenn möglich) Helfende für so viele Schriftsteller? Die (weil öffentliche) Person, die politisch zu reagieren, zu handeln, zu entwerfen hatte? Oder die, welche die Romane, die Erzählungen, die Essays, Hörspiele und Filme schrieb?

Ich war wohl die Dritte und die eine und die andere, im Mutter-Tochterverhältnis schwer verletzt, in der Öffentlichkeit wie in einer Glasglocke, im Schreiben nackt. In die Bücher dieser siebziger Jahre ist viel Erinnerung, Betroffenheit aus meinem Leben eingegangen, also auch Geschichte, wie ich sie erlebt habe. Aber mit der biographischen Elle werden die Bücher zu kurz gemessen. Denn die Strukturierung eines Romans, einer Erzählung, eines Hörspiels, eines Dramas ist für mich immer wichtig gewesen, um den Innenraum der einzelnen Menschen, denen ich mich anzunähern versuchte, abzutasten und sie von daher, also aus sich selber, zu erkennen.

Ich kann in alle Leben schlüpfen, nur mein eigenes bleibt

mir fremd. Darf ich den Satz so noch stehen lassen? Weiß ich denn jetzt, was mein eigenes Leben ist, wer ich bin? Ein Mensch in hundert Situationen, die die anderen sehen, oder ein Mensch, der mit sich im Reinen ist und ein festes Ziel hat?

Beides trifft nicht zu. Beides geht an jemandem, der schreibt, weil er anders nicht leben kann, vorüber.

Ich muß von den Erkundungen da und dort und hier sprechen, die mich beunruhigen, mir aber zuweilen einen Glücksschauder über die Haut jagen, als dürfte ich nun endlich meine drei Leben in eines fügen, ohne auf die politische, soziale, erotische Sensibilität zu verzichten, ohne die Reflexionsfähigkeit und die Phantasie voneinander abzuschneiden. Aber ob ich das durchhalten kann, ob mir mein Leben die Zeit und Kraft noch gönnt, weiß ich nicht. Und ob ich dann sagen kann: Mein Leben! Meine Identität? wer weiß das. Vielleicht ist es nicht wichtig (weil Identität doch nur das Erscheinungsbild meint).

Mich einzuordnen, gelingt mir schwer. Surrealismus? Die Stücke der frühen fünfziger Jahre ließen sich da hinzuordnen. Realismus? Was ist das eigentlich? Ich habe die Realität festzuhalten versucht und ihre Transparenz, ihre Schwingungen, Realität, wo sie uns Lebenden ins Gehirn hackt, uns stört, verformt. Poesie? Ich habe die Poesie aus der Realität geschlagen. Psychologie? Ich habe Menschen nachgebildet, vielleicht entworfen, vielleicht verfehlt, ihr Zusammenprall mit der Außenwelt war mir wichtig, ihre Zerrissenheit zwischen Anonymität und Ich-Anspruch.

Ich habe Strukturen probiert: das Geflecht der Rollenprosa in den Romanen *Das Karussell* und *Das Hochhaus;* die aus einer Mitte sich ausbreitende Handlung in *Der Anstoß;* die spiralige Einkreisung in *Wer verteidigt Katrin Lambert?;* den Stationen-Roman in *Gestern war heute – Hundert Jahre Gegenwart;* die Tagebuchform mit Beobachterposition und subjektiver Aussage in *Das Eis auf der Elbe;* die Kontrastierung von Zeitebenen, die sich einander zuneigen, in *Oktoberlicht oder ein Tag im Herbst.* Ich habe den Inneren Monolog genutzt, der im Dialog wie die sichtbare Spitze des Eisberges auftauchen kann; ich habe mich in die Personen eingefühlt, um mit ihren Augen zu sehen, mit ihren Ohren zu hören, mit ihrer Biographie zu leben. Ich habe in den historisch biographischen Arbeiten über die Schultern der

Bettine, der Rahel, der Henriette Herz und anderer gesehen. Meine eigenen Reflexionen habe ich in die Planungen und die Anlage der literarischen Arbeiten eingebracht, zuweilen denen, die mir besonders nahe waren, in den Mund oder ins Denken gelegt; und im Essay habe ich die eigenen Reflexionen unmittelbar entwickelt.

So weiß ich, wenn ich vorm Spiegel stehe und wie ein Maler zu sehen versuche, nicht, ob ich die Katrin Lambert sehe oder die Bettine von Arnim bin. Die Rahel, die Henriette Herz, Peters verlassene Mutter, die Verkäuferin oder Susannes hilflos verletzte und verletzende Mutter?

Oder Gabriele, wie sie den Jahrzehnten ausgesetzt ist, oder ihre Tochter Renate, oder die andere, sanftere Tochter Claudia? Oder die Namenlose im *Oktoberlicht,* im *Eis auf der Elbe?* Oder die Frauen in der KZ-Baracke? Oder die in den Erzählungen, den Hörspielen – oder mich? Und weiß doch, welche Erfahrung, welche Vision, welche Trauer, welche Angst, welche Einsicht ich in die und die und jene hineingearbeitet habe.

Ich kann in alle Leben schlüpfen – kann ich das? Sind sie nicht alle Facetten von mir? Habe ich nicht da und dort ein Bild, eine Erfahrung, eine Erschütterung aufgeschrieben?

Andere, Außenstehende werden Bildvorlieben, Satzmelodien und einen Frauentypus erkennen und wiedererkennen in meinen Büchern, werden Erfahrungen (historische Betroffenheit, erotische Bildwahl) benennen können. Werden vielleicht auch die Dreispaltung des Lebens für mehr als ein Jahrzehnt begründen, die Doppelung feministisch begründen. Ob sie mich entdecken? Mich vorm Spiegel? Ich bin nicht einmal neugierig.

Gewiß würde ich da und dort gern den Rotstift nehmen (Ausgabe letzter Hand, so etwas gibt es nicht mehr), aber zurücknehmen muß ich (bis jetzt) keine der Erzählungen, Spiele, Szenen, Romane, Essays, auch wenn ich sie mit zwanzig, dreißig Jahren mehr Erfahrung und Wissen ergänzen könnte.

Mein Nachdenken, meine Empfindlichkeit sind noch immer die des fast zerstörten und mühsam um seine Identität kämpfenden Menschen, obwohl ich die Identität nicht einmal genau benennen könnte und will.

Wer ich bin, wer ich war, die Schulter schräg zur Spiegelfläche, die Augen, so aufmerksam und darum nicht transparent, bleibt für mich unbeantwortet. Vielleicht halte ich deshalb so wenig von dem schroffen *Cogito ergo sum* oder der primitiveren Forderung nach Selbstverwirklichung. Wer weiß denn, wer er ist? Müßte er/sie sich da nicht zusehen?

(Wer meine Arbeiten analysiert, mag das absurd finden, mag Zwänge, Verhaltungen herausfinden. Ich aber kann nicht anders, als so nüchtern notieren, wie diese Lebens- und Arbeitsjahre der Ingeborg Drewitz sich zueinander verhalten haben.)

Bio-Bibliographie

Geboren 1923 in Berlin-Moabit
Abitur 1941, Arbeitsdienst, Kriegshilfsdienst (eingezogen), Studium und Fabrikarbeit
Heirat mit Bernhard Drewitz 1946 in Berlin-Schöneberg
Dorit geb. 1948; Jutta geb. 1950; Maren geb. 1958.

Anfangs dramatische Arbeiten und Zusammenarbeit mit einer der vielen kleinen Theatergruppen im Nachkriegsberlin.
1950 1. Preis der Wolfgang-Borchert-Bühne, Berlin
1952 Carl-Zuckmayer-Preis (aus dem Goethepreis für zehn junge deutsche Autoren)
1955 Jochen-Klepper-Plakette
1963 Ernst-Reuter-Preis
1970 Georg-Mackensen-Preis
1980 Ida-Dehmel-Preis
1980 Carl v. Ossietzky-Medaille
1981 Prof. e. h.
1981 Gerrit-Engelke-Preis
1983 Buchpreis des Deutschen Verbandes Evangelischer Büchereien.

Ab 1965 Vorsitzende des Schutzverbandes deutscher Schriftsteller, Berlin.
1969 Mitbegründerin des Verbandes deutscher Schriftsteller VS. Bis 1980 stellvertretende Bundesvorsitzende, dann Amtsniederlegung.
Seit 1964 Mitglied des PEN-Zentrums der Bundesrepublik Deutschland.
Seit 1966 im Präsidium des PEN-Zentrums der Bundesrepublik Deutschland.
Seit 1974 im Gründungspräsidium der Neuen Gesellschaft für Literatur NGL e.V., Berlin, Amtsniederlegung 1980.
In den frühen 60er Jahren Vorsitzende der GEDOK, Berlin.
Bis 1977 zur Amtsniederlegung Bundesfachbeirätin für Literatur der GEDOK. Abschiedsgabe: die Ausstellung *Frauen in der deutschsprachigen Literatur seit 1945;* bisher in 8 Städten der Bundesrepublik und in den Goetheinstituten in Italien gezeigt.

Frühe Dramen bis 1955

1951 *Alle Tore waren bewacht,* erstes Drama deutscherseits über die KZ's; Urlesung 1953, Uraufführung 1955, Berlin

1953/54 *Die Stadt ohne Brücke,* Uraufführung 1955, Krefeld

1953/54 *Der Mann, der Gott gehaßt hat,* Radio Bremen, 1954.

Hörspiele (Auswahl)

1958 *Flamingos*

1961 *Die Kette*

1962 *Das Labyrinth*

1965 *Der Tanz*

Mehrere experimentelle Kurzhörspiele in den 70er Jahren.

Filme

1975 *Ayse und Aysan sind Kreuzberger Gören* (Thema Türkenkinder in Berlin)

1977 Pappa *spielt mit meiner Eisenbahn* (Jugendfilm, Thema Arbeitslosigkeit)

1980 *Das Hochhaus* (Drewitz/Hartwig)

In Arbeit: *Das doppelte Pensum,* 13 Filme zur Situation der Frauen in der Arbeitswelt (ab September 1984 ausgestrahlt).

Bücher

1955 *Und hatte keinen Menschen* (Erz.), Berlin, Witten

1958 *Der Anstoß (R.), Bremen*

1962 *Das Karussell* (R.), Göttingen

1963 *Im Zeichen der Wölfe* (Erz.), Göttingen

1965 und 1979 *Berliner Salons – Literatur und Gesellschaft zwischen Aufklärung und Industriezeitalter* (Ess.), Berlin

1968 *Adam Kuckhoff, ein deutscher Schriftsteller und Widerstandskämpfer* (Ess.), Berlin

1968 *Die fremde Braut* (Erz.), München

1969 *Oktoberlicht* (R.), München; 1981 Neuauflage *Oktoberlicht oder ein Tag im Herbst,* Düsseldorf

1969 und 1978 TB München, Nachauflagen, *Bettine von Arnim – Romantik Revolution Utopie* (Biogr.), Köln/Düsseldorf, Neuauflage 1984, Düsseldorf

1970 *Städte 1945 – Bekenntnisse, Berichte* (Herausg. und Mitarb.), Köln/Düsseldorf

1972 *Die Literatur und ihre Medien* (Herausg. und Mitarb.; Essays), Köln/Düsseldorf

1973 *Wuppertal – Portrait der Stadt* (Ess.), Wuppertal

1974 *vernünftiger schreiben,* Materialien des Kongresses zur Rechtschreibereform, den Ingeborg Drewitz geplant und mitvorbereitet hat. Herausg. zusammen mit Ernst Reuter, Frankfurt TB

1974 *Wer verteidigt Katrin Lambert?* (R.), Stuttgart

1976 *Wer verteidigt Katrin Lambert?* (R.), Frankfurt, Fischer TB, Nachaufl.

1978 *Wer verteidigt Katrin Lambert?* (R.), Düsseldorf (Neuauflage)

1975 *Das Hochhaus* (R.), Stuttgart

1978 *Das Hochhaus* (R.), Düsseldorf (Neuauflage)

1979 *Das Hochhaus* (R.), TB, Nachauflagen

1976 *Der eine der andere* (Erz.), Stuttgart

1978 *Der eine der andere* (Erz.), Düsseldorf (Neuauflage), TB 1981

1977 *Hörspiele,* Bremen Fischerhude

1978 *Die Samtvorhänge . . .* (Drewitz-Reader), Siebenstern TB, Gütersloh

1978 *Gestern war Heute – Hundert Jahre Gegenwart* (R.), Düsseldorf

1979 und 1980 Neuauflagen *Gestern war Heute – Hundert Jahre Gegenwart*

1980 *Gestern war Heute – Hundert Jahre Gegenwart,* TB, Nachauflagen

1979 *Hoffnungsgeschichten* (Herausg.), Gütersloh

1979 *Schatten im Kalk – Lyrik und Prosa aus dem Knast* (Herausg.), Stuttgart

1979 *Mit Sätzen Mauern eindrücken – Briefwechsel mit einem Strafgefangenen* (Drewitz/Buchacker), Düsseldorf

1979 *Märkische Sagen* (Herausg. und Einführung), Köln/Düsseldorf

1980 *Mut zur Meinung,* Herausg. und Mitarbeit zusammen mit W. Eilers, Frankfurt TB

1980 *Strauß ohne Kreide* (Herausg.), Rowohlt TB, Reinbek
1980 *Zeitverdichtung. Essays, Kritiken, Portraits,* Wien, München, Zürich
1981 *Die zerstörte Kontinuität. Exilliteratur und Literatur des Widerstandes,* Wien, München, Zürich
1981 *Kurz vor 1984, Polit. Reden u. Aufsätze,* Stuttgart
1982 *Das Eis auf der Elbe* (R.), Düsseldorf
1982 *Schrittweise Erkundung der Welt* (Reiseberichte), Wien, München, Zürich.

Ingeborg Drewitz arbeitet in vielen Zeitschriften des In- und Auslandes mit, in vielen Sendestationen der Bundesrepublik sowie des europäischen Auslandes. Sie hat ca. 400 literarische Veranstaltungen ehrenamtlich organisiert, u. a. lateinamerikanische, türkische, portugiesische, spanische, griechische Literatur vorgestellt, hat 1977 den *Ersten Kongreß Europäischer Schriftstellerorganisationen* nach Berlin einberufen und die erste europäische Statistik zur Situation europäischer Schriftsteller erarbeitet. Sie hat Lehraufträge an der Freien Universität, Berlin, wahrgenommen, als Studienleiterin an der Ev. Akademie Berlin mitgearbeitet und auf Einladung der Goetheinstitute in vielen Ländern und an dortigen Universitäten gelesen.

Anmerkungen zu den Texten

Den unterstrichenen Textstellen nachdenkend. Lessing heute
Aus: *Lessing heute. Beiträge zur Wirkungsgeschichte;* Hg. Edward Dvoretzky, Akademischer Verlag, Stuttgart 1981.

Karoline Günderrode. 1780–1806
Aus: *Letzte Tage. Sterbegeschichten aus zwei Jahrtausenden;* Hg. Hans Jürgen Schulz, Kreuz-Verlag, Stuttgart 1983.

Die Chance, ICH zu sagen. Rahel Varnhagen, die Poetin des ICH
Aus: *Denkmalsbesetzung – Preußen wird aufgelöst;* Hg. Andreas Kaiser, Elefantenpress, Berlin 1982.

Die Brüder Humboldt und die Berliner Salons
Aus: *Universalismus und Wissenschaft im Werk und Wirken der Brüder Humboldt;* Hg. Klaus Hammacher, Vittorio Klostermann Verlag, Frankfurt 1976.

6. März 1829 – oder die Säkularisierung der Künste
Rede aus Anlaß der Bach-Tage 1979, 150 Jahre nach der Wiederaufführung der Matthäus-Passion in der Singakademie zu Berlin durch Felix Mendelssohn Bartholdy. Erste Beilage zum Programmbuch *Bach-Tage Berlin 1980.* Red. Christoph Trautmann.

Der Vaterlandsbegriff bei Hölderlin
Aus: *Areopag. Jahrbuch für Kultur und Kommunikation;* Hg. Gottfried Edel, Günter Neske Verlag, Pfullingen 1980. Zuerst als Rede gehalten in Chikago, 1976.

Iphigenie. Überprüfung einer Idee
Vortrag im Augsburger Rathaus, März 1982. Bisher ungedruckt.

Goethes Wahlverwandtschaften – ein emanzipatorischer Roman?
Aus: *Literatur in der Demokratie. Für Walter Jens zum 60. Geburtstag;* Hg. Wilfried Barner, Martin Gregor-Dellin, Peter Härtling und Egidius Schmalzriedt, Kindler-Verlag, München 1983.

Leonhard Frank. 1882–1961
Unter dem vollen Titel *Leonhard Frank, der mit dem Herzen, mit den Augen und Sinnen schreibt . . .* als Rede gehalten im Theater der Stadt Würzburg aus Anlaß des 100. Geburtstages des Schriftstellers am 4. September 1982. Bisher ungedruckt.

Gertrud Bäumer. 1873–1954
Aus: *Frauenporträts aus zwei Jahrhunderten;* Hg. Hans Jürgen Schulz, Kreuz-Verlag, Stuttgart 1982.

Elisabeth Langgässer. 1899–1950 – Versuch einer Annäherung.
Geschrieben 1983, bisher unveröffentlicht.

Wolfdietrich Schnurre. Rede zum 60. Geburtstag
Rede im September 1980 anläßlich der Feier seines 60. Geburtstages (geb. am 20. August 1920) in der Akademie der Künste, Berlin. Bisher ungedruckt.

Gefangen in Freiheit. Zu Alfred Anderschs späteren Erzählungen
Der volle Haupttitel lautet *Gefangen in Freiheit – oder »die Arbeit des Verschmelzens der verschiedenen Zeit-Ebenen in eine einzige Zeit«*. Aus: *Zu Alfred Andersch;* Hg. Volker Wehdeking, Klett-Verlag, Stuttgart 1983.

Vertrauen in die Poesie. Für Hilde Domin
Aus Anlaß ihres 70. Geburtstages am 27. Juli 1982 erschienen im *Tagesspiegel,* Berlin.

Zweifeln an der Identität. Über die Dramatikerin Gerlind Reinshagen
Aus: *Neue Literatur der Frauen;* Hg. Heinz Puknus, Beck-Verlag, München 1980.

Volker von Törne. 1934–1980
Grabrede am 13. Januar 1981 in Berlin-Dahlem. Bisher ungedruckt.

Rückfragen. Über Elisabeth Plessen
Aus: *Neue Literatur der Frauen;* Hg. Heinz Puknus, Beck-Verlag, München 1980.

Stil und Existenz gehören zusammen. Erzählmuster bei Christa Wolf
Aus: *Text und Kritik. Zeitschrift für Literatur* 46; Hg. Heinz Ludwig Arnold, Juni 1980.

Ich über mich. Samt meiner Bio-Bibliographie
Aus: *Frauenliteratur – Autorinnen, Perspektiven, Konzepte;* Hg. Manfred Jurgensen, Peter Lang Verlag, Frankfurt 1983.